现代化视域下的
关岭乡村振兴
创新研究

郭荣箐 著

吉林文史出版社

图书在版编目（CIP）数据

现代化视域下的关岭乡村振兴创新研究 / 郭荣箐著. -- 长春：
吉林文史出版社，2024.6.-- ISBN 978-7-5752-0312-8

Ⅰ. F327.734

中国国家版本馆 CIP 数据核字第 2024E9H472 号

现代化视域下的关岭乡村振兴创新研究

XIANDAIHUA SHIYUXIA DE GUANLING XIANGCUN ZHENXING CHUANGXIN YANJIU

著　　者	郭荣箐
责任编辑	弭　兰
封面设计	品诚文化
出版发行	吉林文史出版社
地　　址	长春市福祉大路 5788 号
邮　　编	130117
印　　刷	四川科德彩色数码科技有限公司
开　　本	700mm×1000mm　1/16
印　　张	15.25
字　　数	226 千字
版　　次	2024 年 6 月第 1 版
印　　次	2024 年 6 月第 1 次印刷
书　　号	ISBN 978-7-5752-0312-8
定　　价	68.00 元

序

　　关岭是个充满传奇故事的地方。相传，三国时，关羽之子关索随诸葛亮南征孟获曾屯兵于此，故称"关索岭"，简称关岭。现今，县境尚存名为"关索岭""孟获屯""孔明塘""马刨井"等与三国历史相关的遗址。这里还有被誉为"千古之谜"的红崖天书、鬼斧神工的花江大峡谷、两亿多年前的三叠纪古生物化石海百合、鱼龙等。关岭，曾为兵家必争之地，现代成为农村改革的发源地，"顶云经验"拉开了中国农村经济体制改革的序幕。

　　古往今来，关岭传奇数不胜数，正是这些故事蕴含的精神激励着这里的人民勇往直前。苦干实干，引领这里的群众从落后迈向发展，从封闭走向开放，从贫穷奔向小康，并于 2019 年顺利摘下了"国家级贫困县"的帽子，人民幸福安康，事业蒸蒸日上。

　　在实现乡村振兴、全面建成社会主义现代化强国的新征程上，关岭在"顶云经验"的引领下不断探索创新前行的路径，因地制宜地进行具有关岭特色的宜居乡村打造，创造性地开展基层社会治理，科学谋划产业布局，构建了关岭乡村振兴大格局，在新时代演绎了诸多新故事。

　　本书在全面建成社会主义现代化强国的大背景下，从"文化引领、产业带头、治理探索、组织保障"四个方面对关岭实施乡村振兴的实践创新进行了全面的总结研究。大部分内容均通过实地调查，透过具体数据、事实分析，希望能导出规律，传承经验。

郝荣斋

2023 年 3 月于关岭

目 录
Contents

第三章　治理探索

第四章　组织保障

第一章　文化引领

关岭历史悠久、文化厚重、地势险峻，为咽喉要塞。古往今来，发生过许许多多可歌可泣的故事，传承着中华优秀传统文化，增强了关岭厚重的文化底色，激励着人民干事创业。尤其是 20 世纪 70 年代末，顶云"定产到组、包产到户"的农村经济体制改革，引领了中国社会的变革与进步。

改革开放以来，顶云经验蕴含的精神在关岭这块神奇土地上熊熊燃烧，烧掉了千百年贫穷的帽子。如今她正与中华优秀传统文化一道激励着关岭围绕"四新"，主攻"四化"，引领着关岭各项事业蓬勃发展，鞭策着关岭人民为乡村振兴踔厉奋发、勇毅前行。

顶云经验蕴含的精神实质及其时代价值

"定产到组、包产到户"的顶云经验是顶云人穷则思变的智慧结晶。顶云与安徽凤阳小岗村同为中国农村改革的两面旗帜，矗立于中国农村大地的南与北，故有"北凤阳，南顶云"之称。原省委书记谌贻琴在贵州省庆祝中国共产党成立 100 周年大会上的讲话指出，我们党领导贵州人民解放思想，以改革促发展、以开放促开发，大胆地试、勇敢地闯，从创造"定产到组"的顶云经验到以"开发扶贫、生态建设、人口控制"为主题的毕节试验区，从"八七"扶贫攻坚到新阶段扶贫开发，从开放带动到实施西部大开发战略，多彩贵州迸发出前所未有的生机活力，城乡面貌发生了翻天覆地的巨大变化，贵州大踏步赶上了时代！顶云经验所蕴含的精神是我们宝贵的精神财富，值得总结提炼，以便发扬光大。

一、顶云经验的精神实质

顶云经验产生形成的艰难历程，饱含着我们党的干部想人民之所想，急人民之所急的为民情怀与敢闯敢试、敢于担当的精神品格。顶云经验从"独木桥"走到康庄道，诠释了顶云人民敢于冲破各种阻力、求真务实的精神品质，铸就了内涵丰富的顶云精神。顶云经验蕴含的精神与新时代贵州精神一脉相承、相互映衬，鼓舞着我们继续前进。

（一）解放思想、实事求是的作风

人民公社时期，由于合作化，生产资料高度集中，农业生产经营集中统一。这一体制作为社会主义制度探索阶段的一种尝试，被看作与资本主义划清界限的最佳做法，因此，全国一盘棋，没有任何一个地方敢独树一帜。但是，这种体制在实施过程中由于缺乏激励机制，导致平均主义、大锅饭盛行，生产效益低下，人民生活无法保障。

面对这样的困境，如果继续墨守成规，社会主义制度优越性就无法得以彰显，正如小平同志所说的"贫穷不是社会主义"。所以，必须解放思想、实事求是。

1976年，关岭县顶云公社石板井村陶家寨的陈高忠被推举为生产队长后，把绝大多数群众春节过后就断粮的困苦深深印在脑里。这样的生产生活现实迫使陈高忠等人为解决人民群众的温饱问题作出将土地"定产到组"和"包产到户"的尝试。

从实地调研中获悉陶家寨"定产到组""包产到户"的做法，时任县委书记的李清泉并未一票否决，而是做了更加深入的调查研究，并向干部群众做出"不扣帽子、不抓辫子、不打棍子"的承诺，在倾听民声后，做出"不强求，不搞一刀切，先行试点再铺开"的决定；同样，当时的省委书记马力在为参加十一届三中全会做准备的调研中发现关岭的做法，也没有否定，而是将其作为议题提交省委常委讨论。结果，反而激发了省委解放思想、拓宽农村经济体制改革的思路。小平同志在听取汇报中获悉农村搞"包干"，经过两个月的思索，认真分析研究农村农业形势，对农村土地"包干到户"给以肯定。

这一做法体现了解放思想、实事求是的作风，践行了贫穷不是社会主义的理论。

1987年4月26日，邓小平在接见外宾时指出："搞社会主义，一定要使生产力发达，贫穷不是社会主义。我们坚持社会主义，要建设对资本主义具有优越性的社会主义，首先必须摆脱贫穷。"这是关于社会主义的本质"是解放生产力，发展生产力，消灭剥削，消除两极分化，最终达到共同富裕"这一论断的直观、简洁而又深刻的概括表述。

（二）敢为人先、敢于担当的品格

古人云："天下之治，有因有革，期于趋时适治而已。"在中国共产党领导中国人民站起来当家作主后，笃定走社会主义道路，这对中国共产党来说是一项全新的考验，等于摸着石子过河。

顶云，在社会主义建设事业如火如荼时，敢于面对人民群众吃不饱饭的现实，在体现社会主义制度优越性的实践中优先迈出了"危险"的一步，当时，被人们和媒体说成是"冒天下之大不韪"。就因这一冒险，冲破了人们的思想禁锢，引发全国农村经济体制改革的春雷。对此，1978年11月11日《贵州日报》头版头条以《定产到组，姓社不姓资》《定产到组，超产奖励，行之有效》为题进行报道。

倘若当时顶云的干部陈高忠、殷琼珍（县派驻顶云乡工作队长）、李清泉等人思想因循守旧，怕事不敢担当，也许人们挨饿的日子还难到头。这里率先实行"定产到组""包产到户"的体制，突破制约农村经济社会发展的制度瓶颈，遵循了生产力与生产关系矛盾的运动规律，有力地激发了人民群众生产积极性，极大地促进了生产力的发展，有效解决了农民吃饭穿衣问题，着力体现了顶云人民敢闯敢试、敢为人先，顶云干部敢于担当的精神品格。

（三）勇于探索、大胆创新的精神

真理始终属于勇于实践、敢于冒险者。顶云经验精神助力关岭改革开放的步伐，成功解决了群众填饱肚子的问题。但关岭人没有满足于现状，不仅希望填饱肚子，还盼望塞满钱袋子，在满足不断增长的物质文化生活需求的道路上锲而不舍，继续勇往直前，勇于探索，大胆创新，创立了诸如"板贵精神"、生态大战的"关岭模式"、脱贫攻坚的"网格化管理"、乡村治理中"文明超市"等精神谱系，为关岭经济社会发展注入了新动能，推动了关岭的改革与发展，成就了关岭的成功脱贫。其间，关岭自治县住建局获党中央、国务院授予的"脱贫攻坚先进单位"荣誉称号。

在石漠化治理中苦干实干。板贵，曾有"石漠化王国，地球癌症，不适宜人类居住的地方"等负面称号。面对恶劣的生存环境，板贵人一直在苦苦寻求自我拯救的出路。20世纪80年代末，板贵乡党委、政府经过深思熟虑，探索出"坡改梯＋绿色经济作物＋小水利＋科技"的石漠化综合治理模式。经过多年的艰苦努力，全乡搬石造地2万余亩，搬运土石方82万方，石漠化治理初见成效。产业发展反复探索，从试种蔬菜、仙人掌、砂仁果到大面积的花椒、火龙果种植，反复尝试，几经周折，终于找到了板贵快富的路子。如今，板贵建成了万亩香料基地和火龙果生态园。2014年

12 月被中国科学技术协会、财政部列入"基层科普行动计划"项目。实现了经济效益和生态效益双赢的目标，成为当地群众的"绿色银行"，极大部分农户借此告别了贫困。

1999 年 4 月，时任国务院副总理的温家宝视察板贵乡，对板贵人民这种战天斗地、苦干实干的精神给予了高度评价，称之为"板贵精神"。

在生态大战中勇于探索。关岭处于贵州喀斯特地貌的核心地带，1468 平方千米的土地，喀斯特地形占 86%，这成为制约关岭可持续发展的重要因素；而关岭又位于珠江上域和北盘江南岸，肩负构建珠江流域生态屏障和国家层面生态保护的使命。正是这一制约，正因这一使命，顶云精神激励着关岭人在这块"生命绝地"打响了前无古人的生态大战，谱写了生态文明先行示范的绚丽篇章。2002 年以来，反复探索尝试，成功创造了成建制组织民兵团在喀斯特地貌上植树造林的"关岭模式"。先后投入官兵 1.6 万余人次，民兵预备役人员 3 万余人次，至 2020 年，共植树造林 20 余万亩，完成石漠化治理 12.19 平方千米，森林覆盖率较 2000 年增加了 36.01 个百分点，取得了良好的生态效益、经济效益、社会效益，受到各级各界的高度赞扬，并在全国推广，被称为"生态大战'关岭模式'"。"关岭模式"践行了"绿水青山就是金山银山"的习近平生态文明思想，把在"生命绝地"战天斗地的植树造林精神发挥到极致。

在脱贫攻坚战中善于总结。关岭坚决响应习近平总书记脱贫攻坚"不漏一户，不落一人"的号召，探索总结出"化整为零"的网格化管理办法。将全县 139 个行政村、1296 个村民小组按照地域和贫困程度划分为 908 个网格，选派 908 名业务精、能力强的县乡干部下沉到村组，担任网格员，具体负责本网格帮扶台账管理工作。帮扶管理责任到人，上下一线贯通，帮扶精准到位，让关岭脱贫攻坚工作步入快车道。2020 年 3 月，关岭自治县以优异的成绩通过国家验收，退出国家贫困县行列，甩掉了千百年来拥有的贫困的帽子。

在乡村治理中勇于创新。关岭脱贫攻坚中，乡村环境脏、乱、差，滥办酒席成风，"等靠要"思想严重，争当贫困户等现象一直是乡村治理的老大难问题。为了从源头消除老百姓的陈规陋习，沙营镇大田村创新"道德超市"，对农户在遵纪守法、孝老爱亲、勤劳致富、移风易俗、清洁卫生等方面的表现进行量化评分，让其用积分到村里的"道德超市"兑换生活用品，这项活动大大激发了村民转观念、除陋习、遵纪守法的积极性，有效提升了村民文明素质，改变了村庄环境，得到省市领导的充分肯定，并在全县进行推广。新阶段，要给"道德超市"赋予新的时代内涵，因此将其更名为"文明超市"，旨在期望"文明超市"在乡村振兴中履行新的使命。

二、顶云经验的时代价值

顶云经验蕴含的精神，是中国共产党人的伟大创造和宝贵精神财富，也是对中华优秀传统文化的传承和弘扬。新时代，在全面建设社会主义现代化国家新的征程上，在小农户与现代农业有机衔接的道路上，继承和发扬顶云经验之精神，具有十分重要的意义。

顶云经验蕴含的精神是对中华民族伟大精神的继承和发展。

（一）顶云经验精神继承和弘扬了中国人民的伟大创造精神

习近平总书记指出："中国人民的特质、禀赋不仅铸就了绵延几千年发展至今的中华文明，而且深刻影响着当代中国发展进步，深刻影响着当代中国人的精神世界。中国人民在长期奋斗中培育、继承、发展起来的伟大民族精神，为中国发展和人类文明进步提供了强大精神动力。"中国人民以其伟大的历史和创造，屹立于世界民族之林。史称"咽喉要塞"的兵家必争之地关岭，孕育承载着丰富的历史文明——三国文化以及千古之谜（红崖天书、马马岩壁画）。这里的人民勤劳智慧，凭借其善思敢为，改写了"天无三日晴，地无三尺平，人无三分银"的历史，创造了一个又一个奇迹，铸就了不朽的丰碑，摘掉了历来靠中央财政补贴吃饭的国家级贫困县帽子，创造了"生命绝地"变绿洲的奇迹，吹响了农村经济体制改革的号角，中国农村家庭联产承包责任制的改革发展由此展开。关岭为中华民族发展、为中国特色社会主义制度的健全与完善做出了重大贡献。诞生在喀斯特地区的顶云经验精神，也延续了中华民族的伟大精神。

（二）顶云经验精神，充分体现了中华民族自强不息、艰苦奋斗的精神

自强不息、艰苦奋斗，是中国人民的精神，也是中国共产党人的精神。

顶云精神，始终贯穿着一种自强不息、艰苦奋斗的革命斗争意志。《易传》中记载："天行健，君子以自强不息""地势坤，君子以厚德载物"。愚公移山的故事，可谓家喻户晓，毛泽东在党的第七次全国代表大会的闭幕词中用了这个典故。党的七届二中全会上，毛泽东又强调："中国的革命是伟大的，但革命以后的路程更长，工作更伟大，更艰苦。这一点现在就必须向党内讲明白，务必使同志们继续地保持谦虚、谨慎、不骄、不躁的作风，务必使同志们继续地保持艰苦奋斗的作风。"习近平总书记强调，艰苦奋斗、勤俭节约的思想永远不能丢。板贵从"地球癌症"变"聚宝盆"，关岭从"生命绝地"变"绿洲"，着实践行了自强不息、艰苦奋斗的精神，这种精神不仅是一路走来发展壮大的重要保证，也是继往开来、再创辉煌的重要保证。

（三）顶云经验精神，充分体现了中华民族追求梦想的精神

习近平总书记指出：在几千年历史长河中，中国人民始终心怀梦想、不懈追求，我们不仅形成了小康生活的理念，而且秉持天下为公的情怀，盘古开天、女娲补天、伏羲画卦、神农尝草、夸父追日、精卫填海、愚公移山等我国古代神话深刻反映了中国人民勇于追求和实现梦想的执着精神。中国人民相信，山再高，往上攀，总能登顶；路再长，走下去，定能到达。在关岭这个荒芜的喀斯特地区，在党的领导和顶云精神的鼓舞下，人民群众像是"盘古开天"一样，用自己的智慧和汗水开辟出了一片生命的绿洲，人民群众填饱了肚子，塞满了袋子，摘下了"帽子"，为贵州喀斯特地形综合治理、生态攻坚战提供了典型样板，为贵州打赢脱贫攻坚战、建设生态文明示范区奠定了坚实基础。

真理如炬，矢志不移。新使命赋予顶云经验新的时代价值，面对挑战与机遇，赓续弘扬顶云经验精神，是实现高质量发展、推进乡村振兴、实现中华民族伟大复兴的题中应有之义。

弘扬顶云经验之精神　书写时代发展新篇章

关岭历史悠久、文化厚重、地势险峻，属咽喉要塞，古为兵家必争之地。在这里，曾经发生过许许多多可歌可泣的故事，尤其是 20 世纪 70 年代末，顶云"定产到组、包产到户"的农村经济体制改革，引领了中国社会的建设、变革与进步。

顶云位于关岭中部，元代为寨，明代设立顶云长官司，筑城垣防御。中华人民共和国成立之初属新场乡，1953 年成立顶云乡，1960 年为顶云人民公社，1984 年为顶云乡，1992 年新场、包包与顶云合并为顶云乡。随着城镇化建设发展，2013 年 11 月更名为顶云街道办事处。现为关岭自治县政治文化中心。

在社会主义建设初期，顶云人民与全国人民一样，高歌"社会主义好"，激情高昂地投入生产劳动，可一年的辛勤劳动不得半年粮。

社会主义大集体生产劳动，场面热烈，可是，窝工、怠工现象屡见不鲜。社会主义大集体、"大锅饭"体制严重制约了人们的生产积极性，生产潜力未能得到很好的激发，导致生产效率低下，物资匮乏，人民生活极度困难。

守着肥沃土地，却过着穷苦日子。善思敢为的顶云人穷则思变，内心喷发强烈的奔小康愿望，穷苦的人民已经按捺不住冲破体制壁垒吃饱饭的决心，于是演绎了惊天动地的中国农村体制改革故事——顶云经验。

一、顶云经验的形成与发展

改革开放前顶云人民的贫困，为即将发生的大集体生产方式的变革埋下伏笔。

（一）顶云经验的形成

1976 年 11 月，顶云人民公社的陶家寨生产队在集体土地上暗地进行"定产到组、超产奖励"的改革。

一年下来，1977 年秋收，粮食收入翻了两番，彻底解决了过去许多家庭春节过后就断粮的现象，人民生活得到保障，挨饿受冻成为历史。

吃饱饭让陶家寨人民喜出望外，村子充满幸福祥和的氛围。为进一步调动群众生产积极性，队长陈高忠日思夜想，要是将土地分给各家各户，人们的干劲就会更大，生活更是芝麻开花——节节高。1977 年冬，陈高忠等人的"灯盏窝密约"实施，农户逐一签字摁手印承诺不把事情说出去。顶云由此拉开了土地承包到户的序幕，吹响了中国农村经济体制改革的号角，这比安徽凤阳的"大包干"还早两年。"定产到组、包产到户"的顶云经验问世。

顶云经验践行的是马克思主义政治经济学原理：定产到组、包产到户—改变（改革）生产关系—激发劳动生产积极性、解放发展生产力—提高劳动效率、增加粮食收入。体现出"生产力决定生产关系，生产关系反作用于生产力"的哲学思想。当生产关系适应生产力状况时，对生产力的发展起决定作用，当生产关系不适应生产力状况时，对生产力的发展起阻碍作用。

（二）顶云经验的发展丰富

在顶云经验的引领下，党领导关岭人民在建设社会主义道路上锲而不舍，继续前行，勇于创新，大胆探索，创立了诸如"板贵精神"、生态大战的"关岭模式"、脱贫攻坚的"网格化管理"、乡村治理中"文明超市"等精神谱系，为关岭经济社会发展注入了新动能，丰富和发展了顶云经验。

二、顶云经验精神的实践意义

（一）敢闯敢干，在与饥饿的斗争中成就了"肚皮哲学"

顶云经验，看似简简单单的"定产到组、包产到户"，却经历了很多鲜为人知的煎熬与冒险。陶家寨率先悄悄闯入土地经营的"禁区"，八角岩生产队致信省、地、县委公开请求效仿。"定产到组、包产到户"成了公开的秘密，于那个年代，这仿佛有些骇人听闻。

对顶云"定产到组、包产到户"的做法，民间众说纷纭、各大报刊媒体争议不休，顶云经验的发源地也经历了多次干部、群众、媒体记者参与的激烈讨论。

陈高忠被推举为生产队长后，为解决人民群众填饱肚子的问题"铤而走险"，做出"定产到组"和"包产到户"的尝试，为人民群众填饱肚子杀出了一条生路。

时任县委书记李清泉获悉陶家寨"定产到组、包产到户"的做法，在深入调查研究和反复思考后，做出"不扣帽子、不抓辫子、不打棍子"的承诺和"不强求，不搞一刀切，先行试点再铺开"的决定。

时任省委书记的马力在为参加十一届三中全会做准备的调研中发现关岭的做法，后将其提交省委常委研究讨论，激发了省委解放思想、拓宽农村经济体制改革的思路，进而触动了贵州农村土地家庭联产承包责任制的试行。

邓小平在中央召开的各省、市、自治区党委第一书记座谈会上，听取"关于进一步加强和完善农业生产责任制的几个问题"汇报，得知农村搞"包干"，后经过反复思考与研究，对农村土地"包干"给予了肯定。

顶云农村集体土地经营方式的变革，引起了县委书记、省委书记、中央领导的高度重视，并为此进行深入调查研究与思考，可见"定产到组""包产到户"这一伟大创举，在那个年代已经让中国共产党人觉醒——唯有改革，才是出路。

顶云经验践行了小平同志"贫穷不是社会主义"的理论，让党对社会主义建设的认识更进一步。顶云经验的成功实践为中国开启史无前例、气势磅礴的农村经济体制改革奠定理论与实践基础。

顶云，按下红手印，历史从这里转身，饥饿与贫穷消失不见。

习近平总书记在庆祝改革开放40周年大会上指出："改革开放是我们党的一次伟大觉醒，正是这个伟大觉醒孕育了我们党从理论到实践的伟大创造。改革开放是中国人民和中华民族发展史上一次伟大革命，正是这个伟大革命推动了中国特色社会主义事业的伟大飞跃。"

（二）"老经验"在乡村振兴道路上焕发"新活力"

忆既往，顶云经验之精神引领顶云人民从独木桥走到了康庄道，成就了那个年代的"肚皮哲学"，彻底改写了挨饿的历史。看今朝，进入新发展阶段，关岭仍然秉承"敢为人先、敢于担当"的顶云经验精神，让"老经验"焕发了"新活力"，在产业发展、乡村振兴征程上不断谋求创新、奋力突破，谱写时代发展新篇章。

在乡村振兴、田园乡村示范点打造建设中，关岭没有千篇一律，不搞一张图纸绘到底，而是根据各示范村自身特色优势量身定制方案，充分发掘优势，扬长避短，精准定位，精准发力。打造建成石板、凡化、坡舟等一批示范村寨，为关岭乡村振兴树立了标杆。

顶云经验之精神在关岭乡村振兴进程中焕发新的时代光芒，引领关岭在田园乡村示范建设中迈出新的步伐，也将引领关岭人民在高质量发展、乡村振兴、现代化建设的道路上创造更加辉煌的业绩。

三、弘扬顶云经验之精神，书写时代发展新篇章

新时代，新征程，新目标。新时代呼唤新作为，新征程勇担新使命。

进入新时代，贵州发展站在新的历史起点，挑战与机遇并存，优势与劣势同在。党中央、国务院又为贵州发展量身定制了《国发〔2022〕2号》支持贵州在新时代西部大开发上闯新路。那么，如何在新的西部大开发上闯出一条有别于西部其他省份的贵州发展新路子，续写好贵州发展新篇章，实现国家给贵州"四区一高地"的战略定位？赓续弘扬"敢闯敢试、敢为人先"的顶云经验精神，是贯彻落实国家文件、引领高质量发展、助推乡村振兴的金钥匙。

（一）弘扬苦干实干的精神

在顶云精神形成发展的过程中，面对恶劣的生存环境、一穷二白的生活条件，这里的干部群众用行动践行了毛泽东"与天斗其乐无穷，与地斗其乐无穷"的教导，演绎了现代版的愚公移山，将战天斗地的革命精神发

挥得淋漓尽致。

习近平总书记在宁夏考察时强调："社会主义是干出来的。正是靠着工人阶级埋头苦干、真抓实干的拼搏精神，我们才能实现一个又一个伟大目标，取得一个又一个丰硕成果。"

新时代，面对百年未有之大变局，在全面建设社会主义现代化的新征程上，我们还会遇到更多、更大的困难，还有许许多多的"喀斯特"需要治理与发展，一切贪图安逸、不愿吃苦的想法和虚无的形式主义都是要不得的。我们必须遵循习近平总书记"空谈误国，实干兴邦"的教导，撸起袖子加油干，转危为机、化险为夷。

（二）赓续勇于担当的品格

敢于担当是共产党人的政治品格。中国革命的胜利，中国特色社会主义事业的成功，是无数革命先烈、无数建设者在关键时刻、紧要关头勇于担当，不怕牺牲换来的。

习近平总书记强调："党的干部必须坚持原则、认真负责，面对大是大非敢于亮剑，面对矛盾敢于迎难而上，面对危机敢于挺身而出，面对失误敢于承担责任，面对歪风邪气敢于坚决斗争。"

（三）牢记初心，继续前行

初心与使命是共产党人不改的灵魂。于危难之处显身手才能真正看出党员领导干部的政治担当。一路走来，正因我们一直秉承初心、践行使命、锲而不舍，中国特色社会主义才会取得举世瞩目的巨大成就。在满足人民日益增长的美好生活需要的新征程上，我们更加需要不忘初心、牢记使命。习近平总书记强调："唯有不忘初心，方可告慰历史、告慰先辈，方可赢得民心、赢得时代，方可善作善成、一往无前。"

新时代，新阶段，巩固拓展脱贫攻坚成果，做好脱贫攻坚与乡村振兴的有效衔接是当务之急，关键还是在于党的领导，需要全体党员干部赓续伟大的脱贫攻坚精神，接过牺牲在脱贫攻坚战场上的英雄们手中的接力棒，秉承初心，担起为人民创造美好生活的使命，认真研究新情况，扎实解决新问题，一步一个脚印地有序推进乡村全面振兴，完成英雄未竟的事业。

　　回顾过往的奋斗路，冒着风险的"五定一奖"引发中国农村改革的春雷，一波三折的"包产到户"完善了社会主义制度，彰显了中国特色社会主义。眺望前方的奋进路，在美好生活的新征程中，环境更加复杂、形势更加严峻，我们只有传承、弘扬顶云精神，才能解决前进道路上遇到的深层次问题，续写好新时代发展篇章，成就中华民族伟大复兴的伟业。

顶云经验缔造关岭的历史与未来

顶云经验孕育于关岭这块充满传奇故事的土地，发展丰富于关岭社会主义现代化建设的伟大实践，其蕴含的精神价值引领着关岭的历史与未来。

一、顶云经验成就关岭辉煌历史

20 世纪 70 年代末，顶云人民公社的陶家寨生产队在集体土地上暗地进行"定产到组"与"包产到户"的改革，成功解决了"民以食为天"的问题。陶家寨生产队的做法在顶云公社 16 个生产队中迅速蔓延，顶云由此拉开了土地承包到户的序幕，吹响了中国农村经济体制改革的号角。

今天，站在新的起点，在全面建设社会主义现代化国家新征程上，迎来新时代西部大开发的大好机遇，实现高质量发展、乡村振兴的新目标，"顶云经验之精神"仍然闪烁着新的时代光芒，继续引领关岭人民奋进新征程，建功新时代。

二、顶云经验引领关岭美好未来

开展特色"田园乡村·乡村振兴集成示范试点"建设，是省委、省政府贯彻落实习近平总书记视察贵州重要讲话精神，奋力推进乡村振兴开新局的一项重大决策，是实施乡村振兴战略的必然要求，是打造乡村振兴示范引领的现实需要。如何通过推进"田园乡村·乡村振兴集成示范试点"的打造，探索出可供借鉴、推广的经验做法，成为一个时代命题，顶云经验精神引领关岭田园乡村示范建设迈出新步伐。

（一）实事求是盘活家底

在实现中华民族伟大复兴的新征程上，乡村振兴是首要目标。刚刚摘掉贫困帽子的关岭，追求美好生活的脚步并未停歇。关岭县委、县政府想人民之所想，对全县 134 个行政村进行了一次全面摸排，全面摸清人口数量、文化素质、地理、气候、资源优势、产业发展等情况，通过深入研究、反复论证后，决定将石板井村、凡化村、木城村、坡舟村、永睦村五个村纳入首批田园乡村建设的示范点进行打造。

（二）大胆探索建设模式

在示范点打造建设中，关岭没有千篇一律，不搞一张图纸绘到底，而是根据各示范村自身特色优势量身定制方案。

图 1-1　石板井村农家乐

石板井村，立足区位优势，凭借其红色资源（顶云经验发源地，纪念园、纪念馆坐落其间），着力打造红色旅游品牌，坚持盘活现有资源发展旅游业，走一、二、三产业融合发展的模式。目前，村合作社与贵州新大牧公司共同打造顶云经验体验园，建成集农旅一体、康养结合、研学游玩的综合性旅游园区，园区置采摘大棚、戏水乐园、康养体验馆、花海等项目，旅游产业初具规模。2021 年被贵州省文体广电旅游局评为 AAA 级旅游景区和贵州省甲级村寨。

凡化村，凭借毗邻黄果树瀑布的地理位置、源远流长的地戏文化以及独特的田园风光等优势，以打造康养休闲、乡村旅游好去处为模式。

一是做"河文章",擦亮名片。紧紧围绕贯村而过的凡化河,于河道两岸布局田园产业,在不同的季节彰显不同的个性魅力。春天油菜花香扑鼻,蜿蜒的河道镶嵌于一眼望不到边的油菜花里,吸引无数游客前往观光。夏天稻田里欢快的鱼儿吸引游客捕

图 1-2 凡化河两岸的田园产业

捉,构筑了凡化观光的风景线,擦亮了乡村旅游的亮丽名片。

二是传承优秀文化。凡化地戏历史悠久,地戏文化代代相传,群众自发组建凡化地戏演出队伍,每年春节期间为游客和周边群众进行公益演出。

三是将特色产业品牌化。凡化毛肚火锅历史悠久,备受消费者青睐,成立凡化毛肚火锅商会,聚力推动毛肚火锅特色产业走向品牌化、规模化。目前,村中经营毛肚火锅的 80 余户,遍及贵州各地(黔东南、黔南除外),年产值达 5000 余万元,其中贵阳和毕节占比 50%,效益较好。四是实现群众就业最大化。村支两委策划、成立关岭高瞻劳务分包有限公司,由村集体承接劳务工程,安排闲散人员就业,让每家每户每人都有事干,有效提高人民群众收入,目前已带动 1000 余人次就业,增收 18 万元。

文明宜居的凡化村正朝着乡村振兴的目标一步一步迈进。2021 年 9 月,安顺市委、市政府授予凡化村"创建宜居乡村先进村"荣誉称号;2022 年 1月,关岭自治县委、县政府授予凡化村"十佳宜居乡村"荣誉称号。

坡舟村,依托得天独厚的低热河谷地理条件和三国文化遗址,以发展精品水果和打造旅游观光为定位,创建示范田园乡村。

一是着力发展精品水果。村集体建 500 亩五星枇杷采摘园 1 个,带动农户种植五星枇杷,还种植了柑橘、芒果、蜂糖李等水果 200 余亩。

二是依托三国古遗址(孟获屯、孔明塘、将军岭)、绚丽多姿的布依风情文化(六月六布依风情节、布依服饰、布依土布纺织、竹编手工艺)、贯

穿千年的冰臼自然风光、沿河泛舟观赏如画山水、垂钓溪柳河畔等人文、自然景观，规划建设旅游观光好去处。目前已有多家开发商前来洽谈合作开发。

木城村，处于打邦河流域腹地，属亚热带季风湿润气候，素有"天然温室"之称，

图 1-3 坡舟村的布依风情文化体验

适宜种植桃李、枇杷、柚子、柑橘等热带水果。该村以打造精品水果特色产业为模式，建设田园示范乡村，引进果树高效密植技术，种植沃柑、茂谷柑及爱媛 38 号 150 亩，年产值达 300 余万元，利润按"721"分红模式联结到脱贫户；木城巴地精品水果"村社合一"农民专业合作社，建成 145 亩爱媛 38 号、沃柑精品水果采摘园 1 个，引领村民种植瓜果、蔬菜、甘蔗等经济作物 300 余亩，枇杷、柚子、蜂糖李等水果 600 余亩。将木城打造成果蔬生产销售集散地，为断桥农特产品交易中心、冷链物流中心就近提供货源保障。

永睦村，气候宜人，地势相对平坦，适宜规模化发展。通过反复分析论证，决定于此打造现代山地特色高效农业样板。永睦村按照规划，先行先试，成效凸显。

一是着力完善坝区基础设施。广开财源，整合各类资金 700 余万元，建

图 1-4 永睦村中药材花卉园

成集产品展览中心、冷库、烘干车间等农产品生产、加工、储藏、经营为一体的配套设施；坝区滴灌管网覆盖 1000 亩、机耕道 4.8 千米、生产便道

1.3 千米、排洪渠 1.87 千米、备用山塘两座，完成土地破块 500 余亩。通过完善基础设施，打通农产品生产加工"最后一公里"。

二是按照"长短结合、以花养果"的发展理念，在坝区内发展"中药材花卉＋精品水果"模式。建成精品水果种植区 260 亩（其中红提、葡萄 100 亩，六月李、蜂糖李 100 亩，大黄梨、蟠桃 60 亩），建成中药材种植区 550 亩（芍药 350 亩、牡丹 100 亩、玫瑰 100 亩），莲藕 50 亩，套种周期短见效快的金丝黄菊 250 亩、亳药菊 200 亩，让坝区"四季轮开、繁花似锦"，同时促养周期长的精品水果。

三是坝区利益分配优先考虑脱贫户。率先完成一次性 15 年 900 余万元的土地流转费拨付，受益农户 500 余户，80 户脱贫户 435 人生活条件显著改善。同时坝区产业收益按照"1234"（脱贫户 10％、土地流转农户 20％、村集体 30％、村级合作社 40％）的利益联结机制进行分配。

四是农旅深度融合，凸显农业的现代与高效。芍药、菊花盛开期，永睦变成了"美丽乡村打卡地、花江漫语芍药谷"的网红景点，吸引周边游客 10 万余人次，高峰期单日游客超 3000 人，休闲娱乐、特色小吃、农特商品日交易额达 3 万元以上，刺激了地摊经济，实现了一、二、三产业融合发展，多渠道助农增收，巩固脱贫成效。

（三）勇于创新发展思路

在顶云经验之精神的引领下，石板井、凡化、木城、坡舟、永睦五村在打造示范试点的征程上，秉承开拓创新的理念，解放思想，创新发展思路，深度吻合新时代人民群众需求，选择产业发展路径。

凡化在打造康养休闲、乡村旅游好去处示范村的进程中，充分依托该村底蕴深厚的文化，着力挖掘历史悠久的凡化地戏，让地戏文化到得到传承的同时，为游客献上丰盛的精神大餐，吸引游客流连忘返。坡舟在规划发展路径时，创造性地将三国文化渗透于田园风光，实现了古为今用，彰显了坡舟乡村旅游内涵价值。永睦在打造现代山地特色高效农业样板区时，摈弃传统定向思维，创新种植发展思路，瞄准人民群众对美好生活的追求，将传统的粮食作物种植转变为集经济价值与观赏价值于一体的中药材，实现了经济利益最大化。

在宜居乡村建设的道路上，关岭赓续顶云经验，勇于探索创新，紧跟时代步伐，与时俱进地设计发展规划，构建发展路径，示范成效初显，乡村振兴迈出新步伐，满足人民对美好生活追求的使命任务正在一步一步实现。

新征程，顶云经验焕发出新的时代光芒，也将引领关岭人民在高质量发展、乡村振兴、现代化建设的道路上创造更加辉煌的业绩。

文化破题　助推宜居乡村建设

——关岭坡贡镇凡化村创市级"宜居乡村先进村"纪实

凡化，原名繁花，寓意花繁叶茂，地处关岭自治县东北角，隶属坡贡镇，毗邻 AAAAA 级景区黄果树瀑布。凡化历史悠久，文化厚重，明清时，关岭的进士、举人大多出于凡化（比如陈宏爵、陈焕文等），还拥有历史悠久的非物质文化遗产——凡化地戏。凡化地形独特、环境幽静，正如清代诗人、乾隆举人、河北衡水县令陈宏爵在其《繁花河》一诗写到的："清溪几曲抱村流，细浪渔吹绿满洲。弱柳千条连驿道，小桃一片拥书楼。情田有获资谁灌？净域无尘好自由。更得芳尊沉醉后，落花流水古今秋。"好一派古色古香的田园风光！凡化是一个留得住乡韵、乡愁的好地方。

凡化，人杰地灵，宁静祥和，但一度沉沦颓废，村民公德滑坡，集体意识淡漠，利己思想严重，人居环境恶化，邻里矛盾激化，一些人靠着墙根晒太阳，等着政府送小康。

进入新时代，党中央高度重视"三农"问题，广大农村迎来了发展的春天，凡化毫不犹豫地抓住这千载难逢的发展机遇，村委开始着手治理，找回昔日的繁荣昌盛。在村委的感召下，村里的能人志士纷纷踊跃参与家乡建设，一些知识青年放弃省外丰厚的收入，回乡建设家园，通过镇党委的培养，主动担任起村支两委工作重任，肩负起建设美丽凡化的责任。摆在年轻村干部面前最棘手的问题就是如何找到治理凡化、还凡化欣欣向荣之景象的突破口。年轻睿智的村干部们，秉承着"敢闯敢试，勇于担当"的顶云经验精神，在反复的调查研究与思考后，坚持走群众路线，依靠群众，发动群众，号召广大村民群策群力参与家乡建设。通过登门拜访、召开村民小组会议、邀请乡贤寨老建言献策等形式广泛征集各方意见，决定以弘扬传承凡化历史文化为突破口，唤醒广大凡化人重建凡化的信心和决心，用历史悠久的凡化地戏凝聚起振兴凡化的力量。思路明晰，蓄势待发。

贵州省委、省政府"特色田园乡村·乡村振兴集成示范试点"建设政策出台，标志着凡化振兴的大好时机到了，村支两委开始谋划建设特色田园乡村，打造宜居、宜业、宜游凡化。在宜居乡村建设进程中，凡化紧紧抓住"文化"这一关键词，把弘扬凡化历史文化，培育乡土人才作为建设凡化、繁荣凡化的突破口。充分发扬凡化"爱国齐家、团结互助、向善向上"的精神品格和乡贤文化，使乡贤文化根植乡土、贴近群众，发挥引领、示范和激励作用，培育更多的乡土人才。

一是成立地戏协会，壮大地戏队伍，通过地戏传承先辈忠、孝、仁、义、勇的优良传统，把忠诚、孝顺、仁爱、信用、创新的精神不断传承下去，为促进乡村振兴创造条件。

二是成立凡化毛肚火锅商会，建立经营人才台账，不断提升地方特色饮食文化，推动特色产业品牌化、规模化。

三是加强对蒋家大院、陈精亮故居等传统村落文化遗产的保护和修复，用历史记忆激励一代代凡化人。

四是成立村级劳务公司，建立村级工匠等乡村人才管理台账，发挥好乡村人才在乡村建设中的作用，为凡化建设添砖加瓦。

五是充分发扬凡化村"尊师重教、崇文尚武"的传统，建立社会精英人才台账，利用周末，把从凡化村走出去的行政事业人员、教师、企业老板等精英人才请来，对凡化的发展提出建议，共建家乡。建立凡化村大学生台账，让大学生利用暑假，把所学的专业知识用到凡化建设上来，努力构建团结互助、共建共享的格局。

宣传动员依文化，带头表率靠文化，环境治理凭文化，产业发展借文化，充分发挥凡化历史文化长处，破解宜居乡村建设难题。

一、强化宣传动员，广泛凝聚共识

一度涣散的民心与消极的思想，要重新唤醒，广泛动员他们参与到家乡建设中来，从兴趣与信仰入手。先向有文化的人宣传，再通过他们去影响说服其亲戚朋友，同时，对传承已久、人们喜闻乐见的凡化地戏活动进行广泛宣传，向广大村民传递建设美丽家园的正能量。尤其是在每年春节期间的地戏演出活动中，让一度具有影响力的乡贤寨老向乡亲们呼吁，倡议家家参与、人人动手建设美丽家园。对个别思想固化、消极不配合者，村委反复教育，锲而不舍，终于打通了思想上的梗阻。凝聚起建设美丽家园的共识，为往后的村庄整治、垃圾清理、环境美化扫清障碍，取得支持。

二、树立好榜样，弘扬正能量

依靠知书达理的乡贤作表率，村干部带头，对积极主动参与、支持家乡建设的村民给予褒扬，树立建设美好家园好人榜，实行力所能及的政策支持。以少带多，用先进促后进，动员一切可以动员的群众，团结一切可以团结的力量，为凡化宜居乡村建设铺平了道路、凝聚了力量。正是如此，在 2022 年凡化河道清淤改造工程中，村民主动捐款捐物，投工投劳，300余人共捐资 20 余万元，解决了该工程的资金困难。

三、传承饮食文化，做大特色产业

凡化毛肚火锅历史悠久，备受消费者青睐，为传承这一饮食文化，壮大这一特色产业，村委成立凡化毛肚火锅商会，聚力推动毛肚火锅特色产业走向品牌化、规模化。通过宣传动员，集中培训，形成共识，提升手艺，保护"凡化毛肚火锅"品牌，为火锅店营造良好的经营环境。目前，经营毛肚火锅的有 80 余户，年产值达 5000 万余元，同时带动了村其他产业的发展，为增加群众收入广开门路。

环境营造，铺平道路，为打造建设宜居乡村奠定了坚实基础。村委在上级有关部门单位的领导、关心、支持下，大手笔描绘宜居乡村蓝图。

（一）因地制宜，加强乡村基础设施建设

在充分征求村民意见的基础上，紧紧围绕"特色、田园、乡村"三个核心理念，着力打造凡化村特色田园乡村集成示范点。

一是结合凡化资源优势、乡村特色风貌塑造、文化特色产业等，聘请四川省兴发规划建筑设计有限公司贵州分公司对凡化进行"一方案两规划"

设计，目前已完成初稿。

二是坚持不搞大拆大建、大包大揽，引导农户利用老物件自制花篮80余个，群众自筹收集民族特色古物件100余件，进一步留住乡愁记忆，重塑乡村个性特色和乡土气息。打造景观点100余处，为乡村增添活力。

三是充分挖掘和利用农户院落空间，增加乡村韵律，美化庭院环境，引导农户庭院改造"三园"（小菜园、小果园、小花园）110户，打造现代版"富春山居图"。

四是坚持宜水则水、宜旱则旱、经济适用、群众易于接受的原则，策划凡化村改厕年度实施方案。加强农村污水处理，投资150余万元，对凡化农村污水收集管网进行改造，进一步完善基础设施建设，农户自来水普及率达100%。

五是着力改变群众生产生活习惯，实施门前"三包"责任制，针对柴草乱堆、污水乱排等实施"治八乱"工作机制，着力引导群众自抓居室、共抓村庄面貌的热情。

六是基础设施逐步完善，电信、有线电视、光纤网络、4G网络到组到户，组组通水泥路，群众幸福感逐步提高。

七是按照县委、县政府提出的"三县一中心"工作发展思路，凡化有很好的地理优势，有黄果树瀑布这个大旅游资源作为"靠山"，有深厚的文化底蕴（凡化地戏），有特色的饮食文化（凡化毛肚火锅），有可打造现代农业示范基地的500亩坝区且水资源丰富。凡化原名繁花，结合实际，拟种植上万亩的三角梅，把凡化乃至坡贡全镇打造成一个"繁花盛开"的特色乡村。前期计划培植10万株三角梅，目前在平整种植基地。

（二）因势利导，促进特色产业发展

抓住凡化河贯穿全村的优势，引导社会资本120万元盘活资源，新建年产量4.5万千克的商品鱼陆基养鱼基地，年产值约72万元；充分发挥资源优势种植花椒2000亩、小黄姜1200亩。积极推动特色产业品牌化，紧盯村级优势产业，结合拥有悠久历史的凡化毛肚火锅，集中力量推动火锅特色产业走向品牌化、规模化。引进关岭自治县关岭牛投资发展有限责任公司实施关岭牛养殖，为凡化村每年集体经济增收30万元。争取项目管护资金对凡化 1300 亩花椒进行管护，带动务工 400 余人次，发放务工费用 30 万元左右。引进民宿品牌，带动 15 人就业。

（三）依靠群众，提升乡村治理水平

一是加强基层党的建设，充分发挥战斗堡垒作用。近年来，凡化村把加强基层党组织建设作为抓好基层治理的重要工作，不断强化基层治理能力，引进致富带头人、一名本科大学生、两名专科大学生到村委任职。村支两委干部平均年龄 38 岁，全村党员 41 名，且每年动员一名以上村民入党，党的建设不断加强。

二是加强宣传引导，充分发挥农民主体作用，在构建"自商、自筹、自建、自管"的村民自治体系上下功夫，结合村情民意制定凡化村"十要十严禁"村规民约和黑名单管理制度，引导农户自我管理、自我约束、自我服务、自我监督。

三是制定红白喜事管理制度，探索"2＋5＋N"治理模式（红事不得超过 2 天，白事不得超过 5 天，其他酒席不得办理），规范农户主动备案、村委告知、签订承诺书等管理流程，遏制农村乱办酒席、相互攀比、铺张浪费等陋习。

四是制定环境卫生管理制度，实施干部包保责任制，包片包组包户，分类引导，落实门前"三包"责任制，针对柴草乱堆、污水乱排等实施"治八乱"工作机制。实施卫生收费管理，根据群众居家频率制定二级梯次卫生管理收费标准（即常年在家的收取 60 元/年、部分时间在家的收取 30 元/年），强化农户环境卫生自我管理意识。实施环境卫生评比红黑榜工作机制，形成群众在环境卫生上"你追我赶、相互比拼"的氛围。

五是成立乡贤寨老顾问团，通过发挥乡贤寨老顾问团的示范带动作用，解决邻里矛盾纠纷 12 件，进一步增强团结互助、向善向上的精神风貌。

六是成立村民理事会，共谋本村发展大计，形成"自己的事自己做，困难的事共同做，集体的事商量做"的良好氛围，群众自觉主动参与、积极参与管理村级事务的激情进一步提高，努力形成群众自己动手、不等不靠、共同发展的工作格局。

七是制定河道管理制度，发扬凡化人热爱公益事业的优良传统和共建共享的集体责任感。2022年1月，群众自筹资金10万余元，对凡化河进行清理，努力将其打造成绿水青山的生态家园。

八是实施凡化村数字乡村建设，把群众医疗保障、养老、就业、社会救助等纳入数字平台管理，不断健全基层多元化治理机制。

功夫不负有心人，通过全村干部群众一年多的努力，凡化村宜居乡村建设成效卓著，得到县委、市委的肯定。2021年9月，安顺市委、市政府授予凡化村"创建宜居乡村先进村"荣誉称号；2022年1月，关岭自治县委、县政府授予凡化村"十佳宜居乡村"荣誉称号。成绩与荣誉将鞭策凡化继续前行，务实奉献的村支两委班子亦满怀信心地带领村民走向更加美好的明天，一个宜居、宜业、宜游的凡化将从蓝图变为现实。

对保护传统村落文化和建设美丽乡村的思考

"美丽中国"在中共十八大报告中首次作为执政理念出现，这也是中国建设"五位一体"格局形成的重要依据，美丽中国的建设重点和难点在于农村。2013年中央1号文件提出要推进农村生态文明建设，努力建设美丽乡村。开展美丽乡村建设，是贯彻落实党的十八大精神、实现全面建成小康社会目标的需要；是推进生态文明建设、实现可持续发展的需要；是实现农业农村现代化的需要；是优化公共资源配置、推动城乡发展一体化的需要。随着我国经济社会的发展与进步，城乡联系日益密切，建设美丽乡村不仅仅是满足农村居民的需要，也是满足城市居民的需要，是整个社会的需要。人们的物质需求不断增长，越来越多的城市居民选择到农村旅游度假，农村与城市的距离越来越近，农村的生态、环境、文化已成为旅游业软实力。"美丽乡村"建设事关中国式现代化建设大计。

近些年来，各地在"美丽乡村"建设进程中大显身手，各有千秋。关岭在这场马拉松式的竞赛中立足实际，传承文化，稳步推进。

一、传统村落文化在美丽乡村建设中的价值

（一）传统村落的概念特点

传统村落是指村落形成较早，能够反映一定历史时空的社会物质文化与精神文化的发展状况，承载着珍贵而丰富的历史记忆、民族及地域文化信息的村落。传统村落中蕴藏着丰富的历史信息和文化景观，是中国农耕文明留下的遗产。2012年9月，经传统村落保护和发展专家委员会第一次会议决定，将具有一定历史、文化、科学、艺术、经济、社会价值的村寨正式定义为"传统村落"，以突出其文明价值及传承意义。考察发现，传统

村落一般具有以下三个特征。

第一，文化传承性。传统村落文化不仅包括有形的物质文化，也包括非物质文化。传统村落是以村落民居建筑为主的一种乡村人文景观，能够较为完整地保存某一段历史时期的建筑、景观面貌；同时，也是一种生产生活中的遗产，高超的建筑艺术、浓厚的农耕文化和丰富的人文内涵，一并被传承。

第二，价值整体性。传统村落兼具物质与非物质文化遗产特性，是农耕文明不可再生的文化遗产。例如传统村落中不仅包括形态多样的固态物质文化，还有大量独具特色的历史记忆、宗族传衍、俚语方言、乡约乡规、生活生产方式等，是一种独特的精神文化内涵，伴随村落存在，并能使村落文化传统厚重鲜活，是村落中各种非遗文化的生命土壤，因此，对传统村落必须进行整体性保护。

第三，动态发展性。传统村落不是文保单位，而基本都是村民生产生活的场所，传统村落的改善和发展，直接关系到村落居民生活质量的提高。因此，传统村落不是某个时代一成不变的古建筑群，而会随着人们生产生活不断地发展变化，呈现出它动态嬗变的历史进程，是活态和立体的。

（二）保护传统村落的意义

贯彻落实党中央关于乡村振兴的战略部署。党的十八大以来，以习近平同志为核心的党中央提出全面推进农村人居环境整治，建设美丽乡村，让农村人居环境"留得住青山绿水，记得住乡愁"；党的十九大报告指出乡村振兴战略是贯彻新发展理念，建设现代化经济强国的重大战略之一。要坚持"产业兴旺、生态宜居、乡风文明、治理有效、生活富裕"的二十字总体要求实施乡村振兴战略。乡村是一个携带着中华民族五千多年文明基因，且集生活与生产、社会与文化、历史与政治多元要素为一体的人类文明体，从"农村"到"乡村"的一字之变，反映出党中央关于乡村振兴战略的一种新思维。因此，加强传统村落的保护与发展，是贯彻落实党的十九大精神、推进实施乡村振兴战略的重要体现，是推进贵州省"四在农家·美丽乡村"的重要举措，是增强"四个意识"、坚定"四个自信"的重要途径。保护好传统村落对建设美丽乡村、美丽中国、文化强国，增强民族自信心和自豪感，提高国家文化软实力，提升国际影响力具有重要意义。

二、关岭传统村落现状

（一）关岭县传统村落文化保护发展现状——以普利乡马马崖村下瓜组为例

1. 马马崖村下瓜组传统村落简介

关岭自治县仅有普利乡马马崖村下瓜组被列入第三批中国传统村落保护名录。马马崖村下瓜组位于普利乡西南面，坐落于北盘江畔，距离乡人民政府10千米，居住有布依族、汉族，布依族占全村总人口的95%，辖区大约为8平方千米，耕地面积680亩。全村共280户，867人，人均可支配收入为6470元。农业生产以种养业为主，是普利乡水稻的主要产区，主要养殖牛、马、猪、鸡、鸭、鹅等。下瓜地势险要，三面环山，南面有一出口与北盘江相连，且与黔西南隔江相望，北盘江蜿蜒形成花江大峡谷，是一道天然的屏障。村落中部至花江大峡谷为连片农田，提供大量耕作土地；村内溶洞众多，泉水终年不断，提供生活、生产用水。村落形成于明洪武十五年间（1382年），是朱元璋南征的历史产物。旅游资源更为独特，有与红崖天书齐名的马马岩壁画、汉元洞、下瓜瀑布、古练兵场及千年古榕树群等。下瓜非物质文化遗产众多，国家级非物质文化遗产有布依族服饰，省级非物质文化遗产有盘江小调、布依长号、布依族土布制作技艺、布依锣鼓和布依族摩经。

2. 全县传统村落的保护和发展

为有效保护我县丰富而珍贵的传统村落物质与非物质文化遗产，保持历史风貌、传承优秀文化、科学指导村庄建设、促进经济社会协调发展，我县专门制定了《关岭布依族苗族自治县普利乡马马崖村下瓜组传统村落保护实施方案》。2014年投入10万元委托贵州省城乡规划设计研究院完成了《马马崖村下瓜组传统村落保护发展规划（2014-2030年）》的编制工作。根据《住房城乡建设部办公厅关于做好第五批中国传统村落调查推荐工作的通知》（建办村〔2017〕52号）和《安顺市传统村落保护发展工作领导小组办公室关于做好第五批中国传统村落调查推荐工作的通知》（安传村办通〔2017〕7 号）的要求，为进一步完善中国传统村落名录，保护好传统村落，经县人民政府同意，已完成了关岭自治县第五批中国传统村落申报推荐工作，全县已申报推荐了 18 个传统村落，现已完善资料在省厅评审。

3. 完成传统村落数字博物馆建设

我县结合马马崖村实际情况，积极开展数字博物馆制作工作，邀请贵州鼎联网络科技有限公司提供专业技术服务，完成了数字博物馆的建设。

4. 强化对马马崖村下瓜组传统村落的保护

马马崖村下瓜古传统村落建设共整合污水处理系统改造资金 150 万元，一事一议项目资金 150 万元，基础设施建设 69 万元。污水处理工程及人畜饮水工程现已完成，水源保护建设、道路硬化、村前停车场、风雨桥和人工湖征地等工作正在进行中。在以上基础设施建设过程中，已多次召开群众小组会，百姓支持度较高。

（二）关岭传统村落文化发展特点

1. 村落依山傍水

下瓜组古传统村落选址在三面环山的沟壑地带，中间为农田区域，背依马蹄形大山凹地，四周青山翠绿，外围山体层次分明。村落内部碧水长流，东西两侧山体相辅，南部田野视野开阔，一直延伸至花江大峡谷，充分体现了传统布依民居依山傍水、临水而居的居住理念，村落整体格局保持了完整的乡土特征。

2. 和合与共的生态建筑观

下瓜组古传统村落的民居以传统石板房和木板房为主，且多为传统干栏式建筑。墙面为石材砌筑，做出特殊造型。民居建筑材料均来自当地，以石材居多，在建筑的整体构造与细节上，都体现了当地匠人修建房屋时的艺术修养。建筑多坐落在山地上较为平缓的位置，房屋周围多栽种石榴、枇杷、李子等水果，少部分房屋修有围墙，中间留有坝子。民居主体与周围山体之间的和谐关系，充分体现了村民与自然和睦共生、安定相处的生态价值观。

3. 传统民俗和村落文化丰富

传统民俗和村落文化包括非物质文化遗产代表性项目及其他传统的生

产生活方式、乡风民俗等内容，例如，"盘江小调"的旋律优美，乐声悠扬婉转、悦耳动听，是下瓜村落布依族男女老少表情达意、歌唱生活的音乐艺术，现已被列为贵州省级非物质文化遗产保护名录；再如"布依长号"通体由薄铜片制作，长约150厘米，由上、中、下三节铜管组成，上节为嘴节，顶端有锅底型号嘴，中间为伸缩节，下节为喇叭节，管体可伸可缩。在节庆、婚嫁和丧葬中通常和铜鼓、唢呐一起配合，轮流演奏，是布依族保存最完整的民族乐器之一，有较强的艺术性，而下瓜村又是布依长号使用比较集中和保存较好的村寨。

三、保护传统村落文化与建设美丽乡村的短板

（一）传统村落保护重视程度不够

一是规划不统一。部分村落具有规划，但是各个村落之间缺乏沟通和联系，导致规划没有协调性，是分散、不统一的状态。

二是缺乏科学的规划方案。没有根据传统村落的历史、文化、特色等制定针对性的保护措施或者方案，对部分房屋重建没有科学规范的要求，任其自由翻建，导致传统村寨遭到破坏。

三是档案管理机制不健全。对传统村落摸排不清，没有建立传统村落档案管理机制。

四是缺少专门的管理机构。目前没有专门的部门从事对传统村落文化的保护、挖掘、开发、发展等工作。

（二）传统村落保护政策制度不健全

由于传统村落保护起步较晚，保护政策还不完善，且不具有针对性，跟不上村落发展的需要，或者不适合本村具体情况。同时，传统村落缺乏自治能力，没有村寨内部相应的村规民约、制度规定等，工作机制不健全。

（三）传统村落保护资金匮乏

前期脱贫攻坚投入大量人力、物力、财力，农村基础设施有了天翻地覆的变化，农村人居环境得到了较大改善，但对传统村落保护缺少相应资金投入。另外，地方财力严重不足，传统村落又缺乏规模化的产业支撑，

自身无资金来源，因此投入传统村落保护上的资金也就少之又少，甚至没有。此外，我县传统村落的位置多数较为偏远，所需开发资金多，对外商投资吸引力不强，也造成村寨保护发展缓慢。

（四）传统村落村民保护意识差

由于政策不完善、宣传不到位，再加上村民缺乏对传统村落的保护意识，导致其不能自发对传统建筑进行保护。如随意倾倒生活生产垃圾，对于一些古遗址、古村庄，随意翻修拆建，导致破损严重，甚至对所存遗迹不但不做任何保护，反而在上面种植苞谷等农作物，自己先进行破坏。另外，对于一些需要翻修的建筑，村民没有按原貌修复的意识，而是随意修整，达不到与原貌相一致的效果。

（五）传统村落识别困难，保护不精准

我国历史悠久、疆域广袤，传统村落众多，但分布不均、地域差异明显，要依靠专家识别。由于我县缺乏相关人才资源，对于一些村寨识别不及时，保护不精准，造成部分特色村寨在专家识别前整体遭到破坏或按照普通村寨的标准进行管理，从而导致很多古迹遭到毁灭性破坏。

（六）传统村落保护与美丽乡村建设脱节

相关人员对保护传统村落与建设美丽乡村缺乏科学认识，认为美丽乡村建设就是打造新乡村，要选址重建或者直接抛弃原有传统村落的建筑风格，使用现代化风格，完全不顾村寨自身历史和文化传统，不顾村寨整体布局建设，对于传统完全抛弃不用，没有将传统村落与美丽乡村建设有机结合，造成"传统村落不传统，美丽乡村不美丽"的困局。

四、对美丽乡村建设中兼顾传统文化与现代元素的思考

（一）提高政治站位，狠抓贯彻落实

要深入学习贯彻落实党的十八大、党的十九大、党的二十大精神、中央关于农业农村工作"1号文件"建设以及中央、省委、市委和县委关于乡村振兴战略、传统村落保护、美丽乡村建设等方面的重要部署和政策规定，始终坚持以习近平新时代中国特色社会主义思想为指导，推动传统村落保护和美丽乡村建设工作。切实增强"四个意识",坚定"四个自信",不断提升对传统文化的保护意识,增强对保护传统村落的科学认知,坚持"原生性、整体性、可持续性、活态性"保护原则,推动传统村落保护持久发展。深入贯彻落实贵州省委、省政府关于打造"四在农家·美丽乡村"升级版的部署安排,积极转变发展理念,大力实施改善农村人居环境"10＋N"行动计划,推动美丽乡村从"一片美"向"整体美"、从"外在美"向"内在美"、从"环境美"向"发展美"、从"一时美"向"持久美"提质转型。

(二)以巩固拓展脱贫攻坚成果为统揽,发展传统村落文化旅游特色产业

紧扣巩固脱贫攻坚成果助推乡村振兴工作大局,抓住发展机遇,根据传统村落实际,因地制宜,结合当地村落传统文化特色,大力发展文化、旅游特色产业,通过产业结构调整,提高发展效率。同时加大宣传保护传统村落力度,形成品牌文化,以此来提高传统村落的知名度。

(三)打造具有关岭特色的传统村落文化特色品牌

相关部门应积极出台相应保护规划方案,不断健全完善传统村落工作机制。加强人才力量,组织专业人员对全县境内传统村落进行识别、鉴定和评估,在尊重历史、传承文化、保护环境的前提下有针对性地进行保护开发。在分析村落发展类型、地域分布、人口规模等现状的基础上,选择具有历史特征、民族文化特色鲜明和建筑格局保存较为完整的传统村落,加大保护,科学开发利用,通过发扬传统文化促进传统村落可持续发展。同时,加大对传统村落保护的人力、物力、财力投入,通过向社会招募投资入股,筹备资金,联合各方力量共同保护传统村落文化,促进关岭少数民族传统村落文化特色品牌化发展。

(四)充分发挥村民自治优势,强化村民保护意识

传统村落保护要尊重村民自治的权利,要始终坚持生活延续性和文化活态保护。村集体应集思广益,把各项保护规定写入村规民约,以提高村民自觉保护意识、约束村民无序建设行为。大力宣传传统村落传统文化的

重要性，把村民急于通过建设发展经济的思想扭转过来，让村民了解到通过传统文化优势建设特色美丽乡村的长久发展道路的重要性，引导村民树立传统文化保护意识，从根本上解决传统文化遭到破坏的问题。

（五）围绕乡村振兴战略，推进传统村落保护与美丽乡村建设

深入贯彻落实党的十九大提出的乡村振兴战略，把传统村落传统文化保护纳入城乡建设与旅游发展规划中来，围绕乡村振兴，将传统村落保护与美丽乡村建设结合起来。大力宣传当地非物质文化遗产，突出乡土习俗，保护并修缮古建筑，形成建筑特色，强化文化吸引力，为美丽乡村建设丰富文化底蕴，以此吸引游客开展古村游活动，提高传统村落的人文影响力，从而提高群众参与保护传统文化的自觉性和积极性。

（六）加快基础设施建设，夯实传统村落发展基础

在脱贫攻坚期间，虽然所有乡村道路通达、农户庭院硬化，基础设施有了很大改善，但部分传统村落公共服务设施尚不完善，比如，马马崖村下瓜组垃圾桶、路灯等尚需完善。有关部门应加快这些村落的基础设施建设，并结合传统村落文化特点进行适当美化，改善村民生产生活条件，夯实传统村落发展基础。

乡村的美丽不仅仅体现在外表的华丽，更要注重的是美丽乡村所承载的内涵与价值，能体现出一个地方的民风民俗，展现民族文化，传承优秀传统。因此，在美丽乡村建设中，应避免一张蓝图绘到底，需因地制宜，注重对村落传统文化的传承、保护，让优秀文化在中国式现代化建设中得到传承，让乡村更加美丽。

第二章　产业带头

在巩固拓展脱贫攻坚成果助推乡村振兴的伟业中，关岭布依族苗族自治县积极作为、主动谋划，紧紧抓住新时代西部大开发、作为国家乡村振兴重点帮扶县和省级乡村振兴基础夯实县的大好机遇，深入实施"乡村振兴、大数据、大生态"三大战略，全面落实贵州省委"一二三四"总体思路和安顺"1558"发展思路，在坚持"四化同步"、四个轮子一起转的基础上，谋划将关岭建设成为"生态畜牧业强县、清洁能源大县、全域旅游示范县、南药道地药材集散中心"，突出关岭特色，跑出关岭"加速度"。

关岭在打造"三县一中心"、实施乡村振兴道路上，始终坚持产业带头，创一流品牌，引领产业融合发展，助推县域经济社会各项事业高质量发展，加快现代化建设步伐。

写好关岭"牛"文章　建设生态畜牧业强县

关岭牛系中国"五大名牛"、国家级重点保护的 78 个地方畜禽品种之一。1982 年收录入《中国畜禽品种志》；2016 年成功注册国家地理标志证明商标；2018 年省质监局批准发布关岭牛标准；2019 年 10 月获贵州省十大优质特色畜产品荣誉称号；2020 年 8 月成为国家农产品地理标志产品；2021 年 12 月获 106 届美国万国博览会巴拿马金奖……关岭牛投公司 2020 年 9 月获安顺市"十佳农业企业"荣誉称号；2021 年 7 月被列入贵州省农业企业品牌 50 强；2022 年 4 月获批诚信示范经营认证企业；2020 年 12 月获省级重点龙头企业、十佳脱贫攻坚企业荣誉称号，同时，是贵州大学畜牧学博士工作站……

为贯彻落实党的二十大精神和《国务院关于支持贵州在新时代西部大开发上创新路的意见》（新国发 2 号）以及习近平总书记对贵州工作重要指示精神，牢牢把握机遇，坚定不移地贯彻创新、协调、绿色、开放、共享的新发展理念，坚持稳中求进的工作总基调，以高质量发展统揽全局，守好发展和生态两条底线，关岭自治县将在"十四五"时期重点打造全省生态畜牧业强县。关岭牛作为建设生态畜牧业强县的领头产业，在充满机遇和挑战的"十四五"时期，如何把握机遇，续写好这篇大文章，助推关岭乡村振兴伟业，成为新的时代话题。

一、关岭牛产业现状

（一）产业体系逐步建立

2016 年以来，乘着脱贫攻坚的东风，关岭牛产业得到长足发展，基础不断夯实，养殖规模不断扩大。基本形成了集养殖、饲草种植、良种扩繁、产品加工、销售一体、牧旅结合的产业发展体系。

一是扩群增量。脱贫攻坚期间，全县引进安格斯能繁母牛 5000 余头，2019 年关岭牛存栏曾经达 19.01 万头，出栏 4.52 万头，目前，全县牛存栏 15.8 万头，出栏 1.26 万头，建成 1200 头核心种牛场 1 个、500 头规模养牛场 26 个、200 至 300 头规模新型养殖小区 18 个，培育 5 头以上的家庭牧场 1526 个。

二是基础设施进一步完善。建成关岭生态畜牧业现代高效农业示范园区、1200 头规模核心保种场、年产 50 万剂冷冻精液的种公牛站、年产 2 万吨的饲草加工中心、年屠宰量达 10 万头的屠宰场各 1 个，农户、合作社新建圈舍 16.2 万余平方米，新建青贮池 6.12 万立方米。

三是饲草体系夯实。通过调整产业结构，利用低产农作物用地和改造后的荒山发展饲草种植，以皇竹草、紫花苜蓿、黑莓草为主的高产牧草种植面积达 9.3 万亩，成立草业公司 3 家、饲料加工合作社 7 家，饲草基本实现自给自足。

四是牛产品精深加工初具规模。关岭牛产业园肉牛屠宰加工线全面投入运行，屠宰加工厂总投资约 6000 万元，园区占地 90 余亩，建有屠宰加工车间、待宰圈、制冷控制中心、公租房，年屠宰量 20 万头。牛屠宰后做精细化分割，提高附加值，打通产业链。产业园的建设为农户做好利益连接，农户饲养的牛由产业园进行屠宰和销售，增加农户收入。

五是销售市场不断拓展。采取"牧场＋屠宰场＋零售市场"的经营模式和"牛投公司＋合作社＋五户联保"的订单种养模式，直接面向上海味千拉面、左庭右院、贵阳煮意等餐饮名店进行供货。生鲜牛肉已进入大型商超，与省内外 9 所高职院校签订精准扶贫产销对接合作协议。同时，关岭人到北上广等城市开设的牛肉餐馆、生鲜店达 1960 家，此举让关岭牛从"养得好"向"卖得好"转变，让关岭优质牛肉从深山走向全国。

六是实现农户增收和解决大中专毕业生就业。全县牛产业累计直接带动农户 11505 户 50262 人（其中脱贫户 5316 户 18617 人），户均增收 6000 元；据不完全统计，在县内外从事关岭牛产业的大中专毕业生达 120 余人。

（二）产业链条基本形成

当前关岭牛产业链条大致形成以下七种。

一是"国有公司＋企业＋合作社（村集体）＋农户"，国有公司或合作社提供养殖项目所需的圈舍及附属设施，企业与合作社签订具体合作协议，国有公司用产业子基金购买育肥牛进入养殖场饲养育肥，企业承担养牛期间的成本及疫病死亡风险，企业按圈舍规模70％的育肥牛每头牛每年释放2000元的利润分红给合作社和国有公司，其中牛投公司占30％用于支付基金利息，其余部分分配给合作社和农户，企业按期归还牛投公司购牛本金。该模式目前由铭品公司及一些乡镇养殖场采用。

二是"政府＋公司＋合作社＋农户"。政府补贴圈舍建设，由公司主持修建圈舍并进行养殖，村合作社以土地或者资金入股到公司，公司将盈利部分按比例分红给合作社，合作社再分发给农户。如博新牧业即采用的这种模式。

三是"政府＋公司＋农户"。由政府补贴圈舍建设，由公司主持修建圈舍并进行养殖，贫困户通过政策扶持进行基础设施投入，公司按约定每户每年进行分红，持续分红3年。如花江镇蓝天白云（华云）公司、普利乡盛世牧业公司即采用的这种模式。

四是"村社合一合作社（合作社）＋养殖大户＋贫困农户"。由政府给予项目支持，合作社修建圈舍进行养殖，贫困户通过土地入股、扶贫资金量化入股等方式全部加入合作社，村合作社获得收益以后分红给农户。如新铺镇岭丰村硕民种植养殖合作社、断桥镇大理村村社合一合作社即采用的这种模式。

五是牛投公司安格斯牛承接合作模式及"政府＋企业＋合作社＋农户"的饲草种植模式。由牛投公司同乡镇平台公司签署安格斯承接协议，以分期支付购牛款的方式向牛投公司承接安格斯能繁母牛进行饲养，乡镇提供担保，按照五胎还本付息和合作养殖的方式进行。对于母牛产下的所有牛，牛投公司一律以高于市场价10％的价格进行收购，五胎之后母牛所有权归乡镇平台公司（乡镇平台公司可自行将母牛发包给第三方），通过出售犊牛或成年牛实现持续增收。为降低安格斯能繁母牛养殖风险，实行以短养长模式，一头安格斯能繁母牛匹配一头育肥牛，由牛投公司出资购买育肥牛，由乡镇平台公司负责养殖。育肥牛出栏后自占利润，本金归还给牛投公司。

六是"五户联保"。即两户非贫困户带三户脱贫户组成一个养殖小组，每户向村集体合作社承包关岭牛进行养殖，增值效益合作社占20%、农户占80%，五户成员联保互相扶持、互相监督、共同致富。

七是散户抱团养殖。即几户农户合伙，自己修建圈舍并购牛养殖，自主经营，如普利乡正旺养殖农民专业合作社和顶云街道办杨德志养殖场即采用的这种模式。

（三）品牌效应逐步建立

关岭通过对品牌的不断包装、宣传，品牌附加值日益提高。目前关岭牛已强势进驻国内一些知名超市，供不应求。全省肉牛产业发展现场推进会在关岭召开，进一步坚定了产业发展的信心和决心，关岭牛品牌效应逐步建立。

二、关岭牛产业发展展望

关岭牛产业规模、产业链基本形成，品牌已创立，可谓万事俱备。要将关岭牛做大做强，使其成为乡村振兴道路上的朝阳产业，引领关岭高质量发展，需要做到以下三点。

（一）提高政治站位，正确认识关岭牛的产业优势

经济建设是"五位一体"总体布局的首要任务，发展关岭牛产业是关岭经济振兴的重要战略举措，全县干部群众，尤其是党员、领导干部务必从讲政治的高度认识发展关岭牛的重要性和必要性，积极主动地参与到对关岭牛产业的宣传、动员、保护等工作中去，立足各自的工作岗位，结合实际，力所能及地为大兴关岭牛建言献策，形成全县上上下下谈关岭牛、人人了解关岭牛、农户家家发展关岭牛、群众个个保护关岭牛的良好氛围，为关岭牛产业发展创造一个宽松、有序的社会环境。

1. 政策优势

为了保护、培育、开发利用好关岭牛品种资源，促进关岭牛产业发展，

维护生产经营者的合法权益，我县政府高度重视，制定并出台了《关岭布依族苗族自治县关岭牛保护和发展条例》《关岭自治县关岭牛三年振兴计划实施方案》等政策措施，成立工作专班，为"十四五"时期关岭牛产业发展提供坚强组织保障。同时，聘请专家团队为关岭牛养殖提供技术指导，全面整合各部门专业技术力量，切实加强对种草养畜的技术指导服务。有了技术支撑和政策支持，为鼓励农户以家庭牧场为单位种草、养牛，走小规模大群体路子，促进关岭牛健康持续发展，关岭自治县聚焦小微企业扶持和创业贷款扶持，借助"惠农贷""牛起来"扶贫产业子基金等金融产品、整合帮扶资金和涉农资金、充分激活民间资本等途径，累计投入关岭牛产业资金达 14.7 亿元，其中财政资金投入 1.26 亿元、贷款融资 4.96 亿元、项目资金 0.34 亿元、民间投入 8.14 亿元。

2. 生态环境优势

关岭独特的自然环境，造就了关岭牛出肉率高、氨基酸含量高、蛋白质含量高、繁殖率高、屠宰率高、脂肪含量低的"五高一低"优质品质，塑造了"关岭牛一生鲜草、一碗好肉"的良好肉牛品牌。关岭牛屠宰率达到 58%，净肉率达到 50%，高于其他牛 3 个百分点左右。关岭牛呈味氨基酸含量高，地方风味浓郁，特色鲜明，肌肉中蛋白质含量达到 23.93%，高于其他地方品种牛 2 个百分点左右，肌肉中脂肪含量为 3.64%，低于其他地方品种牛。关岭牛脂肪酸中硬脂酸和油酸分别达到 30.08%、27.91%，均高于其他地方品种牛 2 个百分点左右；每 100g 鲜肉中谷氨酸、天冬氨酸和赖氨酸三种氨基酸含量分别达到 169.7mg、77.6mg、88.5mg，均高于其他地方品种牛肉 2mg 左右。

3. 比较优势

关岭牛是国家重点保护的 78 个地方畜禽品种之一，居贵州四大黄牛品种之首，是我国宝贵的种质资源财富，具有较高的食用价值、经济价值和开发价值。关岭牛以出肉率高、氨基酸含量高、蛋白质含量高、繁殖率高、脂肪含量低等远近闻名，深受消费者青睐，具有较为广阔的市场空间。

4. 区位优势

关岭交通便利，有沪昆高速公路、沪昆高铁、320 国道穿境而过，有利于我县关岭牛系列产品的对外输出。

（二）实事求是，准确把握制约关岭牛产业发展的因素

1. 发展信心不足，缺乏文化自信

关岭牛产业虽然在我县经过了多年发展，但是在我县农业农村经济中的增长速度相对于其他产业较为迟缓，其原因在于部分干部群众的思想认识不到位，思想观念比较保守，缺乏创新和勇气。以贩养育肥为主，因地方的环境差异性较大，部分收购回来的肉牛因水土不服，需要适应期，以至于出现不仅没有达到育肥销售的预期目的，反而越养越瘦，有的甚至死亡，长此以往就导致了我县肉牛的养殖成本过大、周期长、见效慢的恶性发展。部分干部群众越养越亏，便失去了养牛的信心。

2. 产业链较窄，技术力量薄弱

我县关岭牛的养殖方式大多数为传统养殖，从肉牛养殖、屠宰加工、销售到运输存储等环节的衔接都不够，主要表现在以下三方面：一是绿色高档牛肉品牌尚未完全树立，关岭牛的牛肉产品的推介力度不够，大众知晓率不高；二是销售渠道有限，关岭牛的牛肉主要销往沿海城市、一线城市的大型超市和监狱；三是服务保障能力弱，在与部分大型养殖场场主的交谈中发现，由于关岭牛的肉质鲜嫩爽口且其肉中的氨基酸、蛋白质相对于其他品种肉牛的含量都高，脂肪量又低，在当地非常受欢迎，但是产地的供应量始终满足不了购买需求。

3. 养殖存栏量不足，后续发展乏力

牛肉的生产从饲养到进入市场，一般要经过基础母牛的饲养繁殖、牛犊的培育、育肥牛、屠宰、加工市场销售及牛贩子的运作等诸多环节。而在这些环节中，基础母牛的饲养户亏损、育肥牛的微利、屠宰场稳赚、牛贩子暴利。由于利益分配的不合理，许多农村的剩余劳动力选择进城务工，务工收入远远高于在家养牛的收入，而留守在家的多为妇、幼、老、弱、病、残人员，这些人缺乏技术和饲养管理肉牛的能力，加之长期的饲养亏损，纷纷退出养牛大军。这些是导致我县牛产业存栏数量不高的主要原因。调查发现，我县纯种的关岭牛养殖群体，基数最大的首先是散户，其次是合作社，最后才是大型养殖场（企业）。

4. 群众养殖积极性不高

一是农户传统养殖模式衰落。在20世纪90年代，几乎每家每户都养牛，少则一二头，多则三四头，多数村都有"伙牛匠""放牛路""看牛坡"等与养牛相关的职业、名称，可见农村与养牛的关联颇深，养牛是农村生产和发展经济的双重需要。如今，随着农机的普及、青壮年外出人员增多、封山育林等，农户养殖仅作为增加收入的一种手段，旧的养殖模式已不再适应新的生产生活现状，新的养殖模式未完全建立。

二是合作社养殖进入瓶颈阶段。我县大部分农村合作社都由村干部或少数"懂牛"群众参与，多数人员的养牛知识停留在20世纪90年代散养的状态。虽经过一定培训，但由于文化水平较低等原因，缺乏规模化养殖技术，大部分合作社都是"摸着石头过河"，进入亏损状态。没有获得应有的经济利益，对养殖自然失去了信心。

5. 疾病防控、消毒防疫工作薄弱

调查发现多数养殖户的主要精力都放在培育上，忽略了疾病防控，消毒设施不齐全或并未投入使用，牛发病后大多根据经验自行处理，容易误诊误治，耽误最佳治疗时间，造成直接经济损失。

6. 饲草料成本偏高，草料质量低，投入与收获成反比

随着关岭自治县大力鼓励支持关岭牛养殖，养殖户的饲草料储备意识大大增强，然而仍有许多不足之处：一是养殖户已能根据存栏数和季节合理种植优质牧草和贮存饲草料，但由于饲草种植、加工和管理利用水平不高，未能在饲草营养最佳的时间采收，青贮饲料质量差或发生霉变导致资源浪费，降低经济收入；二是有的乡镇饲草体系建设跟不上牛产业发展的需要，牧草种植少，满足不了饲养所需，只能花高价在其他乡镇购买；三是部分乡镇虽然饲草体系健全、饲草料充足、饲草料成本低，但牧草利用率不高，牧草资源有闲置现象。

7. 市场体系不规范，缺乏强有力的龙头带动

肉牛是一个产业链较长的产业，从犊牛繁殖、架子牛育肥、屠宰分割、饲料加工到产品销售，各环节之间需要互相合作，利益共享，风险共担。但由于受利益驱动，在饲养、屠宰、销售、饲料供给等环节中常常出现掺

杂使假、压级压价、抢购牛源、互相拆台等现象。一些公司尽管与农户签订了饲料供给、育肥牛收购合同，但双方没有紧密的利益连接，缺乏法律约束，受市场干扰，价格高时，养殖户将牛卖给其他厂家和屠宰户，不履行合同；价格走低时，企业又必须按合同规定价格收购，企业育肥牛计划受阻，进而导致企业蒙受巨大经济损失。

8. 关岭牛龙头企业的引领、示范带动能力不够

企业牛产品精深加工水平不高，市场开发力度不够，牛肉产品附加值不高，品牌优势未能转化为经济效益。

（三）持之以恒，挖掘关岭牛文化，筑牢品牌意识

1. 打造关岭牛特色文化，树立文化自信，提振关岭牛产业发展信心

关岭牛历史悠久，文化底蕴深厚，打造关岭牛特色文化，让每一个关岭人以关岭牛为荣，并以投身关岭牛产业建设而自豪。

①深挖关岭牛文化

牛伴随着中华民族农耕社会发展已有数千年，数千年来，人们尊崇耕牛。在关岭，各民族都有在农历十月初一过牛王菩萨节的传统，在这一天，人们会给耕牛喂甜酒和糯米饭，在牛角上放上粑粑，还会开展斗牛活动，以示庆祝。牛是财富的象征，也是地位的象征。传说苗族的祖先蚩尤是战神，其形象是牛头人身，蚩尤战死后，人们认为吃牛肉可以获得蚩尤的智慧和力量。由此苗族和布依族的传统民俗"砍嘎"是礼仪最高的祭祀，也是对牛的最高尊崇。

唐朝开元年间，关岭牛作为上等"菜牛"进贡朝廷；花江牛市始建于1644 年；中华人民共和国成立初期，关岭牛曾作为地方良种入京参展；1986 年，国家商业部将花江牛市列为全国四大牛市之一（其余三个为：广东佛山市三水耕牛市场、安徽省枞阳县姚王集牛市、湖南邵阳龙溪牛市）。

②深入挖掘、重新构建新型牛文化

在"十四五"时期，关岭牛产业的发展应当深度挖掘当地的牛文化，在牛产品中注入文化气息，这样一来，既能促进牛文化的不断传承，也能促进乡村旅游的发展。具体做法有：

一是将关岭牛与民族文化融合。例如在剪纸、服饰等民族手工艺品中

突出牛的图案或元素。

二是深挖关岭牛的饮食文化。在全国各地都有不少独具特色的标志性牛肉美食产品，关岭牛要多方借鉴，创造适合大众口味的特色饮食品牌。由县级主导注册品牌，通过有影响力的媒体、自媒体推广。

三是举办诸如"斗牛赛""牛王节""牛肉宴"等传统地方特色文化活动，将苗族的"牛王节"和"砍嘎"文化申报非物质文化遗产，发挥节日经济效应，带动农村产业发展。在举办相关的节日活动时，可以通过品牌农产品推介会和网络销售等方式，充分利用大数据和电商平台销售关岭牛产品。

四是支持鼓励经营主体发展电子商务，借助各类电商平台开设线上商场，宣传时通过直播或短视频平台高效出售。

五是举全县之力把花江建成独有的"牛文化小镇"，建设集销售、参观、饮食为一体的牛文化一条街。让牛文化进入大众视野，构建新型的牛文化、牛产业，进而推动全县牛产业的发展壮大。

③升华关岭牛文化，激发广大干部打造关岭牛产业的信心和决心

关岭人有顶云经验、板贵精神，有大胆创新、勇于探索、敢为人先、艰苦奋斗的优良传统，要结合乡村振兴的契机深度挖掘其精神内涵。关岭牛产业在县委、县政府领导的带领下从无到有，形成独有的特色品牌，克服了各种各样的困难和阻力，走到今天，体现出关岭人不屈服于现状、敢拼敢干的精神品质。要结合党史教育，培育新时代"关岭牛精神"，表彰一批为关岭牛做出贡献的"牛人"，把如何发展关岭牛作为关岭"十四五"规划的重要课题，设立大论坛、大讲堂，在全县形成学习风潮。把关岭牛作为当前作风整顿的重要内容，进一步统一全县干部的思想，在牛产业上下足功夫。

④严防死守关岭牛品牌，拓展其文化与品牌效应

品牌是组织形象的标志，是经济实力的标尺，可以化无形为有形，具有强大的精神引导功能。关岭牛品牌来之不易，应用好、保护好这一品牌是关岭人义不容辞的责任。通过关岭牛文化的沉淀以及许许多多敢闯敢干的关岭人的努力，创立了"国家农产品地理标志产品""国际巴拿马金奖"

的关岭牛品牌，这是关岭历史上未有的盛誉。拓展品牌效应、筑牢品牌保护意识是大力发展关岭牛的巨大内生动力。全县上下的干部群众都要为关岭牛品牌喝彩，要在发展关岭牛产业的道路上开动机器，多思善谋。在本土大力发展关岭牛养殖的基础上，将牛产业拓展到周边地区，将关岭牛养殖秘方与品牌发挥好、应用好、保护好。尤其要严防品牌冒用，筑牢打击假冒伪劣产品的第一防线，应用知识产权方面的法规严格保护关岭牛品牌。

2. 深化体制机制改革，拉伸关岭牛产业链

①完善市场机制，推动整体经济发展

引导企业自觉调整产业结构，实现资源的优化配置。要树立让利于民、藏富于民的思想观念，让老百姓得到实惠，让老百姓有盼头，让老百姓通过养牛改善生活，提高文化水平。要加强在饲养、屠宰、销售、饲料供给等环节的服务管控，就要环环相扣。

一是培育新型经营主体和专业营销团队。重点培育一批龙头企业，以龙头企业带动全县的村级合作社养殖场，村级合作社带领农户，带动肉牛产业链发展；培育3到5支专业营销团队，借助有影响力的自媒体平台大力宣传我县关岭牛产业的基本情况。

二是以关岭为中心，辐射周边县区。将周边县区的小黄牛养殖业作为关岭牛产业的一部分资源，并建立大型育肥基地三个，将从周边收购的劣种牛"变废为宝"。

三是将花江打造为关岭牛特色乡镇。形成以市场为主体，以关岭牛特色文化为依托，以关岭牛加工为核心的产业链。建成集关岭牛研发、展览、体验、观光、养殖为一体的农旅结合特色小镇。

②打造高质量关岭牛品牌

一是进一步拓展关岭牛营销市场。除了继续加强同已经建立合作关系的贵州黄牛产业集团、上海味千拉面、左庭右院、贵阳煮意、盒马鲜生公司、贵阳星力超市等企业和大型超市的联系，争取进一步扩大合作规模外，还要鼓励支持餐饮企业、关岭能人以贵阳市为中心，开设更多的关岭牛肉餐饮、生鲜旗舰店，逐步向全国各大、中型城市拓展，让"一生生态草，全身好牛肉"的关岭牛优质牛肉逐步走上全国人民的餐桌。

二是开拓民间市场。建立专门的关岭牛饮食培训机构，与县就业局合作，集中培训农村剩余劳动力和返乡农民工，使之掌握关岭牛的烹饪方法。结合县级鼓励创业的相关政策，鼓励农民将关岭牛饮食带出贵州，并提供技术、资金、产品或半成品支持。

③提升管理水平

企业发展格局应该建立在更高层面，提高牛产业的精加工水平，将市场定位放在全省、全国乃至世界。

一是加大对养殖户的理论知识和技术水平的培训，做到"定人、定点、定量"为其服务。

二是着力改变思想观念，提升干部积极性。基层工作杂而乱，一人兼多职的情况比比皆是，部分干部既要负责村委工作又要兼顾养牛场，往往力不从心。

三是加强企业管理者的管理能力，完善管理制度。管理者是企业的主线，管理能力是企业核心能力的重要组成部分，直接影响着企业战略的执行情况和企业发展的前景，同时也是提高企业竞争力的关键因素。对企业进行规范科学的管理，在管理中不断创新是增强企业的适应能力、发展能力、竞争能力的重要基础。提高企业的管理能力，首先，要有一个高执行力、领导力、决策力和战略领导的管理团队；其次，要有一支专业性极强的销售队伍；最后，要建立一套能够使企业不断发展创新的管理机制，以适应复杂多变的市场竞争。

3. 创新关岭牛养殖模式，增加关岭牛存栏量，强化自身造血功能

①创新示范模式

采用"龙头企业＋合作社＋农户"的"小规模、大群体"模式，示范带动养殖户发展肉牛养殖。有序推进两到三个标准化养殖示范镇的建设，因地制宜，分类指导。

②逐步扩增存栏数量

藏牛于户，让利于民。根据每户家庭人口、实际情况，让其从合作社将能繁母牛或公牛免费领回去喂养，形成小群体大规模养殖模式，再配合公司、合作社等平台，从农户处灵活收购成牛，这样不仅能增加存栏数量，

又大大节约了饲养成本。

③加强养牛技术人员队伍建设

以畜牧中心为依托，吸纳民间养牛专家，组建专职养牛技术生产队，定期对养牛大户进行技术培训。建立关岭牛良种研发中心，不但要引进优良品种，还要保证关岭牛的纯种性，实现关岭牛的自我造血功能。

④保障饲草供应

建立全县饲草储备中心。一是鼓励引导农户在全县公路沿线、机耕道沿线规模化种植饲草，形成可视化规模效应，集经济效益、生态效益于一业；二是收储全县甚至全市范围的饲草、秸秆、稻草等进行加工仓储，统一加工，统一定价，保障规模化育肥的供应，并节约成本。

三、总结

当前，关岭牛产业正处于转型和提升竞争力的关键时期，提质增效、扩大规模、拓展空间、完善产业链（肉牛养殖、屠宰加工、销售、仓储、物流）、品牌保护是发展壮大关岭牛产业的关键所在，是续写好关岭"牛"文章，建设生态畜牧业强县，助力乡村振兴，推动关岭经济社会高质量发展的有效途径。

精准施策 让关岭牛"牛"起来

在脱贫攻坚战中，关岭立足实际，充分利用关岭牛品种、品牌、品质优势，紧紧抓住关岭被列为全省肉牛产业重点支持县的契机，按照省委、省政府"一县一业"的决策部署，牢牢把握农村产业革命"八要素"，把关岭牛产业作为脱贫攻坚的支柱产业来抓。向上对标要求、向下狠抓落实、向外集聚要素、向内激发活力，使资源往主导产业上聚、人力往产业上靠、资金往产业上投。坚持政府引导、龙头带动、科技支撑、协会组织、基地参与、市场运作，围绕种、养、加、销全过程，逐步构建了关岭牛一、二、三产融合发展全产业链，产业基础不断夯实。

关岭牛引领着关岭人民走出大山，摆脱贫困。站在新的起点，为实现乡村全面振兴，全面建设社会主义现代化国家的新征程，让关岭牛"牛"起来，继续引领关岭乡村振兴，与全省、全国一道实现现代化，需要从以下三方面努力。

一、坚持问题导向，正确认识制约关岭牛产业发展的瓶颈

虽然关岭牛发展到今天已经取得不少成就，市场占有率不断增加，品牌效应不断扩大，但是仍然存在不少问题。

（一）群众品牌意识不足、思想观念保守

一是通过对养殖农户的调研，发现很多农户对关岭牛品牌价值的认识几乎为零，甚至否定这个品牌，不知道养殖关岭牛的价值远远超过养殖普通家畜的价值，只愿养殖猪和本地小种牛，不愿养殖政府推广的优质牛种。

二是对养殖政策一知半解，甚至道听途说，加之长期散养的农户年龄基本偏大，传统思维模式根深蒂固，每天放牛上山，不投喂精饲料，对于

需要新建圈舍、投喂精饲料等高成本的现代养殖模式难以认同和接受。

（二）养牛户基础薄弱

一是养牛户自身发展动力不足，养牛仅仅是副业，并且只是放养，对扩大养殖规模毫无兴趣。

二是养牛能手不足。养牛是一个技术含量高且很艰苦的行业，既需要技术，还需要劳动力。年轻人在当前多渠道就业的情况下不愿踏入这个领域，农村相当一部分青壮年劳动力外出务工，大部分是一些老、幼、弱的农户留守在家，无力养牛，造成部分乡镇发展关岭牛产业心有余而力不足的无奈局面。

三是部分养殖户的饲养水平较低，经济效益不理想。部分养殖户的饲养方式还比较落后，缺乏科学的养殖理念和配套技术，且养殖不成规模，料肉比、日增重都不理想，直接导致经济效益低下，一定程度上降低了养殖户的积极性。

四是养牛的饲料成本过高。对于许多想种草养牛的农户和合作社而言，收割、运输牧草的成本过高是导致其不愿流转荒山种草养牛的最大原因。

（三）技术服务不到位

一是我县畜牧兽医技术力量薄弱，专业技术人员少，技术保障乏力，难以对各养殖场做到"定人、定点、定量"服务。部分乡镇存在党委、政府重视力度不够的问题，个别乡镇畜牧服务的技术人员仅有两个，难以为需要扩大规模的关岭牛养殖提供专业服务，甚至有将专业技术人员安排在其他岗位上的现象。畜牧医疗保障力量薄弱，一旦养殖场发生传染疾病，后果堪忧。

二是缺乏统一服务管理水平。县级缺乏专业管理团队，对各乡镇散养户和大户缺乏主动跟踪服务和管理的意识，与精细化养殖模式还存在一定差距。

（四）资金严重短缺

养牛产业是资金密集型产业，收益周期长、见效慢，对基础配套设施要求高，需要长期投入资金购买饲草饲料、疾病预防、技术养殖、人工管理。在企业和养殖大户中，反映最强烈的便是资金跟不上的问题。以一头能繁母牛为例，从受精产犊到牛出栏平均周期是 1.5－2 年，持续养殖周期长，需要源源不断地跟进投入。据了解，部分养殖场和大户已经开始淘汰能繁母牛、只养育肥牛，如此一来，不利于基础母牛群和产业持续发展。

（五）市场化经营受限、激励机制不完善

通过走访调研得知，村社一体合作社养牛情况现有的模式存在两个方面的问题。

一是市场化经营灵活性差。很多受访者表示，现有的管理模式对经营者的限制很大，如合作社在市场上发现价格、品质较为合适的牛时，很难交易成功，因为此种卖牛模式多为个人和现金交易，在现有模式下申请款项以及必须完善相关票据的程序烦琐，导致不能购入价格合适的牛，转而只能向二道贩子高价购买，从而导致养牛成本增加。在销售方面，由于相关手续的限制，让合作社不能及时应对市场价格的波动，导致出售的牛利润不高。

二是养殖人员责任心较差。现有的村级合作社基本全是村干部负责，养牛工作对其综合素质要求很高，不仅要懂管理，还要有选择好牛的眼光；此外，在奖励机制不健全的情况下，村级合作社要发展好，甚至扩大规模，要求村干部必须有很强的责任心，但现实情况往往不尽如人意。

二、精准施策，有效解决发展关岭牛产业中存在的突出问题

（一）不断加大政策扶持力度

2016 年，县委、县政府印发《关岭牛三年振兴计划实施方案》，出台了金融贷款、小微企业和创业贷款、保险、奖励等一系列扶持政策，有效激发了群众养牛的积极性，解决了广大养牛户的后顾之忧。2017 年，又出台了《关岭牛产业发展补助办法》，进一步落实优质肉牛引进、圈舍及其附属设施建设、饲养补助、产犊补助、饲草料补助、能繁母牛保险补贴、饲草料机械补贴等产业补助政策。

（二）不断强化技术支撑

通过省兽科所、贵州大学等作为技术依托单位，建立健全基层草地建

设与改良体系，选派畜牧技术人员驻场服务，配足乡镇（街道）畜牧兽医站技术员、成立村级畜牧兽医工作室、在养牛重点村配备专职副主任抓牛产业工作，引进专业人才，加快新技术推广等方式，重点推广肉牛品种改良、牧草高产栽培、肉牛科学饲养、牧草青贮、同步发情、冷配及疫病防治等六项关键技术，培养广大农民树立"立草为业""草当粮种""牛当猪养"的新观念，积极推进粮食、牧草复种轮作，实现草增畜增、扩群增量的目标。

（三）完善基础设施建设

结合关岭牛产业示范带打造，不断加大圈舍、青贮池、水池、机耕道等基础设施建设。截至目前，农户、合作社新建圈舍 16.2 万余平方米，新建青贮池 6.12 万立方米，建成关岭生态畜牧业现代高效农业示范园区，发展 1200 头核心种牛场 1 个、冻精站 1 个、500 头以上规模养牛场 15 个，新增 100 头以上规模养殖场 20 个、新增 5 头以上家庭牧场 1200 个，关岭牛产业基础设施逐步完善。

（四）夯实饲草供给体系

充足的饲草供给是关岭牛产业发展壮大的基础和保证，我县在推进关岭牛产业的过程中，坚持草随畜走、草畜配套、以草定畜、草畜平衡，科学规划养殖区、配套种植区，组织引导鼓励公司、合作社、农户种植高产牧草。在低海拔地区，以早熟青贮玉米、杂交狼尾草、甘蔗等饲草作物为主；在中高海拔地区，以紫花苜蓿、甜高粱、黑麦草、高羊茅、鸭茅、构树等饲草作物为主；在天然草山草坡地区，规划利用高羊茅、鸭茅、白三叶、紫花苜蓿等实施草地改良。在降低饲草成本的同时，确保产业持续发展效益。

三、突破瓶颈，拓宽发展思路

（一）强化"放管服"，优化激励机制，激发产业活力

目前关岭牛的养殖发展运行模式大致有以下 7 种："国有公司＋企业＋合作社（村集体）＋农户"模式，"政府＋公司＋合作社＋农户"模式，

"政府＋公司＋农户"模式，"村社合一合作社（合作社）＋养殖大户＋贫困农户"模式，牛投公司安格斯牛承接合作模式及"政府＋企业＋合作社＋农户"的饲草种植模式，五户联保模式，散户抱团模式。从这7种养殖模式中可以看到它们具有一个共同点——都离不开政府的参与。第1—5种模式是政府直接参与，第6、7种模式是通过政府的间接参与或者通过政策扶持才能维系下去。然而从实际情况来看，这七种模式都未能真正有效地带动地方农户参与到关岭牛养殖队伍里，没有激发群众主动自主养牛的积极性。

由此可见，由政府主导，对产业发展不但没有激发企业自身的活力，反而束缚了企业的手脚，制约了产业的发展。关岭牛产业的发展应该完全按照市场化的运作方式，政府应放开手脚，让企业根据市场经济的运行规律谋求自身的发展，政府切实做好政策、资金、技术等后勤保障工作。这样有利于产业的发展与竞争，有利于激发村级合作社、农户的养殖积极性，有利于更合理的激励机制运行。政府可以帮助引进有实力、有能力的大型企业，按照"统购牛源发放、统一养殖模式、统一集中育肥、统一品牌销售"的"四统一"标准，开展"全民联动"养殖模式。只有带动地方农户养殖关岭牛，实现规模化＋个体化，营造全民联动的养牛氛围，才能让关岭牛主导产业地位不动摇，让关岭牛存栏不断增加，让关岭牛产业持续健康地发展。

（二）加大宣传力度，改变群众思想观念

要实现"全民联动"养殖模式，首先要解决的就是转变老百姓的陈旧思想，只有抱团发展，才能使全县关岭牛产业的布局更合理、规范，体现品牌价值。一要将关岭牛政策宣传工作纳入县各部门年终绩效考核，提升全县干部对政策的熟悉程度；二要根据职能进行分工，压实任务，组织一支养殖关岭牛的动员宣传队，进村入户将关岭牛养殖的相关扶持政策、饲养成本、盈利情况进行全方位的宣传，让农户知道关岭牛品牌的概念、价值、前景，从根本上改变"养牛是副业"的理念，唤醒其致富意识，使其助力关岭牛产业发展。

（三）以人才振兴引领产业振兴

任何产业的兴旺发达都离不开一个现代技术团队的支撑，关岭牛产业同样如此，除了需要在养殖、饲草、疫病预防、经营管理等方面的技术团队外，还离不开牛产品的研发与精深加工、市场营销公关等技术人才。只有拥有一支强大的专业技术服务队伍，才能解决养殖户的后顾之忧。目前，我县养牛技术、产业经营、产品研发等方面都延续老经验、依靠"土专家"，一切均缺乏现代技术含量，导致牛产业周期长、效益低，一定程度上遏制了产业的壮大发展。因此，牛产业人才队伍的建设是发展关岭牛的当务之急，以人才的振兴来引领牛产业的振兴是关岭牛"牛"起来的关键。要看到人才队伍建设的重要性，可以通过招聘、引进等方式吸引专精畜禽、饲草、市场营销等的人才。

（四）保质增量，增强关岭牛的品牌竞争力

只有从生产、品种改良、销售三个环节入手，才能增强关岭牛的品牌竞争力。生产环节上，按照"关岭牛吃的是中草药，喝的是矿泉水"的目标打造生产基地、保障牛肉品质；品种改良环节上，依托关岭牛冻精站培育、选育优质关岭牛冻精，通过政府的大力宣传和引导，让农户都能享受到人工授精带来的高效益，让更优质的关岭牛品种延续下去；销售环节上，瞄准中高端市场，完善相关机制，统筹一切能统筹的牛源，借助品牌盘活牛资源，解决关岭牛量不足导致的供不应求的问题。

四、总结

转变观念、政府支持、科技引领是促进关岭牛产业发展的重要因素，只有让这三方面相互配合，并真正落到实处，才能使关岭牛产业有望成为乡村振兴征程上的朝阳产业。

对关岭建设清洁能源示范县的思考

关岭布依族苗族自治县地处云贵高原东部脊状斜坡南侧向广西丘陵倾斜的斜坡地带，以亚热带季风性湿润气候为主，地势呈西北高、东南低，最高海拔 1850 米，最低海拔 370 米。丰富的降水量、较大的地势落差和充足的光照为发展水能、风能和太阳能等高清洁能源产业提供了基础条件，是县委、县政府提出建设清洁能源示范县的重要依据。迄今，建有大型水力发电站 3 座（跨区域项目）、小型水力发电站 4 座（正常运行的 2 座）、风力发电站 2 座、光伏发电厂 13 座。

一、县境资源储量、规划及开发情况

（一）资源储量情况

1. 水电

关岭县水能资源丰富，理论蕴藏量 2500MW（含北盘江），目前，县内已经建成的水电站有马马崖一级水电站和光照水电站两座。拟规划建设的有马马崖二级水电站。

2. 风能

根据《贵州风能资源详查和评估报告》中的贵州省风能资源分布情况可知，关岭县风能资源一般，海拔较高的中部及北部区域风能资源相对较好。根据该区域已投产风电场的实测数据显示，该区域 70m 高度年平均风速在 4.0～6.0m/s 之间。

3. 太阳能

根据贵州省气候中心资料显示，贵州省平均年总辐射为 3615.72MJ/m²（相当于约 124kg 标准煤燃烧的热量），其中西部和西南部最高，平均年太阳辐射在 4000MJ/m² 以上；北部最低，平均年太阳辐射在 3300MJ/m² 以下；其他地区在 3300~4000MJ/m² 之间。贵州省年日照时数在 988.9~1740.7h 之间，平均为 1220h。西部最高，达到 1740.7h，东北部最低，只有 988.9h，由西南向东北递减。从贵州省太阳能资源分布图看，关岭县太阳能资源一般，西南部靠近北盘江的区域相对较好，年平均总辐射在 3900~4200MJ/m² 之间。

4. 生物质能

关岭县农林业基础较好，农业种植产生大量秸秆和枝条，除其中部分用作饲料、肥料、原料外，大部分废弃秸秆、枝条被堆放在田间或就地烧毁，造成环境污染和资源浪费。经当地农业农村局统计，关岭县每年实际秸秆余量约 16 万吨。按生物质燃料低位发热量约 2500 大卡/千克计算，全县每年可利用生物质发热量相当于燃烧 5.71 万吨标准煤。综上所述，按初步调查的生物质资源供应量估算，可满足建设 30MW 高温高压热电机组燃料需求。

5. 氢能

县内已经建成的水电站有两座（马马崖一级水电站、光照水电站），全县煤炭资源储量累计 13.7 亿吨。因此关岭县有丰富的煤炭和水资源，具有开发建设水力发电制氢和煤化工副产氢的资源条件。

6. 生活垃圾焚烧发电

据《关岭自治县生活垃圾处置基本情况》分析，根据 2019 年度城镇化人口数据，按照省住建厅核准的常住人口 1 天产生 1kg 生活垃圾、农村人口 1 天产生 0.6kg 生活垃圾测算，日均生活垃圾产生量为 231.7 吨，以住建部规定的 90% 处理量计算，最低需处理生活垃圾 208 吨/天。随着人口增长和乡镇环卫基础设施逐步健全，全面收集率提高后垃圾量还有一定的增加。因此关岭具有通过建设垃圾焚烧发电达到垃圾无害化、减量化、资源化的基本资源条件。

7. 抽水蓄能

关岭县具有开发价值的资源比较丰富，水能资源理论蕴藏量 2500MW（含北盘江）。在县内已经建成的水电站中，马马崖一级水电站，电站装机

55.8万 kW，坝址控制流域面积 16068km²，多年平均流量 307m³/s。水库正常蓄水位 585m，相应库容 1.365 亿立方米，死水位 580m，调节库容 0.731 亿立方米，水库具有日调节性能。电站装机容量 558MW，安装三台单机容量为 180MW 的水轮发电机组和一台容量 18MW 的生态流量机组，电站保证出力 97MW，年利用小时 2797h，年发电量 15.61 亿 kW·h。光照水电站位于贵州省关岭、晴隆两县交界的北盘江中游。为北盘江站的"龙头"，是以发电为主，兼顾航运、灌溉、供水及其他的水利工程。坝址以上流域面积为 13548km²，年平均流量为 257m³/s，正常水位 745m，水库回水长度 69km，水库面积 51.54km²，总库容 32.45 亿立方米，正常储水位相应库容 31.35 亿立方米，调节库容 20.37 亿立方米，为不完全调节水库。电站装机容量 1040MW，年平均发电量 27.54 亿 kW·h。因此关岭具有开发建设抽水蓄能发电的资源条件。

（二）资源规划情况

1. 风电项目规划情况

在"十四五"期间，根据关岭县风能资源分布情况、地形特点及已有测风塔的测风数据统计成果，共在规划区域规划了 7 个风电场，规划装机容量 430MW（见表 2-1）。规划风电场年平均风速在 4.5～5.5m/s 之间，风电场属低风速风电场。根据当前风电机组的技术发展水平和规划场区的风能资源情况，建议采用长叶片、大容量的低风速机组（WT155－3000）。

表 2-1　关岭风电项目规划装机容量及年上网电量统计表

序号	项目名称	装机容量（MW）	平均年利用小时（h）	平均年上网电量（MW·h）
1	中广核贵州关岭岗乌分散式风力发电项目	30	1900	57000
2	中广核贵州关岭板贵风力发电项目	50	1900	95000
3	中广核贵州关岭五指山风电场	50	1900	95000

序号	项目名称	装机容量 （MW）	平均年利用小时 （h）	平均年上网电量 （MW·h）
4	特变电工贵州关岭岗乌分散式风电项目	50	1900	95000
5	中核贵州关岭绵阳山风力电站	150	1900	285000
6	贵州关岭普利二期风电厂建设项目	50	1900	95000
7	贵州关岭永宁二期风力发电见建设项目	50	1900	95000
合计				817000

2. 光伏项目规划情况

根据太阳能资源情况，太阳能资源平均值为 4239～4569MJ/m²，可选择布局光伏项目，同时根据《太阳能资源评估方法》（GB/T 37526—2019）给出的划分方法，判定关岭光伏场址选择太阳能资源属于丰富区，等级为 C 级，具备开发条件。在"十四五"期间，共在规划区域初步选取了 33 个光伏场址，规划装机 5150MW（见表 2-2）。

表 2-2 关岭光伏项目规划装机容量及年上网电量统计表

序号	项目名称	装机容量 （MW）	平均年利用小时 （h）	平均年上网电量 （MW·h）
1	中广核贵州关岭中坝林业光伏电站	150	976	146339
2	中广核贵州关岭松德林业光伏电站	60	937	56207
3	光照水电站水光互补农业光伏电站	300	956	286690
4	马马崖水电站水光互补农业光伏电站	300	974	292181
5	关岭县特变电工景家坪光伏电站	100	973	97355

续表

序号	项目名称	装机容量（MW）	平均年利用小时（h）	平均年上网电量（MW·h）
6	关岭县特变电工沙营光伏电站	100	926	92557
7	关岭县新铺卓阳 150MW 林业光伏电站	150	929	139281
8	关岭县永宁镇萝卜农业光伏电站	100	959	95853
9	华能关岭县普利光伏电站	80	949	75887
10	贵州关岭沙营老鹰岩农业光伏电站	150	935	140239
11	贵州关岭沙营弯腰树农业光伏电站	150	920	137963
12	贵州关岭沙营宜家地农业光伏电站	150	920	138012
13	关岭县沙营八家寨林业光伏电站	150	930	139521
14	关岭县沙营镇罗磨林林业光伏电站	150	902	135259
15	贵州关岭新铺松德农业光伏电站	100	963	96330
16	关岭县花江镇农业光伏电站	30	970	29085
17	关岭县普利乡景家坪农业光伏电站二期	100	937	97304
18	贵州关岭岗乌毛草坪林业光伏电站	150	964	144653
19	贵州关岭岗乌中心林业光伏电站	200	958	191565
20	贵州关岭沙营养牛林业光伏电站	300	935	280572

续表

序号	项目名称	装机容量（MW）	平均年利用小时（h）	平均年上网电量（MW·h）
21	贵州关岭永宁宋家庄林业光伏电站	50	925	46274
22	贵州关岭新铺黄丰林业光伏电站	150	960	143952
23	贵州关岭新铺大坪林业光伏电站	400	976	390515
24	贵州关岭新铺白云林业光伏电站	250	967	241673
25	贵州关岭新铺芭茅林林业光伏电站	200	963	192551
26	贵州关岭新铺凉帽林业光伏电站	150	974	146078
27	贵州关岭新铺北盘江林业光伏电站	50	958	47919
28	贵州关岭新铺松德二期林业光伏电站	300	980	193875
29	贵州关岭普利中坝二期林业光伏电站	40	974	38946
30	贵州关岭普利克地林业光伏电站	100	950	95019
31	贵州关岭普利小坝林业光伏电站	350	948	331862
32	贵州关岭花江云庄林业光伏电站	80	962	76983
33	贵州关岭板贵田坝林业光伏电站	60	967	58026
		5150		4916478

3. 生物质热电项目规划情况

根据农业部门统计的过去、未来 5 年废弃生物质总量，初步按废弃生物质平均减量比率为 50％计，每年实际秸秆余量约 16 万吨。按生物质燃料低位发热量约 2500 大卡/千克计算，全县每年可利用生物质发热量相当于燃烧 5.71 万吨标准煤，满足建设 30MW 高温高压热电机组需求，额定工业抽汽量 25t/h。"十四五"期间，生物质热电项目作为燃煤替代的一个主要途径，规划在工业园区范围内，具备对外集中供热条件。

4. 生活垃圾焚烧发电项目规划情况

根据预测，到 2030 年后期垃圾设施健全及收集服务完善后，生活垃圾的产生量将会在 400t/d 左右，基本趋于稳定。拟安装 1 台机械炉排垃圾焚烧炉，配套建设 1 台 7.5MW 汽轮发电机组，额定垃圾处理能力为 400t/d，垃圾处理量能在 50～460t/d 范围内连续稳定运行，因此具有一定的垃圾处理富余量。按照需求县城所在地、县域内的城镇和人口集中的区域均考虑进入该项目的规划服务区域，原则上生活垃圾焚烧处理设施的服务半径不宜超过 60km。

5. 抽水蓄能项目规划情况

关岭水能资源理论蕴藏量 2500MW（含北盘江）。为发挥抽水蓄能电站调峰填谷的独特运行特性，关岭县拟以光照水电站和马马崖一级水电站为依托，规划建设 2 座抽水蓄能电站。光照水电站抽水蓄能调峰发电项目，总装机规模 120MW，机组 2 台，单机容量 60MW；马马崖一级水电站抽水蓄能调峰发电项目，总装机规模 60MW，机组 1 台，单机容量 60MW。

（三）资源开发情况

截至 2022 年 12 月，关岭电源总装机 1973.17MW，其中已建成并网发电的 773.17MW（太阳能光伏发电 640MW，风电 96MW，水电 37.17MW）。

表 2-3 关岭县新能源和可再生能源项目建成投产表

序号	项目名称	类型	装机容量（MW）
1	新铺光伏电站	光伏	50
2	岗乌卓阳农业光伏电站	光伏	200
3	小盘江农业光伏电站	光伏	40

序号	项目名称	类型	装机容量（MW）
4	岗乌纳卜林业光伏电站	光伏	170
5	普利光伏电站	光伏	100
6	岗乌陇古农业光伏电站	光伏	80
7	永宁风电场	风电	48
8	普利风电场	风电	48
9	红岩电站	水电	10
10	新断桥电站	水电	6.4
11	关脚电站	水电	16
12	塔山电站	水电	4
13	上丰洞电站	水电	0.25
14	下丰洞电站	水电	0.52
合计			773.17

表 2-4 关岭县新能源和可再生能源在建项目表

序号	项目名称	类型	装机容量（MW）	总投资（亿元）	备注
1	关岭县普利景家坪农业光伏电站	光伏	100	4	
2	关岭县沙营农业光伏电站	光伏	100	4	
3	关岭县永宁萝卜农业光伏电站	光伏	100	4	
4	关岭县光照水光互补农业光伏电站	光伏	300	12	
5	关岭县马马崖水光互补农业光伏电站	光伏	300	12	
6	关岭县卓阳江西坪农业光伏电站	光伏	150	6	
7	关岭县中坝林业光伏电站	光伏	150	6	
合计			1200	48	

已开展前期工作风电项目五座，设计装机容量366MW，估算总投资30.7亿元。具体为：永宁风电厂二期，设计装机规模48MW，总投资4亿元，业主单位为中国水电顾问集团风电关岭有限公司；普利风电厂二期，设计装机规模48MW，总投资4亿元，业主单位贵州关岭国风新能源有限

公司；关岭自治县岗乌风电场，设计装机规模 70MW，总投资 6.3 亿元，项目业主单位为特变电工南方新能源科技有限公司；中核关岭自治县 100MW 风电项目，设计装机规模 100MW，总投资 8.2 亿元，业主单位为中核汇能有限公司；中广核关岭县五指山风力发电站，设计装机规模 100MW，总投资 8.2 亿元，业主单位中广核新能源投资（深圳）有限公司贵州分公司。

二、建成项目运行情况

目前关岭已建成投入运行的清洁能源项目主要为水电、风电、光伏 3 类。

（一）水电项目运行情况

目前已建成大型水电站 3 座：光照电站，装机容量 104 万 kW；董箐电站，装机容量 84 万 kW；马马崖电站，装机容量 55.8 万 kW。以上 3 个项目为跨区域项目，产值未纳入关岭统计。

已建成并正常运行的小水电站 4 座（后停产 2 座）：下丰洞电站，建设时间 1970 年，装机容量（MKw）2×0.02＋1×0.05，2019 年发电量（亿 kW·h）0.0038（停产）；红岩电站，建设时间 1974 年，装机容量（MKw）4×0.25，2019 年发电量（亿 kW·h）0.6387；关脚电站，建设时间 1985 年，装机容量（MKw）3×1.6，2019 年发电量（亿 kW·h）2.3961（停产）；新断桥电站，建设时间 1993 年，装机容量（MKw）2×0.32，2019 年发电量（亿 kW·h）0.3816。

（二）风电项目运行情况

已建成风力发电站 2 座，总装机规模 9.6 万 kW：永宁风电场，装机容量 4.8 万 kW，共 24 台机，项目总投资 4.35 亿元，项目业主单位是中国水电顾问集团风电关岭有限公司。电站于 2015 年 6 月全部机组投产发电，2019 年发电量 10048.311 万 kW·h，上网电量 9621.172 万 kW·h，上网电价 0.61 元/kW·h，产值 5868.81 万元。普利风电场，装机容量 4.8 万 kW，共 24 台机，项目总投资 4.35 亿元，项目业主单位是贵州关岭国风新能源有限公司。电站于 2018 年 12 月全部机组投产发电，2019 年发电量 9622 万 kW·h，上网电量 9400 万 kW·h，产值 5732 万元。

（三）光伏项目运行情况

1. 关岭已建成投产光伏电站 6 座

表 2-5　关岭已建成光伏项目运行情况统计表

序号	项目名称	用地面具（亩）	总投资（亿元）	总装机容量（万 kW）	上网电价（元/kW·h）	发电量（万度）（截至 7 月 10 日）	全容量发电产值（万元/年）
1	关岭县新铺江西坪光伏电站	1260	3.6	5	0.98	5600	5219
2	关岭县岗乌镇纳卜林业光伏电站	4800	7	17	0.4513	5700	7600
3	关岭县岗乌卓阳农业光伏电站	5190	8.5	20	0.4511	1305	9000
4	关岭县小盘江农业光伏电站	1340	2.6	4	0.4988	598	1880
5	关岭县普利农业光伏电站	2200	4	10	0.448	5500	4400
6	关岭县岗乌陇古农业光伏电站	1063	5	8	0.518	3200	4100

2. 2022 年度在建光伏项目情况

2022 年，我县共获批光伏、风电项目 11 座，总装机 158 万 kW（其中光伏发电站 9 座，共 138 万 kW；风力发电站 2 座，共 20 万 kW），项目总投资约 62.65 亿元，项目总用地面积约 3.03 万亩。其中：盘江煤电涉及 10 个项目（岗乌白岩、岗乌老屯坡、沙营余家寨、沙营老鹰岩、沙营马蹄井、沙营红岔、沙营石老虎、永宁钻子岩、永宁宋家庄、新铺八家寨），总装机容量 153 万 kW，总用地面积 2.838 万亩（主要涉及岗乌上寨村、纳磨村、柏寨村；沙营养牛村、前进村、红岔村；永宁白岩村、新铺卧龙村）；长江三峡集团涉及 1 个项目（岗乌丙坝农业光伏），总装机容量 5 万 kW，总用地面积 1930 亩（丙坝村）。

三、项目建成后取得的经济社会效益

清洁能源项目的建成，治理了石漠化区域，有效缓解了环境保护压力，实现了经济与环境的协调发展。在稳投资、促就业、创税收、巩固脱贫攻坚成效、节能和环保等方面效益显著。

（一）促进当地农户就业

2020 年项目建设期间，带动周边约 1000 户农户就业。建成后预计每年开展除草、清洗光伏板等总需用工 400 人次，劳务费用约 500 万元。光伏产业的发展，新增更多的就业岗位，让农民工在家门口就能就业增收。

（二）促进集约用地

2019 年项目建设总用地约 1.4 万亩，每年共有土地流转费用约 480 万元。2020 年项目建成后，项目建设总用地 3 万余亩，土地流转费用每年约 1200 万元，从而增加集体收益，持续巩固脱贫攻坚成果。

（三）促进产业融合发展

光伏电站均为农光、林光互补模式建设，建成后可形成约 4.4 万亩的农业产业，发电企业计划结合项目地产业发展规划种植中药材等农作物，助推农业产业结构调整，可带动周边约 5000 户农户就业。同时，可发展旅游产业，实现一二三产融合发展。

（四）稳投资、促增长

2019 年 5 个光伏电站完成固定资产投资约 27 亿元，年平均发电 5.9 亿度，工业总产值约 2.8 亿元，可新增 4 家规上企业；2020 年 7 个光伏电站可完成固定资产投资约 50 亿元，项目建成后年平均发电 12 亿度，工业总产值约 5 亿元，可新增 7 家规上企业。

（五）促进生态环境良性循环

普利、岗乌、新铺等区域都是典型的石漠化山区，生态环境脆弱，利用风能、水能、太阳能对环境无污染，环保效益和生态效益能得到良好循环，对于可持续发展具有重要意义。如，2019 年和 2020 年 12 座光伏电站，预计年均发电 17.9 亿度，按 2016 年能源工作指导意见的通知（国能规划

〔2016〕89 号文），每度电耗标煤 314g/kW·h 计算，每年可节约标准煤约 56.21 万 t，每年可减少 CO_2 排放量约 149.51 万 t、SO_2 排放量约 8992.9t、烟尘排放量约 11.24 万 t、氮氧化合物排放量约 1.05 万 t。此外，每年还可节约用水，并减少相应的废水排放，节能减排效益显著。

（六）增加税收

风能、太阳能发电项目属于新能源基础设施项目，根据西部大开发相关政策，"三免三减半"政策结束后，项目每年上缴税收约 5.27 亿元。

四、项目发展过程中存在的问题

关岭县在光伏、风力等清洁能源建设方面取得显著成效的同时，项目建设也带来不少问题。

（一）项目前期工作开展不扎实，规划设计不合理

从当前项目实施实际情况来看，企业选址规划与地方政府引导不到位，用地规划与林区、基本农田保护区、生态保护区、水源保护区、重大项目设施、电力等用地规划有所脱节，导致项目在建设中不同程度地存在违法占用林地、基本农田等情况。如卓阳光伏项目升压站属于中心村、纳磨村水源保护区；永宁风电场建设项目存在压覆矿产，导致项目建设用地报批手续无法办理。

（二）项目问题预判不充分，措施不到位

风力、光伏项目建设整体存在前期工作准备仓促，对新问题预判不充分的情况，导致建设过程中土地征收、补偿、施工费用等问题频发，施工过程中交通、工人食宿、施工用地、营地建设、施工便道、流动人员管理等问题突出。如为解决工人食宿问题，岗乌镇纳磨村沿线乱搭乱建情况严重，存在重大安全隐患问题。纳磨村简论组对土地流转存在较大争议，现土地流转费用迟迟不能兑现到户。

（三）项目建设中各职能部门、乡镇沟通不到位，解决问题难以形成合力

如岗乌镇光伏项目建设规划前期，岗乌镇未充分参与项目选址规划，仅依靠发改、林业、环保、自然资源、光伏办等部门之间参与，导致项目

建设与实际情况争议不断，甚至有堵工现象，后期仅依靠发改、岗乌政府协调工作。

（四）农民工工资保障体系不健全

在大力发展清洁能源项目的同时，必须高度重视并切实保障所有参与者的合法权益，特别是农民工这一群体的劳动报酬。通过建立更加完善的工资支付监管机制、强化企业社会责任以及提升劳动者自我维权意识等多方面的努力，可以进一步保障农民工权益，促进社会的和谐稳定发展。

（五）电力消纳受制约，后期发展空间不足

根据初步规划，"十四五"期间认可实施光伏发电资源规模为 500 万 kW 左右，目前我县仅有 220kV 变电站 1 座（顶云变），扩建工作已完成，已无空间消纳。2020 获得指标电站（除了水光互补的以外）均要输送到镇宁八河上网，且八河变目前未改造完成。

五、工作思考及建议

根据对关岭县水能、风力、光伏、生物质以及垃圾发电等清洁能源资源储量、资源规划情况、现开发情况，项目建成后运行情况以及取得的经济社会效益和存在的问题进行初步分析，现就关岭如何打造高清洁能源示范县，培育新的经济增长点提出以下五方面建议。

（一）突破电力消纳瓶颈，完善送出通道

建议在"十四五"期间，我县重点推进变电站扩建、送出线路建设，力争建成 500kV 送出线路 1 条以上，并整合各发电企业间输出线路，减少土地使用，杜绝土地资源浪费，为今后的发展预留空间。同时，狠抓"十四五"清洁能源规划落实，以规划引领助力清洁电力产业科学发展。

（二）强化项目前期工作，提升项目可操作性

开展光伏、风力等项目谋划时，地方政府特别是行业主管部门要引导到位，要把项目建设规模、建设内容以及电力消纳、用地规划与林区、基本农田保护区、生态保护区、水源保护区、压覆矿产情况摸清，尽量避免与项目冲突或控制在可把控范围内。同时县人民政府在项目谋划过程中要

加强统筹，特别是发改、林业、生态环保、自然资源以及项目所在地乡镇要充分沟通、协助，形成合力，让项目获得指标后能够顺利办理各项手续、顺利推进项目建设，提高项目的可操作性和落地率。

（三）强化项目实施过程中的管理，为项目顺利推进提供保障

一是在项目实施前期，行业主管部门、乡镇、村应强化工作责任心，密切配合组织召开群众代表大会、小组会，把宣传员做到群众中去，为项目用地提供保障。

二是强化项目建设过程中的安全监管。在道路交通方面，要加强协作，强化道路交通安全监管，有效防范和化解重大交通安全风险，营造安全环境。在食品安全方面，要强化对临时摊贩、沿路餐饮店的监管，对无证经营的点要加大打击力度，预防食品安全事故发生。在地质灾害隐患方面，要强化后期项目维护和水保治理，对坡度陡的区域要做好隐患治理工作，杜绝地质灾害事故的发生。

三是夯实警备力量基础，强化社会治安管理。严厉打击打架斗殴、随意滋事等行为。进一步开展扫黑除恶工作，保持与违法行为做斗争的高压态势，强化社会治安巡查工作，及时解决存在的问题，为项目顺利推进提供和谐的社会环境。

（四）建立健全保障农民工工资支付长效机制

清洁能源项目在实施过程中拖欠农民工工资一直是比较突出的问题，若要妥善解决，则需由人社部门牵头，完善规范清洁能源建设领域市场秩序的政策措施，有效地防止拖欠工程款问题。一是严格落实农民工工资保证金、农民工工资专管员制度；二是探索农民工工资直接支付方式，即为避免施工方恶意拖欠民工工资，在人社部门的监管和监理方认可的前提下，项目业主可绕开施工方，将工资直接支付给农民工；三是进一步加大对挂靠承包、违法分包、转包等市场秩序方面突出问题的治理力度。

（五）强化项目后期生态恢复和产业融合发展

无论是风力发电还是光伏发电项目的开发，都会对生态环境造成不同程度的破坏，特别是山区风力发电对生态环境破坏较大。因此，结合当前

关岭的实际情况，风电项目开发应经相关部门严格评估过后方可开发，避免对生态环境造成不可逆转的毁坏；另外，目前光伏项目的实施也对生态环境造成了一定的破坏，但与风力发电项目相比较，破坏程度较低。所以在项目实施后期应严格执行生态植被恢复的相关政策，并评估验收。最后在生态植被恢复过程中，应结合当地产业发展，让生态植被恢复与产业发展相融合，打造环保与经济互补并循环发展的模式。

立足优势打造品牌 创建全域旅游大县

在人民不断追求美好生活的时代，旅游产业是现代服务业中最有条件率先崛起的产业，具备广阔的发展前景和巨大的市场潜力，对扩大内需、拉动经济增长有着明显的推动作用。关岭旅游资源丰富，立足优势，将"绿水青山"转化为"金山银山"，实现全域旅游，是关岭乡村振兴的重大战略。

全域旅游，通俗地讲就是全部区域一体化发展旅游，发展战略秉承现代整体发展观念，突破景区局限，各行业积极融入其中，各门齐抓共管，全域居民共同参与，充分利用目的地全部的吸引物要素，为游客提供全过程、全时空的体验产品，从而满足游客的全方位体验需求，使区域建设、环境保护、交通运输、餐饮服务等各个方面都服务于旅游发展大局，形成全域一体的旅游品牌形象，是旅游产业的全景化、全覆盖，是资源优化、空间有序、产品丰富、产业发达、科学的系统旅游。

全域旅游的目标是实现区域资源有机整合、各产业深度融合和全社会共建共享。通过对区域资源的整体谋划、对相关产业的融合发展，改善区域经济社会环境，提高居民生活质量，使区域发展的同时，满足外来游客深度体验和当地居民公共休闲的综合性需求，进而达到提升区域吸引力、带动社会就业、促进经济增长的发展目标。

一、关岭旅游资源优势

（一）交通区位优势明显，为旅游产业发展创造良好条件

关岭是一个典型的喀斯特山区，交通区位优越，古有"上走云南十八站，下进京城七十二天"的美誉，清康熙帝曾赐"滇黔锁钥"之题词。现今，国家重点工程沪昆高铁客运专线，国干道沪昆高速公路，关兴、水黄高等级公路过境，320 国道、214 省道纵横交错，是贵州通往广西、云南、重庆的重要交通枢纽。六安高速过境关岭，建成通车后将再为关岭新增一条交通主动脉。优越的交通区位优势能够有效促进旅游产业的发展，为实现"快进慢游"的旅游产业发展创造条件。

（二）旅游资源丰富多样，为旅游产业发展提供潜在动力

没有旅游资源的吸引，旅游流、旅游流向、旅游流量都将不存在，旅游将无从谈起。

关岭已经规划的旅游景区面积占全县面积的 31.74%，在全省旅游资源大普查中，我县有旅游资源 1091 处，集峡谷、奇山、秀水、民族风情和人文古迹为一体，有"国家级农业旅游示范点"木城河乡村旅游区，有被誉为"地球裂缝"的花江大峡谷，有层岩重叠的滴水潭瀑布、被称为"千古之谜"的红崖天书、古夜郎的马马岩壁画、永宁明清古镇、冰雪世界等；还有花江铁索桥、上关灵龟寺、三国古战场遗址、二战遗址盘江桥等 7 处省级文物保护单位。特别是距今约 2.2 亿年的关岭古生物群，素有"古生物化石联合王国"的美誉。其中 5 级旅游资源 3 处，4 级旅游资源 8 处，3 级旅游资源 74 处。这些资源中目前已开发的有：1 个国家地质公园（关岭化石群国家地质公园），1 个省级风景名胜区（花江大峡谷），1 个国家农业旅游示范点含国家水利风景区（木城河乡村旅游区），1 个贵州省生态体育公园（黄果树奇遇岭），1 个国家 AAAA 级景区（关岭古生物化石群旅游景区），9 个国家 AAA 级景区（黄果树奇遇岭、岗乌上甲布依古寨、永宁明清古镇、落叶康养旅游景区、贵州九仙旅游景区、木城丽水旅游景区、花江大峡谷旅游景区、顶云经验纪念园旅游景区、至野旅游景区）；1 个贵州省乡村旅游扶贫示范基地（断桥镇木城村）；2 个省级乡村旅游重点村（永宁中兴村、岗乌中心村）、2 个贵州省乡村旅游甲级村寨（永宁镇中兴村、顶云石板井村）；4 个贵州省乡村旅游乙级村寨（断桥镇木城村、岗乌中心村、普利马马崖村、花江永睦村）。

（三）生态环境舒适宜人，为旅游产业发展提供现实基础

关岭境内最高海拔 1850 米，最低海拔 370 米，大部分地区海拔高度在

800～1500 米之间，冬无严寒，夏无酷暑，累计年平均气温 16.2℃，水质和空气质量达标率保持 100％，全县森林覆盖率 45.42％，素有"天然温室"之美誉，是旅游、休闲、度假的理想之地，2007 年被评选为"最值得向世界推荐的 66 个文化旅游大县"之一。

（四）乡土文化浓郁厚重，为旅游产业发展提供灵魂支撑

关岭历史文化底蕴十分丰厚。有中国八大神秘文字之一，史称"千古之谜"的红崖天书，有散布在花江大峡谷两岸岩壁上的马马岩壁画、牛角井壁画，有关索古驿道、花江铁索桥、顶营司城垣、上关灵龟寺、无梁殿 6 处省级文物保护单位。有被世界古生物专家誉为"晚三叠世独一无二的海洋生物化石宝库"的古生物化石群，被列为贵州省第一批非物质文化遗产的"盘江小调"，还有第二次世界大战历史遗迹"北盘江二战钢桥"等，众多的文物、古籍记载着关岭发展变迁的历史。其中全国重点文物保护单位 1处，省级文物保护单位 6 处，市级 2 处，县级 19 处。主要民族节庆活动有"过了年""二月二""三月三""四月八""端午""六月六""七月七""九月初九""十月初一""十一月冬至"等。有粗犷豪放、多姿多彩的盘江小调，有唢呐、大号、芦笙、捂笙、铜鼓、跳花、板凳舞、对山歌等民间艺术；有花团锦簇、各具特色的民族服饰、刺绣、织锦、蜡染，民居建筑、民间雕刻、苗族银饰等；有布依族血豆腐、老腊肉、老庚酒、鸡八块、八德灰鹅、花江狗肉、剪粉、板贵花椒、永宁油豆豉、上关辣子鸡、坡贡黄焖羊肉、断桥青椒河鱼、煳辣椒面等。全县已形成了"一乡一特色一品牌"的格局，为关岭旅游的发展提供了丰厚的基础条件。

二、关岭旅游业存在的不足

（一）大力发展旅游业的认识不到位、站位不高

尽管多年前就提出"旅游强县、旅游兴县"的旅游工作发展目标，但还有不少干部群众对发展旅游产业认识模糊，对旅游产业引领一、二、三产业融合发展的重要性认识不够，对旅游产业发展的潜力认识不足，对旅游产业在县域经济中的拉动作用认识不到位，更没有充分认识到旅游业在

促进老百姓就业增收脱贫致富中起到的作用。导致出现对旅游产业如何发展多数是停留在口头上、书面上，偶尔还存在"上热下冷、时冷时热"的现象，完全没有跟上国家提出的旅游产业"井喷"发展的步伐，思想认识严重滞后，导致我县丰富的旅游资源优势未能转化为经济优势。

（二）基础设施薄弱，旅游服务功能不完善

我县的景点资源基本处于未开发阶段，大多数需要进一步开发建设，只有完善功能业态，才能达到吸引游客的目的。而景点建设开发投资回报周期长，在吸引投资上有难度。因此，到目前为止，关岭的文化旅游产业仍以政府投资为主，开发景点面临资金短缺的瓶颈，导致各旅游景点基本无法满足游客"吃住行游购娱"等需求，大大降低了旅游景点对人流、资金流的吸引力，严重影响了关岭文化旅游业综合经济效益的提高，也制约着其他相关产业发展。比如：县内具有一定知名度的关岭化石群国家地质公园和花江大峡谷景区，虽已经过十多年的发展，但由于基础设施、配套服务功能的不完善，基本上留不住游客。

（三）旅游资源的开发力度不够

由于我县旅游业还没有完全兴起，缺乏大量的外来人流、物流、信息流、资金流，延缓、阻碍、制约了思想解放的力度、深度和幅度，导致旅游发展较为迟缓。关岭最大、最优、最特的避暑、探险游、科普游、水上游、温泉游、民族文化、区位等旅游大资源、大宝藏，一直在沉睡之中。而现有的旅游景点、景区等项目的开发力度不够，高质量、高品位的旅游景区和旅游项目开发缓慢，可供游客观赏游玩的景点少，缺乏有吸引力的"拳头"产品，难以变资源优势为经济优势，在一定程度上阻碍了旅游业的快速发展。同时，我县与旅游业相关的基础设施和服务设施配套水平较低，旅游交通、旅游厕所、公共旅游咨询中心、中大型停车场等相当缺乏，难以满足旅游业快速发展的需要。

（四）旅游服务水平和质量不高

旅游的经营管理能力和服务水平也是产品，其质量的好坏，直接影响到客源市场和经济效益。据调查统计，从旅游业的六大要素来看，其中

"行、游、购、娱"已经成为制约我县旅游业发展的瓶颈。"行"的方面表现在通往旅游景区景点的交通网络还不发达，景区景点的可进入性差，还没有解决进入景区"最后一公里"问题；"住"的方面表现在，有制定星级饭店鼓励政策但没有兑现，宾馆和酒店缺乏统一促销政策意识，软硬件的服务水平还有待提高；"游"的方面表现在知名的旅游产品太少；"购"的方面是缺乏特色鲜明、物美价廉的旅游商品、纪念品和伴手礼，各旅游景点和旅游企业出售的旅游商品散、零、乱，难以刺激游客的购买欲望，直接影响了旅游收入；"娱"表现在文化品位不高，本土特色不突出，娱乐方式单一，未能满足游客不同层次的需求。

（五）特色资源打造不力

关岭厚重的历史文化、少数民族风情等与旅游产业发展的融合度低。我县三国历史文化资源丰富，但至今没有历史文化意蕴深厚、视觉冲击力强的实物场景可看，文艺表演方面也没有纳入景区景点经营范畴。旅游景点听头大、看头少，缺乏具有创意和地方特色的文化旅游精品，产业融合不够，产业链条偏短，直接导致游客在关岭停留时间短、消费少，旅游产业的带动效益不明显。

三、关岭发展全域旅游的短板

（一）国家 AAAA 级旅游景区数量少

目前，关岭仅有关岭古生物化石群旅游景区 1 个 AAAA 级旅游景区，而创建国家全域旅游示范区需有 2 个 AAAA 级旅游景区。

（二）旅游特色服务区打造进程缓慢

指标要求打造具有停车休息、厕所、汽车加油、旅游咨询、商品售卖、餐饮服务、医疗救助、旅游体验活动、景区导览等功能的旅游特色服务区，但关岭还不具备这些条件。

（三）全域旅游氛围营造乏力

在县境重要交通干道可视范围内，全域旅游创建相关宣传内容较少，没有全方位突出我县全域旅游创建品牌形象，知名度和美誉度还不高。

（四）国家级示范项目较少

目前，我县除中国传统村落外，无中国旅游休闲示范、国家级旅游业改革创新先行区、国家公共文化服务体系示范区、全国旅游综合改革示范县、中国特色小镇、中国民间文化艺术之乡、美丽乡村、中国历史文化名村、特色景观旅游名镇名村、国家公共文化服务体系示范项目等称号或相应省级旅游称号。

（五）旅游购物品牌打造不够

我县旅游商品种类较多，有影响力的特色旅游商品也不少，比如关岭牛肉干、花江狗肉、关岭火龙果酒、刺梨酒、板贵花椒等，但国家级或省级品牌较少，难以体现品牌效应。

（六）智慧平台建设未达标

旅游大数据中心需具有交通、气象、治安、客流信息等全数据信息采集功能，我县虽采购整套智慧旅游平台，但目前尚未验收，相关接入信息不完善。

（七）休闲娱乐业态打造不够

夜间休闲集聚区建设基本空白，尚不能为游客提供康体疗养、夜游休闲、文化体验等多种常态化的休闲娱乐活动。

（八）乡村旅游布局有差距

县境目前未能打造出自然环境优美、接待设施配套、资源有机整合的乡村旅游集聚带（区），没有吃、住、游、娱等要素集聚、设施完善的旅游接待村落或特色小镇。

四、充分利用资源优势，打造品牌，发展全域旅游

充分利用沪昆高铁穿境的优势，开启关岭旅游新航道。紧紧围绕顶云新城开发建设契机，将关岭打造成为黄果树旅游经济圈西部门户形象。以现有的两张名片（关岭化石群国家地质公园和花江大峡谷）为重点，全面辐射周边乡镇，着力在理念、产品、业态、格局、营销、服务上"换挡升级"，突出"大旅游"的发展模式。

（一）提高思想认识，形成旅游产业发展合力

1. 提高认识

随着中国经济的发展，人民群众的生活水平越来越高，大众化旅游消费的时代已经到来，旅游业将进入"井喷式"增长的黄金期。旅游产业关联度高、产业链条长、行业带动性强，是一业兴百业兴的龙头产业。就关岭而言，旅游产业更是实现一、二、三产业融合发展、加快调整产业结构、转变发展方式的重要举措，是实现综合效益最大化和脱贫奔小康的最佳契合点。因此，应充分认识发展旅游产业的重要性和必要性，增强加快旅游产业发展的紧迫感、危机感，审时度势，坚定信心，抢抓机遇，加快发展，真正将旅游产业打造成为提升第一产业、优化第二产业、统领第三产业的龙头产业。

2. 营造合力

实施"旅游兴县"战略是一项事关全局、惠及全县人民的重大系统工程，必须凝聚全县的智慧和资源，形成发展的合力。县旅游部门应切实担负起对全县旅游产业的统筹规划、规划指导、资源整合、督促协调等方面的职责，及时研究全县旅游产业发展方向、发展思路、重大项目、政策措施。相关职能部门应坚决破除"发展旅游只是旅游部门、旅游企业的事"的陈旧观念，牢固树立"一盘棋"思想和"大旅游"观念，充分发挥职能作用，步调一致，齐抓共管，拿出实际的行动、有效的举措、管用的办法，下大力气解决旅游产业存在的问题，全力推动旅游业发展，形成强大合力。

（二）锐意改革创新，推进旅游产业市场化

1. 加快旅游景区改制步伐

充分发挥市场在资源配置中的基础性作用，加快建立"政府引导、企业为主、行业促进、市场推动"的发展模式。以产权制度改革为核心，按照所有权、管理权、经营权分离的模式，全面推进旅游景区转换经营机制，使其实现企业化经营、市场化运作，催生一批在现代企业制度下的经营实体和市场主体。

2. 强力推进产业融合

按照"大数据、大健康、大扶贫"的发展战略，积极推进旅游与文化、科技、体育、农业、工业、商贸等相关产业相互融合，大力发展观光农业、生态农业、工业旅游、科技旅游、体育旅游、文化旅游、美食旅游、商务旅游等产业，加快旅游产业与相关产业的融合发展。结合我县实际，全力打造以古生物化石为亮点的三叠纪文化世界旅游品牌，以花江大峡谷为代表的峡谷生态旅游品牌，以关索岭景群三国历史遗址等为代表的三国文化旅游品牌，以断桥木城河乡村旅游区为代表的布依族文化旅游品牌，以冰雪小镇为代表的体旅文化品牌，以月亮湾景区为代表的少数民族风情品牌……真正实现"特中出优、优中更优"的文化和旅游元素的有机结合。

3. 创新营销模式

强化旅游宣传营销整体意识，整合全县对外推介营销资源和特色旅游资源，凝聚合力，明确重点，突出中心，统一谋划、统一营销、统一宣传、统一推介，形成"全县旅游一盘棋、人人都当宣传员"的大旅游宣传氛围。积极探索建立"政企联手、部门联合、上下联动"的整体宣传促销机制，形成全县整体合力。把旅游宣传同经贸、会展、科普、文化、招商引资等有机结合起来，形成立体的宣传促销网络。运用短视频、图文等新兴媒体平台，开展形式多样的创新型营销活动，增加旅游营销的影响力和亲和力。

（三）壮大市场主体，加快旅游产业化发展

1. 体制改造一批

尽管我县景区、景点资源丰富，但与旅游产业发展较快的地方相比，知名度偏低，发展步伐偏慢。我们要按照国际化标准来规划建设现有的景区，将其打造成闻名国内、享誉世界的精品景区。目前需要突出重点，分步实施，着力打造提升已具有一定知名度的关岭化石群国家地质公园和花江大峡谷景区这两张名片。

2. 培育新建一批

随着全域旅游时代的到来，一些新的旅游业态、旅游产品不断涌现，越来越受到人们的青睐。这启发我县在打造旅游业时，应在传统观光游的基础上，培育一批野外探险、疗养保健等互动性、娱乐性较强的新业态，

将休闲农家游、农家乐纳入旅游发展整体规划，丰富家庭农场、采摘园等旅客体验新项目。打造以火龙果农旅体验园、上甲古榕树观光园等为代表的特色旅游品牌，推动旅游产品转型升级，推动我县旅游由单一的观光游向复合型的休闲、度假旅游转变，由传统的门票经济向产业经济转变。

（四）健全服务体系，提升旅游公共服务水平

1. 改善交通设施

推进以关岭新老城区为中心的快速旅游交通网络的形成和完善，力争城乡之间、景区与景区之间建立起完善的连接通道，为"快进慢游"提供先决条件。以现有的交通网络体系为依托，重点建设县旅游集散中心、旅游专线交通、异地汽车租赁、共享汽车（自行车）等，完善公交、旅游巴士、出租车的有效衔接、互为补充的城区旅游交通服务体系，为游客提供便捷的交通，保证游客进得来、出得去、游得快捷方便。

2. 完善住宿服务体系

建设高中低档结合、类型齐全、区域布局合理的旅游酒店接待网络，下大力气提升现有星级酒店、社会宾馆的硬件设施和服务水平，着力引进一批国际知名的高端酒店集团入驻，形成以高星级酒店为核心、中低档星级酒店为骨干、经济型酒店为基础的旅游住宿服务体系，满足游客不同层次的食宿需求。让外地游客住得舒心、住得愉快，延长逗留时间，增加旅游产业的整体收入。

3. 明确城市特色建筑风格

结合我县的三国文化、明清古镇等古文化元素，选择对特定路段、街道两侧现有建筑进行整修，加入体现特色的文化符号，对一定区域内的新建建筑统一规定风格和色调。让外地游客一到关岭就能感受到别具一格的氛围。

（五）理顺全域旅游管理体制，拓展旅游业态、延长旅游产业链

1. 成立全域旅游指导委员会

全域旅游指导委员会负责指导旅游协调、规划、开发，组织旅游、建设、农业、环保、国土、文化、科技、民族、教育等部门在政策、资金、

信息、技术、人才等方面的合力扶持。

2. 拓展新业态

将农业和适当的工业变成同旅游有机结合的新业态，加强旅游与体育、康养、农业等相关产业和行业的联动交融，促进域内城乡一体化发展。

3. 创新旅游竞争内容

将观光型旅游变成综合型旅游，将旅游要素变成旅游产品，尽量延长旅游产业链，改变旅游传统的单一门票经济，形成全域旅游综合性服务经济。

（六）促进产业项目在区域的聚集，为全域旅游发展保驾护航

切实制定优惠政策，鼓励文化旅游企业快速发展，扶持一批运营效果良好的旅游景区管理企业、商品生产企业、旅游商品加工企业、旅游商品销售企业，打造"吃货"小镇、街区、村落，聚人气，引财气，壮大旅游消费经济，打造爆款旅游商品，形成文化旅游商品企业"扶持一个、跟进一批、带动一片"的产业链条，推动全县文化旅游企业健康、快速发展。引进一批具备现代技术和新发展理念的企业，参与谋划、建设县域高质量旅游产业，以项目快速激活全县景区、快速促进景区提质扩容、快速盘活业态、快速推动旅游产品的提质、快速夯实旅游产业化高质量发展格局。

五、总结

全域旅游是县委、县政府"十四五"时期的战略目标。必须从政治上、战略上、全局上认真对待全域旅游示范县创建工作，抓住新一轮西部大开发历史机遇，着力推进关岭旅游产业化高质量发展，以"时不我待"的态度和"久久为功"的韧劲补短板、强弱项、树品牌，抓住后疫情时代旅游业雨后春笋般的发展势头，谋划好高质量旅游产业化发展蓝图，为关岭建成全域旅游大县添砖加瓦。

构建农旅融合模式　助推乡村振兴大业

党的十九大报告提出，要实施乡村振兴战略，促进农村一、二、三产业融合发展。随着社会经济的高速发展，交通网络的日益完善、群众收入水平的提升，对休闲度假的需求有了大幅增加，旅游越来越成为生活中不可或缺的一部分。为全面贯彻落实习近平总书记关于旅游发展的重要指示精神和省委、省政府关于围绕"四新"抓"四化"的工作部署，抓细抓实市委"1558"的战略部署和县委关于"三县一中心"的工作要求，关岭积极探索农旅融合新模式，展开农旅融合发展助推乡村振兴关岭实践。

一、农旅融合发展现状

"十三五"以来，关岭抓住脱贫攻坚和乡村振兴历史机遇，农村基础设施进一步完善，人居环境大幅改善，农业现代化发展取得一定成效，为乡村旅游和农业发展奠定了一定基础。关岭立足县域气候、资源、交通区位优势，以乡村振兴为目标，以打造全域旅游示范县和推进农业产业结构调整为抓手，以推进旅游产业化和农业现代化为契机，围绕城镇周边和农业主产区布局乡村旅游，把农旅融合作为助推乡村振兴的重要载体。目前，发展较为成熟的代表性乡村旅游景点主要有石板井村、断桥镇木城河谷、关索街道落叶新村、花江镇永睦村、沙营镇馥远茶场等。

石板井村先后获评全国文明村寨、省级少数民族特色村寨、省级乡村旅游扶贫示范村、国家 AAA 级旅游景区、贵州省乡村旅游甲级村寨、安顺市十佳乡村旅游点、安顺市乡村旅游重点村。

断桥镇木城河谷是我县农文旅资源最为集中、交通区位优势最为突出的区域，毗邻黄果树景区，区域内有神奇壮丽的三层滴水潭瀑布、历史悠久的茶马古驿道、被誉为"千古之谜"的红崖天书、坝陵河大桥极限运动休闲度假区和秀丽的木城河风光，区域自然气候宜人，生态环境优良，是关岭县早熟、优质果蔬主产区之一，也是宜居、宜游的休闲度假之地。

落叶新村位于关岭自治县西南 6 千米，属县城总体规划核心区范围内，距县城 2 千米，关兴公路穿境而过，境内土地肥沃，耕地面积 2634 亩，人均占有耕地 0.87 亩，可开发利用荒山 3000 余亩。

永睦村位于关岭县人口经济大镇花江镇，地势平坦，地缘辽阔。被誉为"顶云经验发源地"的石板井村，是中国农村土地改革的第一村，"顶云经验"和凤阳小岗"大包干"是我国农村改革最前沿的两面旗帜，素有"北凤阳、南顶云"之称。

沙营镇境内属典型的喀斯特石漠化地质，碳酸盐岩分布广泛，岩溶地貌与常态地貌交错分布。区域自然环境优良、旅游资源丰富，海拔高、温差大，非常适合发展茶产业和休闲养生。

截至目前，关岭成功创建 A 级旅游景区 10 个，其中 AAAA 级旅游景区 1 个，AAA 级旅游景区 9 个，建成 1 个贵州省乡村旅游扶贫示范基地；2 个省级乡村旅游重点村、2 个贵州省乡村旅游甲级村寨；4 个贵州省乡村旅游乙级村寨。

二、主要做法及成效

（一）打造蔬果鱼多产融合示范基地，开启农旅融合新局面

"十三五"以来，断桥镇借助脱贫攻坚和乡村振兴机遇，充分发挥区域气候、资源、区位优势，在木城河谷积极开展产业结构调整，种植五星枇杷、脐橙、椪柑等优质果蔬共计 4 万余亩，建成了断桥现代渔业种业园区、关岭木城丽水旅游景区、断桥农贸市场等农旅产业；完善木城丽水景区至大花地沿河公路、木城丽水旅游景区游客服务中心、旅游厕所、停车场及木城河流域机耕道建设，基础设施进一步完善，农业产销平台完成搭建，农旅融合产业链基本形成。"十四五"以来，断桥镇借助黄果树景区的市场和品牌优势，以打造木城河乡村振兴示范带和开通黄果树景区南大门至木城丽水景区为契机，积极发展采摘农业、观光农业，开办农家乐 10 家，直

接带动就业人数 38 人，每年帮助农民实现增收 2 万元。

（二）依托"四在农家·美丽乡村"建设，打造现代高效农旅示范基地

落叶新村通过开展乡村旅游休闲体验区和高效农业体验园区建设，大力发展优化乡村旅游产业布局，走农旅结合创新发展思路，通过旅游＋农业的产业发展模式，合理布局农旅产业。其中，在落叶大寨中心种植区，以现代高效农业基地为中心，利用智能育苗大棚无偿为群众培育 3200 万株蔬菜苗，投入 100 万元建成落叶新村优质蔬菜种植示范基地大棚 100 个，投入 580 万建设（观光）育苗大棚各 1 个。落叶新村有得天独厚的区位优势和资源优势，依托建成后的"四在农家·美丽乡村"项目，利用农旅结合的方式，村级成立村社一体的农民专营合作社，把未租赁的闲置土地有效开发利用，新建农家旅馆，开发一些与农业互动的旅游体验项目，在土地上下功夫，开展"三权"促"三变"改革，采取"公司＋合作社＋基地＋农户带贫困户"运行模式，加大农村专业合作社建设力度，成立合作社 8 个，流转土地 954 亩，借产业扶贫做优做特农旅结合。

（三）花药果鱼旅多产融合，打造美丽乡村网红打卡地

近年来，按照"长短结合、以花养果"的发展理念，花江镇永睦村通过"中药材花卉＋精品水果"模式，建成红提、葡萄、六月李、蜂糖李、大黄梨、蟠桃等精品水果种植区 260 亩和芍药、玫瑰丹等中药材种植区约 1000 亩，并通过错季套种周期短、见效快的金丝黄菊、亳菊，打造"四季轮开、繁花似锦"的花卉种植基地和农业采摘观光基地，直接带动就业人数 80 余人，间接带动就业人数 20 余人。关花大道建成通车，缩短关岭县城至花江镇距离，永睦村鲜花盛开的季节，花卉种植基地成了关岭城镇居民休闲娱乐的主要去处。坝区农业产业化如火如荼，旅游的"无心之柳"欣欣向荣，永睦村民和项目投资商敏锐抓住机会，积极开办农家乐、摆设贩卖摊，引进游乐设备、文艺演出团队等文旅业态，大力发展观光、采摘农业和农家乐。

（四）弘扬改革精神，打响红色旅游门面招牌

近年来，石板井村针对产业薄弱、结构单一的问题，制定了以传承和

弘扬新时代顶云经验为中心，结合石板井村区位优势，立足实际，巩固和提升现代化农业、积极引进工商业，盘活现有资源发展旅游业，做到一、二、三产融合发展的战略思路。"文化旅游＋农家乐"是石板井村因地制宜发展经济的新举措，结合顶云经验纪念园独有的文化特色，顶云街道石板井村村集体与贵州欣大牧农业发展有限公司达成合作共识，共同打造以生态农产品为依托，以传承弘扬顶云经验为方向的顶云经验体验园、纪念园项目，开发庭院式农家乐——"忆思别院"，寓意"忆苦思甜"，让游客们品文化、品农家、品美食。

顶云经验纪念园、纪念馆是我县"十四五"重点乡村旅游开发区域，关岭县根据"四化"同步的工作部署，围绕旅游产业化、新型城镇化和乡村振兴、乡村旅游，以重塑顶云经验旗帜，打造区域文化、乡村旅游重点村为项目进行包装。顶云经验纪念园、纪念馆作为第六批贵州省爱国主义教育基地、全县及市、省有关部门爱国主义、党风廉政宣传教育基地，要充分发挥爱国主义教育基地对广大党员干部、人民群众特别是青少年的教育作用，增进人民的爱国主义意识和情怀。

2021年，关岭与贵阳一中签订了研学旅行合作协议，将顶云经验纪念园、纪念馆纳入中小学生研学教学点之一。学生通过游览参观，详细了解顶云经验的发生、影响及传承。

围绕顶云经验，打响红色旅游门面招牌，村合作社与贵州新大牧公司共同打造好顶云经验体验园，新增采摘大棚、戏水乐园、康养小屋、花海等项目。

2021年全村人均可支配收入为18640元，现有村集体固定资产1360余万元，集体经济年收入为56万元左右。

（五）充分发挥气候资源优势，打造茶旅融合示范基地

为进一步增强产业发展后劲，近年来，沙营镇结合区域资源优势，大力进行农业产业结构调整，充分利用本地土质资源优势和气候特点，通过内联外引，加大招商引资力度，积极流转土地，大力发展茶业，引进贵州馥远茶业有限公司在沙营镇沙营村、交界村等区域投资茶旅融合项目，走茶旅融合发展道路，多渠道助力农民增收。目前，贵州馥远茶业有限公司投资种植龙井 43、云峰 5 号、奶白茶、黄金甲等名优品种茶园 10000 余亩，加上带动合作茶园总规模可达 5000 亩。建设 1600 平方米标准化加工厂房一座，购置现代化的红茶、绿茶加工机械设备各 1 套，建设集旅游服务大厅、多功能展厅、品茶室、检测室、库房、办公用房、职工宿舍、职工食堂等于一体的综合楼一座（使用面积 2400 平方米）。茶场在实现区域资源优化利用的同时，带动当地就业，现有员工 13 人，其中企业管理与技术骨干 5 人，每月工资 7000 多元，利益联结关岭自治县沙营镇共 3 个村的 121 户农户（建档立卡贫困户 44 户），2021 年带动农户户均增收 11000 元以上；栽种、除草、采茶等农忙季节每天多达 300 余人务工，采茶工人每人一天可采 4 千克左右，基地按每千克 40 元收购，采茶工人每人每天收入可增收 160 元左右。

贵州馥远茶业有限公司本着"科技引领，市场导向，品质为王，效益为先"的经营理念逐步发展壮大，2021 年主营收入 2300 万元，已顺利通过规上企业评估，并被认定为农业产业化经营市级重点龙头企业。为进一步扩大产业规模，推进茶旅融合高质量发展，助力乡村振兴，沙营镇政府共投入资金近 70 万元，完善沙营镇至茶场硬化路 4.5 千米；贵州馥远茶业有限公司投资 600 余万元建设完成了停车场、旅游厕所、游客服务中心景观池、步道等旅游基础设施，目前 30 亩茶叶山庄已基本建设完成。下一步，贵州馥远茶业有限公司将继续扩大到上万亩良种茶园，投资建设民宿、露营基地等配套设施，积极推进茶旅一体化发展，逐步推进产业链投资建设。

（六）着力民宿发展，打造农旅融合新高地

作为旅游新元素，民宿投资小、风险低、见效快，具有集文化体验、生态观光、休闲度假、旅游住宿为一体的优势，已然成为现代旅游消费的一个热点，民宿发展为旅游发展注入新活力。随着交通网络的不断完善和旅游个性化、多样化的需求，自驾游成为现代旅游的主流形式之一，民宿成为自驾游住宿、观光的首选。关岭坝陵河谷精品民宿群以其良好的生态环境、浓郁的民族风情、优美的自然风光成为热门的网红打卡点。将民房变民宿、农特产品变旅游商品，实现了农时不误、农业增长、农民增收的良好局面，形成农民富、乡村美的农旅融合发展新模式。

三、发展中的困难

（一）政策支撑力度不足，制度方案不明晰

农旅融合发展既要有资源要素保障，也需要政策支撑。前期虽然我县相继出台了推进旅游和农业发展的相关措施，但产业融合还处于市场自发驱动阶段，在推进农旅融合、打造旅游产业化、农业现代化高质量发展集群方面仍有空白。农业与旅游产业融合政策指向不明，产业协同不畅通，导致推进农旅融合高效发展缺乏一套完整的政策体系和多端协调治理机制。农旅融合在政策引导、龙头企业培育、农民合作、教育培训方面未能拿出具体可行的方案。

（二）旅游发展意识不强，农业发展科技含量和附加值较低

我县是农业大县，近年来农业不断发展，农业现代化水平不断提高，但还是以合作社、个体化农业经营为主，种、养、游一体化、循环式、高效益、科技型的大型休闲、观光农业产业基地尚未形成；农村电商发展不均衡，乡村旅游线上销售占比不高；农旅融合发展统筹不够、站位不高，农旅融合程度不深、质量不高；农民旅游服务意识不强；缺乏农旅融合发展一专多能的人才。在实现以农促旅、以旅兴农的发展道路上，农旅产业融合主次不明，关岭农旅融合存在形式单一、水平不高的问题较为突出。

（三）农旅融合发展合力不足，规划布局缺乏统筹

我县具有农旅融合的天然优势，但基础设施是硬伤和短板。

一是农业产业发展规划与旅游发展规划尚未形成有机统一。在乡村规划、农业用地、基础设施建设等方面忽视旅游发展需求，未给乡村旅游留足发展空间。

二是部门协调力度不够。农业、土地、旅游资源等分属不同的部门，甚至存在跨区域的情况，因缺乏系统规划，故农旅融合步调不一、各自为战的情况较为突出。如在旅游资源丰富、农业发展基础好、农旅融合开发潜力大、市场前景好的区域，因缺乏统一的规划，受耕地、基本农田等土地红线限制，故旅游配套项目难以落地实施，导致农旅融合项目受阻。

（四）农业发展形势粗放，农旅融合同质化严重

一是当前我县农旅融合发展主要还是靠旅游嫁接农业，但农业现代化水平不高，规模、高效、科技农业产业布局尚未形成，农业发展形势粗放。

二是农旅融合缺乏原乡文化，同质化问题较为突出。农旅融合以农家乐、土菜馆、采摘为主，区域民族文化挖掘、包装力度不够，农特产品、民族非遗产品升级为旅游商品转化率不高、附加值低，乡村旅游业态单一，缺乏农耕文化体验、亲子劳动实践教育、传统民俗文化研学等元素。

三是农旅融合层次低、散弱小情况较为突出。农旅融合项目以家庭果园、小型农庄为主，无大型项目支撑，无龙头企业引领，农旅融合尚未形成系统、高效的产业链，高质量发展的农旅融合产业化集群尚未形成。

（五）宣传力度不够，乡村旅游景点知名度低

一是旅游宣传力度单一，我县的旅游宣传还停留在常规的传媒宣传方式上，在利用电视电影植入、抖音流量带动、高速、高铁广告宣传等宣传方式上还有不足，文化、资源优势未形成品牌优势，旅游知名度和影响力不高。

二是旅游宣传针对性不强。目前我县的旅游宣传范围以贵阳周边和对口帮扶城市为主，对沪昆高速、高铁沿线和旅游消费强的城市宣传针对性不强。对潜在旅游市场挖掘力度不够，导致乡村旅游游客量较少，旅游收入不高。

三是缺乏专业宣传营销团队。没有专业宣传营销团队对县域内景点及特色农产品进行包装宣传，外界知名度较低。如石板井村作为中国农村土地改革的第一村，"顶云经验"本应与凤阳小岗"大包干"齐名，这都是我国农村改革最前沿的两面旗帜，但人们只知"北凤阳"，不闻"南顶云"。

四、对构建农旅融合发展新模式助推乡村振兴的思考

（一）加强政策保障，强化农旅融合部门合力

一是充分发挥政府在农旅融合发展规划制定、环境优化、产业定位、引导性投入等方面的主导作用。抢抓新国发2号文件和乡村振兴的历史机遇，围绕市委"1558"的战略部署和"三县一中心"的工作要求，建立健

全农旅融合发展的管理体系和管理制度。出台专门扶持发展农旅产业的政策，落实专项扶持资金和配套支持政策，打通农旅融合难点、堵点。

二是全面做好"农业＋旅游"这篇文章，整合农业现代化、旅游产业化的扶持政策，在农村土地、金融等方面为农旅融合发展提供一定的优惠措施和扶持政策。在一些条件成熟的区域因地制宜地发展采摘农业、观光农业、生态农业、休闲农业。形成以农业为主，旅游为辅，农旅融合发展的新模式，让农民吃上"旅游饭"，增加农民就业岗位，拓宽农民收入渠道，实现农业强、农村美、农民富的目标。

（二）打造精品旅游路线，创新旅游产品供给

一是结合现代旅游的新情况、新变化，特别是自助游、周末游蓬勃兴起的新形势。针对不同游客群体、不同季节、不同节假日，以打造二日游旅游目的地为目标，创新旅游产品供给，丰富旅游业态，围绕乡村旅游科学组织游览线路和观光时间节奏，合理安排线路上的旅游要素。

二是加大原乡文化挖掘、包装力度，把特色农产品、民间手工艺品等特产包装成旅游商品。充分发挥我县文化资源优势，积极引进专业团队和社会资本，按照市场需求创新关岭达尔粑、豆沙粑、板贵花椒、板贵火龙果、断桥枇杷、上关六月李等特色农副产品和化石、天书等文创产品，苗族服饰、中草药等的研创、包装。

三是充分利用永宁古镇、产业园区等闲置资产，打造"前店后厂"的文化产品，利用商品生产加工、展销基地，加快推进文化赋能工作进度，打造一批质地优良、特色鲜明的高端旅游商品，提高农特产品、旅游商品的转化率和附加值。

（三）强化规划统筹，健全配套设施

一是科学合理地制定产业融合发展规划，按照先农后旅的原则，统筹做好农业、旅游、国土空间规划的有机统一。按照农业兴旺、农民增收、农村美丽旅游赋能的原则，在农旅融合基础好、开发潜力大的区域，科学规划，提前谋划，为农旅融合发展、基础设施建设、旅游业态布置等留足发展空间。

二是通过整合农业、旅游、交通、水务、乡村振兴等项目资金，加大对景区（点）及沿线、坝区和城镇周边基础设施、公共服务设施建设的投入，对农旅融合在基础设施、财政贴息、土地流转、智慧旅游、宣传推介等方面进行重点扶持，切实解决农旅融合项目建设中存在的融资、用地、办证难等一系列实际问题。

（四）促进产业集群，打造龙头企业和品牌效应

当前，"逆城市化"的情况越来越突出，回归自然、田园牧歌的慢节奏、体验式、享受型的旅游方式市场的占有额越来越高。在推进农旅融合过程中，需做到以下三方面。

一是要充分发挥县域农旅资源优势，积极引进优强企业、团队建立农产品生产加工、农旅休闲观光、特色农产品销售等一体化发展的农旅融合发展产业集群。

二是要充分发挥龙头企业作为产业支柱和行业引领的双重作用，打造地方农旅融合特色品牌，在品牌推介、开拓市场、资金支持等方面给予企业一定的优惠和扶持政策。支持、鼓励企业面向市场，提高科技水平和研创能力，开发差异化产品和功能性产品，提高市场竞争力。

三是要通过培育、引进龙头企业特别是农业龙头企业，创新生产、经营和资源利用方式，形成产业、规模农业聚集区，厚植农旅融合土壤是构建农旅融合新模式，实现农业、旅游业高质量发展的关键。以培育龙头企业为突破口，优化资源配置，集中优势力量，打造农旅融合示范区和"爆款"旅游产品，将"绿水青山"的资源优势转化为"金山银山"的经济优势。

（五）拓宽宣传渠道，丰富宣传形式

一是有效运用多种方式进行整体品牌营销，建立政府、行业、媒体、公众等多方主体共同参与的营销联动机制，创新宣传方式、拓展宣传营销渠道，凸显地域特色和优势。

二是积极统筹各类媒体资源，分区域、分时段加大宣传力度，打响关岭旅游品牌。加大主流媒体的品牌形象广告投放力度和网络热播剧、微电影等广告植入，做好在机场、高铁、高速沿线等重要交通枢纽的宣传推广，

与网络媒体合作开展线上线下宣传推广；充分利用自媒体时代微信、微博、抖音、小红书等平台全方位开展网络宣传，注重口碑营销。

三是积极开展各类文化、体育、展销、节庆等活动。通过县庆、体育赛事、少数民族节庆等活动，展现关岭特色，凸显关岭优势，切实提高关岭旅游知名度和影响力。

（六）挖掘特色文化，打造农文旅发展新模式

文化是旅游的内核，是提升旅游品质的重要因素，要在充分尊重当地文化、农业产业、区域旅游发展现状、旅游市场需求等前提下，通过区域优美的自然风光、浓郁的风土人情、绚丽的民族文化等作为载体和吸引物，合理开发利用农业、旅游资源和土地资源，通过推进农业产业结构调整，构建现代农业和乡村旅游新模式，形成农文旅多产融合、良性互动的新发展格局，实现"1＋1＞2"的经济效益。构建关岭农旅融合新模式，助推乡村振兴，实现农旅融合高质量发展。

一是立足依托黄果树景区的市场和品牌优势，充分发挥关岭文旅资源、生态环境、地域文化等优势，补齐关岭农旅基础设施短板，提高旅游综合服务效能，立足于现在旅游主流方式和消费热点，围绕将关岭打造成泛黄果树旅游圈的"二日游"旅游目的地、后花园，重点对有条件的区域构建农旅融合发展新模式，利用我县农村优美的自然景观、浓郁的民族风情、独特的地域文化构建依托黄果树、区别黄果树、弥补黄果树的农旅融合新发展格局。

二是既要看得见山水、更要守得住乡愁。关岭历史文化悠久，民族文化绚丽，区域内有三国文化、天书文化、化石文化和顶云经验、板贵经验和少数民族文化、非遗文化、民族特色美食等独具地域特色的文化资源。要充分发挥关岭文化资源优势，对区域历史文化、红色文化、乡村文化、民族文化等具有开发潜力的文化资源进行挖掘、研创、包装，讲好关岭文化故事、研发关岭文创产品，找到文化消费和文化供给的接入点，赋予旅游产品丰富的内涵，提升产品的附加值，积极开创农文旅融合新模式。

五、总结

现代农业与乡村旅游的有机结合，是通往乡村产业振兴的阳光大道，是满足人民对美好生活需要的重要抓手。只有认真写好农旅融合发展这篇大文章，关岭的乡村振兴才大有希望。

关岭中药材产业发展现状综述

关岭位于贵州西南部,地处云贵高原东斜坡,地貌切割深险,地势由西北向东南倾斜,夹于北盘江与打邦河之间,呈中部高两侧低的鱼背型。东北、西北与镇宁自治县、六枝特区毗邻,西南以北盘江为界,与晴隆、兴仁、贞丰三县相望,区位优势十分明显。大部分地区海拔高度在800—1500米之间,县城海拔为1025米,全县总面积1468平方千米,属于亚热带季风性湿润气候区,热量丰富,雨水充足,气候宜人,水热同季,年平均最高气温16.9℃。由于地处低纬山区,地势高低悬殊,气候特点在垂直方向上差异较大,立体气候明显,既有适宜喜温作物的种植地区,又有利于喜凉作物种植的山地。特殊的地理与气候,为关岭种植中药材创造了优越的条件,加之,县境拥有丰富的中草药资源,素有"黔中无闲草,关岭皆灵药"的美誉;关岭少数民族尤其是苗族同胞拥有许许多多祖传草药秘方,改革开放以来苗族同胞们一直以在全国各地销售草药、治疗疑难杂症为主业,为民除病,同时也凭其致富。关岭,发展中药材产业可谓"天时、地利、人和"一应俱全。

一、中药材产业发展现状

(一)中药材种植情况

2020年全县中药材种植面积103815亩,产量50251吨,产值约3.64亿元。其中花椒65578亩、银杏40亩、刺梨8575亩、薏仁米3700亩、生姜14444亩、无患子5300亩、杜仲3270亩、重楼30亩、三七20亩、瓜蒌266亩、土砂仁1887亩、黄精100亩、何首乌410亩、白及195亩。

2021年全县中药材种植面积149666亩,产量71039吨,产值约3.65

亿元。其中白及 190 亩、何首乌 410 亩、黄精 100 亩、土砂仁 1887 亩、三七 15 亩、重楼 30 亩、杜仲 3270 亩、无患子 5300 亩、生姜 22912 亩、刺梨 4075 亩、银杏 40 亩、花椒 110000 亩、芍药 509 亩、牡丹 100 亩、套种金丝黄菊 250 亩、亳菊 200 亩、玫瑰 100 亩、蒲公英 203 亩、葛藤 50 亩、头花蓼 25 亩。

目前，全县中药材种植面 151082 亩，其中花椒 110000 亩、生姜 22000 亩、刺梨 4075 亩、杜仲 3270 亩、天门冬 2000 亩、黄柏 2000 亩、山豆根 1500 亩、土砂仁 1887 亩、决明子 1000 亩、丹参 600 亩、何首乌 500 亩、芍药 500 亩、杭白菊 400 亩、党参 400 亩、桔梗 300 亩、金丝黄菊 250 亩、黄精 200 亩、牡丹 100 亩、玫瑰 100 亩。

同时，关岭充分利用光伏电站土地资源，积极探索中药材与光伏结合的高效发展模式，在光伏板下发展种植蒲公英、葛藤、头花蓼等中药材 270 余亩，实现农光互补，提高土地资源利用率及经济效益。

（二）产业链建设情况

1. 市场建设情况

现有花江、岗乌、百合 3 个民间中草药材交易市场，从事中药材生产种植销售的农民达 1 万余人，年中药材交易额超过 3 亿元。

云贵高原道地药材关岭集散中心已基本建成，项目总投资 8000 万元，规划占地面积 44.6 亩，主要建设内容为新建中药材交易中心 21027.11 平方米（层高 15 米，钢架结构），内置交易大厅 15687 平方米，111 间商铺，流动摊位 300 余个，库房 3785 平方米，辅助区 1555.11 平方米。目前项目已完成整体场平工程、交易中心建设的主体工程（21027.11 平方米）、围栏建设等，正在进行交易中心大厅装修施工和消防施工，2022 年 6 月底完成装修及开业，已有 56 家对接入户企业。

2. 中药材企业发展情况

关岭始终坚持"项目为王、招商为要、服务为先"理念，积极引进了一批药企建厂和基地。截至目前，注册营业执照中含中药材种植及销售的个体工商户 4040 户，农民专业合作社 199 户，企业 207 家。其中，规模以上企业两家（贵州苗立克中药科技有限公司、关岭玉盛堂农业药业有限公司），正在建设即将投产生产大型企业一家（贵州大正方合农业发展有限公司）。

（1）贵州苗立克中药科技有限公司

该公司于 2013 年 8 月 19 日注册登记，注册资金 2000 万元，公司厂区建筑占地面积 22000 平方米，已建成生产车间 3240 平方米，建成中药饮片三条生产线（一条常规饮片生产线，一条直接口服中药饮片生产线，一条毒性中药饮片生产线），生产品种达到 600 多种。2020 年销售达到 8000 万元，2021 年销售达到 1 亿元，销售覆盖全国省份覆盖 22 个省市，全国医院覆盖 260 余家，社区 200 余所。

（2）关岭玉盛堂农业药业有限公司

公司于 2015 年 4 月注册登记，注册资金 500 万元，实际资产已达 1000 万元。公司占地面积 10 亩，总建筑面积 3000 平方米，加工车间 500 平方米，办公楼 200 平方米，药材库房 500 平方米，硬化场地 1800 平方米。现种植有小黄姜 100 亩，黄精 200 亩，在永宁镇种植桔梗 500 亩。带动周边村寨发展种植小黄姜、中药材桔梗 1000 余亩。并跟农户签订保底回收合同。增加农民人均收入 2000 元以上。目前公司拥有流水线烘干设备 1 套，洗药机、去皮机、切片机已备齐，年加工中药材 3000 吨成品。并长期与湖北医药集团鼎新医药有限公司、安顺宝林科技中药饮片有限公司、黑龙江七台河利民药业有限公司签订长期供货订单合同。年产值 2000 万元，利润 400 万余元，每年上缴国家税收 50 余万元，带动就业人员 30 余人。

（3）贵州大正方合农业发展有限公司

该公司实施的关岭自治县大正方合农副产品加工一体化项目，总占地面积 20 亩，新建农副产品加工厂一座，年生产农副产品 2000 吨；新建标准厂房 5000 平方米，办公楼宿舍 2800 平方米，配套建设切丝、切片、切段，烘干一体化生产流水线及相关设施。截至目前，办公楼主体、厂房及附属工程已完成，办公楼装修基本完成，设备已订购，正在准备验收工作。项目建成投产后年产值可达 3000 万元，带动就业人员 30 人。

二、中药材产业发展机遇

(一)政策机遇

1. 国家层面

党的十八大以来,以习近平同志为核心的党中央高度重视发展中医药产业,做出了一系列重大部署和重大决策,为中医药产业高质量发展提供了强劲动力。2015 年,国务院常务会议通过《中医药法(草案)》,为中医药事业发展提供了良好的政策环境和法律保障。工业和信息化部等部门印发《中药材保护和发展规划(2015—2020 年)的通知》(国办发〔2015〕27号),对推动"十三五"时期中药材保护与发展、完善中药材流通行业规范提供了科学指引。2016 年,中共中央、国务院印发《中医药发展战略规划纲要(2016—2030 年)》,把振兴中医药产业发展上升到国家战略的高度;2018 年,农业农村部、国家药品监管局、国家中医药管理局印发《全国道地药材生产基地建设规划(2018—2025 年)》,提出要提升道地药材生产科学水平、标准化生产水平、产业化水平和质量安全水平,为道地药材指明了方向。2019 年,中共中央、国务院印发《关于中医药传承创新发展的意见》,提出要大力推动中医药质量提升和产业高质量发展。2022 年,国务院印发《关于支持贵州在新时代西部大开发上闯新路的意见》(国发〔2022〕2号),明确提出支持推进特色食品、中药材精深加工产业发展,支持将符合要求的贵州苗药等民族医药列入《中华人民共和国药典》。

2. 省级层面

2019 年,省委十二届五次全会审议通过了《中共贵州省委省人民政府关于深入推进农村产业革命坚决夺取脱贫攻坚全面胜利的意见》,将中药材产业作为全省 12 个重点特色优势产业之一,财政资金每年安排 1 亿元支持中药材产业发展,从种子种苗繁育、规模化种植、产地初加工、精深加工、销售等全产业链制定了一系列产业发展政策。目前,省农村产业革命领导小组办公室正在牵头编制《贵州省"十四五"中药材产业发展规划》,印发执行后将大力推动贵州省中药材产业高质量发展。

3. 县级层面

"十四五"时期，关岭严格贯彻省委"一二三四"总体思路和市委"1558"发展思路，抓住新国发2号文件重大政策机遇，紧盯"四区一高地"战略定位，立足自身发展和资源优势，通过反复的考察学习，充分研判论证，充分听取全国工商联中医药协会中药材专家意见并签订战略合作协议，依托全县中草药资源及上百年来群众自发形成的民族中草药交易市场历史沿革，结合乡村振兴和脱贫攻坚有效衔接规划及贵州民族道地野生药材资源，依托对方的人才、技术和市场资源，打造中药种植＋交易＋加工＋医养一体化的全产业链条，着力构建药农＋药商＋药企＋仓储物流的发展格局，举全县之力将关岭建成"十万药农、百家药企、百亿产值"的云贵高原道地药材集散中心。

（二）资源优势

1. 中药资源丰富

关岭现有中药民族药资源1600多种，其中，地道、名贵、有特色的中药材510余种，列入国家《药典》药材300余种，各族民间的应用草药达1000余种。植物药如天麻、杜仲、川黄柏、厚朴、半夏、何首乌、吴茱萸、续断、花椒、生姜、龙胆、南沙参、天冬、黄精、白及、柴胡、银杏、射干、桔梗、淫羊藿、山银花、瓜蒌、天花粉、天南星、薏苡、葛根、灵芝等；动物药如牛黄、猴骨、鸡内金、乌梢蛇、夜明沙、桑螵蛸、水蛭等；矿物药如石膏、紫英石、钟乳石等。我县别具特色的关岭板贵花椒、坡贡生姜质优量大；同时关岭也是桔梗、杜仲、天麻、何首乌等药材的原产区域之一。

2. 中药民族药生产应用与市场经营历史悠久

据《关岭县志》记载，我县在"清康熙年间，杜仲、茯苓、沙参、银花已属大宗山货外销"。但在中华人民共和国成立前，关岭仅有少数中草医种植少量药材自用。有各类中草药1600多种，其中入典药材425种，年上市2.5万吨以上，其中最为著名的是珍稀植物蘘叶芸香，民间叫黄野茶子，学名为离蕊金花茶，为山茶科山茶属小乔木，花瓣金黄色，花蕊特别繁茂。该物种只分布在贵州牂牁江流域，自古以来就被本地居民用于解毒避瘴、养生益寿，《三国演义》中提及孔明在关岭五擒孟获，士兵饮关岭上的哑泉之水而中毒，后得薤叶芸香而解毒避瘴。

（三）其他优势

1.区位优势

关岭交通优势特别突出，区位优势十分明显。古有"上走云南十八站，下进京城七十二天"的美誉，清康熙帝曾赐"滇黔锁钥"之题词。县城距贵阳市150千米，距安顺市70千米，沪昆高铁在我县设站，县内过境沪昆高速公路、关兴高等级公路、水黄高等级公路、320国道、214省道纵横交错，已形成以高铁、高速公路、高等级公路为骨架，国道、省道和县乡公路为枝干，通村公路为网叶的四通八达的公路网络体系。随着六枝经关岭至安龙高速公路进入省级高速公路规划网并开工建设，我县已经形成十字交叉高速公路格局，成为贵州通往广西、云南的重要交通枢纽，成为黔中经济区的西部门户和贵州西南部重要的物流人流集散地。在国家实施新一轮西部大开发战略中，具有很大的发展潜力。

2.市场前景

据有关部门统计测算，到2023年，我国健康产业的市场规模将达14万亿元，中药材市场规模将达1850亿元，市场潜力巨大。同时，随着社会经济的快速发展，城乡人民经济条件的改善与生活水平的提高、健康意识的整体增强、生活方式的全面改进以及人口老龄化的不断加速，人们对健康产品和服务的需求急剧增长，为中药产业的发展打开了广阔的市场空间。

三、中药材产业发展的困难与问题

虽然我县中药材产业发展取得了一定成效，为全县"十四五"时期中药材产业高质量发展奠定了坚实基础，但仍然存在一些困难和问题，具体表现在以下六个方面：

（一）产业基础设施不完善，生产成本较高

关岭是典型的山地农业县，山多、石多、土地资源少，山地占全县总面积的86%，坡陡谷深，土地破碎，耕地质量较差。中药材多在坡地、林地种植，山地机械化水平低，以人工种植为主，劳动生产成本较高，产业化水平低，产品质量不高。加之关岭属于典型石漠化岩溶地区，生态脆弱，工程性缺水矛盾突出。中药材产业发展尚处于起步阶段，规范化基地建设规模较小且零星、分散，布局尚欠合理，产业发展还不平衡，较缺乏产业化协调机制与激励机制。如党参种植，据岭弘生物科技公司沙营基地和岗乌镇反映，栽种一亩地需要人工6－8人，导致种植工作推进缓慢。

（二）政策支持力度有限，特色优势中药材缺乏

虽然我县中药材资源丰富，中药材种植面积也在逐年增加，关岭桔梗已成为中药材国家地理标志保护产品，但由于近几年支持力度有限，规模化、集约化发展效果不理想，没有通过中药材GAP认证基地，重点单品药材知名度不高，缺乏像吉林人参、云南三七、宁夏枸杞等全国知名的特色优势中药材大品和品牌，拓展市场、参与竞争、抗风险能力不足，尚未真正形成别具竞争能力的特色药材优势及产业优势。通过在贵州苗立克中药科技有限公司调研了解，该公司原料供应基本来自县外，并未在关岭县内采购桔梗，这更加证明关岭特色优势中药材缺乏。

（三）龙头企业少、规模小，精深加工能力不足

通过调研了解发现，目前全县中药材规模以上企业仅2家，即贵州苗立克中药科技有限公司、关岭玉盛堂农业药业有限公司，且都是从事粗加工，不同程度地存在加工设备落后、生产线水平不高、加工工艺参差不齐、标准化粗加工技术程度低等问题，质量稳定难以保障。受疫情影响，企业生产所需原材料难以有效供应，运输成本较高，导致生产成本较高，加之市场需求较往年同期大幅下降，企业生产时断时续，难以满负荷生产。同时，企业技术创新能力不强，产品开发经费投入不足，初级产品多，缺少高附加值、高科技含量产品，产品市场影响力不强，产品结构不能有效适应市场需求变化。如，在贵州苗立克中药科技有限公司生产车间调研时发现，该企业生产车间仅有约10名工人工作。

（四）引导统筹整合力度不够，未能充分发挥从事中药材经营小微企业、个体工商户作用

通过在关索街道办、花江药市与部分具有代表性的中药材经销商深入交流了解，关岭从事中药材经营并形成一定市场规模的主要有岗乌、花江，其中的经营户经营中药材种类平均在 800—1000 种，且经过多年精心耕耘，具有稳定的客户来源，已经形成了一套比较成熟的销售模式，年销售额普遍在 200 万—300 万元，但都是"自扫门前雪"，各自为政、单打独斗，没有形成合力，难以快速发展壮大。

（五）专业技术人员缺乏，中药材质量标准难以统一

中药材是特殊农产品，与传统农业相比，起步较晚，在品种选育、高产栽培技术模式、病虫害防治、水肥一体化等关键技术上缺乏系统研究，中药材技术服务与管理水平低，中药材专业技术人才培训周期较长，专业技术人才十分短缺。同时中药材品种差异较大，一个品种一套种植技术，加之我县年初才提出要大力发展中药材产业，人员技术准备不足，仅靠贵州黔药源中药产业发展有限公司力量有限（据了解，要满足全县中药材种植，需专业技术人员 12 人左右，但目前贵州黔药源中药产业发展有限公司仅有 2 人），在土地流转、品种选择、育种基地建设等方面衔接不畅，导致部分中药材错过时节、部分中药材种苗供应不足、部分乡镇中药材种植户得不到有效技术指导，中药材的产量和质量难以保证。

（六）宣传力度不够，部分乡镇（街道）对中药材产业缺乏信心

由于中药材种植启动时间迟，全县各级各有关部门未能及时开展宣传工作，造成有经济实力和劳动力的农户多数已外出务工，导致有的乡镇未能找到种植大户和种植企业。县级行业主管部门政策宣传、人员培训等开展不及时，部分乡镇未能研究吃透中药材产业发展相关政策，对种植任务踌躇不定，担当意识不强，对县委、县政府的决策部署缺乏信心，畏首畏尾，未能按照自己所报的种植品种、面积、时限进行种植。如，花江镇种植任务夏枯球 1000 亩，夏枯球至今已过栽种时节，还未进行栽种，只能到十月份以后进行秋播；顶云街道办事处 1030 亩的桔梗种植难度大。

四、对策建议

全县各级各有关部门要紧紧围绕县委、县政府关于打造"云贵高原道地药材关岭集散中心"的目标任务，严格贯彻落实各项决策部署，坚定发展信心，苦干实干抓落实，全力推进关岭中药材产业高质量发展。

（一）全力抢抓政策机遇

紧紧围绕新国发2号文件重大政策机遇，聚焦我县中药材产业发展目标定位，紧盯地方政府专项债券、农业现代化专项基金、中央预算内投资等政策支持领域，加大中药材产业项目谋划储备，建立关岭县中药材产业开发重大项目库，加强与上级发改、农业农村、乡村振兴、林业等部门对接，积极争取国家和省、市各类项目资金支持，推动中药材产业持续健康快速发展。积极组织县各有关部门，加快梳理影响关岭中药材产业发展的重大项目、重大政策、重大举措，加强与省农村产业革命领导小组办公室汇报对接力度，力争将梳理的重大项目、重大政策、重大举措纳入正在编制的《贵州省"十四五"中药材产业发展规划》，为关岭"十四五"时期中药材产业高质量发展奠定坚实基础。同时加快启动编制《关岭县"十四五"中药材产业发展规划》，切实为关岭"十四五"时期中药材产业高质量发展提供科学指引。

（二）全力引进培育壮大龙头企业

一是加大招商引资力度。充分运用现代金融理念调动社会资本投资中药材产业发展，根据中药材产业链打造需要以及市场导向等，科学制定合理有效的招商政策，严格兑现落实土地流转、申报项目、金融支持、科技服务等优惠政策，进一步优化投资环境，撬动金融资本投入，带动社会资本输入，形成资源招商、品牌引商、人气聚商、以商招商的招商引资大环境。

二是强化扶持引导。县级财政根据实际情况，统筹安排一定的中药材产业发展基金，在产品滞销时给予补贴，在产品畅销时给予奖励；在开发应用新技术新品种、建设市场信息平台、开拓产品销售市场、参加大型会展活动等环节给予补贴；在项目申报、土地流转、信息服务等方面支持龙头企业、合作经济组织、经纪人和科技特派员建立中药材种植基地；对全县范围内建设集中连片百亩以上中药材种植基地、创建贵州知名品牌、注册商标、认证地理标志以及通过技术质量认证等方面给予一定的奖励。

三是强化科技支撑。构筑科技创新平台，培育科技创新团队，通过建立研发中心和专家服务团，开展以规范化种植、林药间作、良种繁育、资源修复保护及中药材栽培技术为重点的科技培训；引进、试验、示范和推广新技术、新产品，制定关岭县道地中药材技术操作规程与质量标准，着力打造西南地区中药材检测中心，提升关岭中药材资源的文化价值，提升药品附加值；构建以企业为主体、市场为导向、产学研相结合的科技创新体系，加强技术研发，推进成果转化，增强创新能力，提升科技水平，为中药材产业发展提供科技支撑。

（三）建立健全中药材产业发展机制

一是构建多元投资机制。建立以政府投资为引导，企业、农户投资为主体，银行贷款为补充的多元投资机制，探索专项担保模式，开辟与金融机构合作的途径，扩大项目贷款信用额度，解决企业、农民担保难、贷款难的问题，不断拓展投融资渠道。

二是构建龙头带动机制。坚持抓中间（企业）、带两头（农户、市场）的思路，通过政府扶持引导、市场化运作，采取"公司（科技特派员）＋基地＋农户"运作模式，推行"订单种植"，与种植农户结成利益共同体，发挥前拓市场、后连基地、创新技术的作用，激发中药材产业发展的内在活力，提高技术规范化、生产标准化、经营组织化。

三是完善技术服务机制。建立健全县、乡、村三级技术培训服务体系，由科技局负责技术骨干和药农的技术培训，使广大药农掌握2－3个药材品种的种植和初加工技术。鼓励科技人员（科技特派员）通过承包、租赁、股份合作等形式与农民或企业结成利益共同体，建立逐级聘任、以岗定责、双向选择、年终考核等制度，引导专业技术人员深入中药材生产第一线开展技术咨询与服务。运用市场机制精心培育一批科技服务企业，探索技术推广多元化、科技支撑社会化的运行机制，开辟技术服务贯穿经营过程的有效途径，构建科技服务长效机制。

（四）整合各类资源形成合力助力发展

一是依托全国工商联医药业商会中药材分会优强资源，加快建立广泛的药商药企合作关系，选定药材收购站点，打造云贵高原道地药材关岭集散中心。立足药商药企需求，加快完善关岭集散中心餐饮、住宿、购物等服务保障设施，建立"吃住游购"一条龙服务机制，以优质的服务助推关岭集散中心尽快发挥商贸市场效益。

二是在县级有关部门的指导和监管下，统筹整合关岭花江、岗乌等本地各类中药材经销商，成立关岭中药材发展协会或商会，整合各自的资源优势，群策群力，最大限度地动员其参与到关岭中药材产业发展中来，形成全县上下齐抓共管推动中药材产业高质量发展的生动局面。

三是通过举办专题推介会、参加农产品展销、采风报道、制作宣传折页等形式，加大关岭县道地中药材宣传推介力度；充分发挥电视、广播、网络、报刊等宣传媒体的作用，在政府网站、广播电视台开设中药材专栏，宣传报道中药材产业开发中的先进典型和事迹，营造良好的社会氛围。

（五）全力申报地理标志认证

地理标志作为知识产权的一种，是一种无形的财产权，其具有的巨大的经济价值，体现为促成该商品具有某种独特的品质、声誉或其他特征的人的智力成果。与一般产品相比，地理标志产品具有更高质量、高知名度、高附加值。地理标志认证对促进中药资源可持续利用及中医药国际化具有重要意义。县级有关部门要加大向上对接力度，积极申请创建关岭中草药地理标志认证，进一步提高关岭特色中药材知名度。

（六）严格监督考核及兑现奖惩

在县中药材产业发展领导小组的统一领导下，建议组织、发展改革等部门把发展中药材产业作为考核评价乡镇、部门高质量发展的重要依据，作为干部选拔任用的一个重要指标。将干部职工的工资、职称、待遇与发展中药材产业业绩挂钩。制定《关岭县中药材产业计划任务验收与考核奖励办法》，对成绩突出的部门、乡镇、企业以及责任人给予表彰奖励，对完不成任务的部门、乡镇、企业以及相关责任人要严格按照《考核办法》追究其责任。

　　随着中医药在国际上认可度的提升和人们对健康养生意识的不断增强，中药材产业的发展必将迎来大有作为的春天。我们坚信，有上级和县委、县政府的高度重视，关岭发展中药材相关政策及配套措施的不断完善，必将推动县域中药材产业大发展，助力云贵高原道地药材关岭集散中心建设。

打好"特色牌"，擘画乡村振兴蓝图

——断桥镇戈尧村创全国"一村一品"示范村

在 2023 年 3 月农业农村部公布的第十二批全国"一村一品"示范村镇及 2022 年全国乡村特色产业产值超十亿元镇和超亿元村名单中，关岭自治县断桥镇戈尧村获得了第十二批全国"一村一品"示范村荣誉。戈尧以枇杷为主打特色产业，赢得了这一殊荣。这是断桥镇戈尧村干部群众在脱贫攻坚战中摸爬滚打找到的发展路径，是戈尧村干部智慧的结晶，是全体戈尧人民用汗水浇灌出来的。

戈尧村位于关岭自治县断桥镇西部，距离县城 15 千米，距断桥镇政府所在地 3 千米，东靠舟磨，西抵断桥，南连纳建，北接上关镇红星村。戈尧村平均海拔 840 米，年平均气温 17.5℃，水资源匮乏，山多地少，60％为喀斯特地形，发展产业局限性较大，因此，这里自古以来都较为落后贫穷。2014 年在档 240 户，1108 人，其中贫困户 57 户，239 人，贫困发生率 21.6％。

在全民参与的脱贫攻坚战中，戈尧村干部带领群众苦苦寻求发展产业走出贫困的路子，多次尝试，几经周折，年轻睿智的返乡人士根据其在外务工见识，综合分析戈尧日照充足、土地贫瘠瘦弱、雨水偏少的地理气候，结合枇杷喜阳耐旱的特性，决定带领戈尧群众种植枇杷。于是，枇杷产业在戈尧如雨后春笋般发展壮大，助力戈尧在 2019 年成功减贫摘帽。

凭发展特色水果助农户增收脱贫的戈尧村在乡村振兴的新征程上接续发力、乘胜前行。

合作社示范引领，激发群众发展产业热情。为实现产业的集约融合发展，戈尧村立足富村裕民，依据区域优势和村情特点，科学规划，稳步发展，构建"一村一品"的经济发展新格局，打造戈尧村精品水果产业带，为农民富裕、乡村振兴搭建平台。村党支部牵头创办合作社，整合了村干部入股、惠农脱贫贷、财政扶贫三股资金，先后流转土地 500 多亩，种植了 300 多亩五星枇杷和 200 多亩柑橘，带动农户就业近 3000 人次，共为农户发放务工工资 25 万余元。2022 年开始，合作社精品水果产业年收益突破百万元以上。在村级合作社的示范带动下，全村群众掀起了大力发展精品水果种植的热潮，昔日的岩旮旯变绿洲、荆棘变摇钱树。

目前，全村枇杷种植面积 2300 多亩，柑橘种植面积 600 多亩，人均水果种植面积近 3 亩。为让本村的水果产业得到发展壮大，村支"两委"主动作为，先后邀请省农科院、农业农村局的果蔬专家、当地种植能人、土专家进行了 30 多场的理论和实操培训，大大提高了农户的种植能力和管护水平。2021 年全村生产总值为 920 万元，主导产业总产值为 740 万元，主导产业占比 80.4%，成就了戈尧村全国"一村一品"示范村殊荣。

发展"一村一品"是推动乡村特色产业集聚化、标准化、规模化、品牌化发展的重要途径，也是提高农特产品附加值、拓宽农民增收渠道的重要举措。在戈尧成功经验的感召下，关岭各村镇亦因地制宜，把优势资源转化为更多优势产业，打好"特色牌"，譬如断桥木城村精品水果、花江峡谷村的火龙果、木工村的花椒等产业蒸蒸日上，将更好地赋能共同富裕和高质量发展，擘画关岭乡村振兴壮丽蓝图。

第三章　治理探索

中国共产党成立是中国开天辟地的大事件，从开天辟地到带领人民改天换地，创造了经济由高速发展转向高质量发展、社会大局和谐稳定的"两大世界奇迹"，推动了消除贫困、惩治腐败"两大世界难题"的解决。这些举世瞩目成就的取得，有力地彰显了中国共产党的治国理政能力。

新征程，我们必须秉承初心，继续前行，继续推进国家治理体系、治理能力现代化建设。党的十九届六中全会通过的《中共中央关于党的百年奋斗重大成就和历史经验的决议》指出："以咬定青山不放松的执着奋力实现既定目标，以行百里者半九十的清醒不懈推进中华民族伟大复兴。"我国14亿多人口，将近5亿在农村，推进乡村治理事关农村社会和谐稳定，事关乡村振兴战略大局，事关基层治理体系和治理能力现代化建设，事关第二个百年奋斗目标的实现！

在全面建设社会主义现代化国家新征程上，关岭以时不我待的进取精神奋力推进乡村治理，坚持问题导向，着力提升乡村治理效能，创新乡村治理方式，积极探索符合关岭实际的乡村基层社会治理模式，为推动实施乡村振兴战略提供坚强保障。

坚持"三治"融合，推进基层治理现代化

一、新时代基层社会治理

实行自治、法治、德治"三治"结合，是提升城乡基层治理水平的有效途径，对于确保人民安居乐业、社会安定有序具有重要意义。自治、法治、德治既相互独立又紧密联系，坚持三管齐下共同发挥作用，走好符合中国国情的基层社会治理之路。

2021 年 7 月，《中共中央关于党的百年奋斗重大成就和历史经验的决议》指出，健全党组织领导的自治、法治、德治相结合的城乡基层治理体系，推动社会治理重心向基层下移，建设共建共治共享的社会治理制度，建设人人有责、人人尽责、人人享有的社会治理共同体。

（一）自治，把基层治理的权力交给人民群众

基层群众自治制度是我国的一项基本政治制度。我国人口多、地域广，基层治理水平差异大，实行以村民自治制度、居民自治制度和职工代表大会制度为主要内容的基层群众自治制度，人民群众在基层党组织的领导和支持下，结合本地实际，由村（居）民讨论制定村（居）民自治章程、村规民约、居民公约等，明确规定村（居）民的权利和义务，村（社区）各类组织之间的关系和工作程序，以及经济管理、社会治安、消防安全、环境卫生、婚姻家庭、邻里关系等方面的自治要求，实现自我管理、自我服务、自我教育、自我监督。这一基本政治制度在长期实践中被证明具有显著优越性，能够有效发挥普通民众积极主动作用并激发创造力，增强基层社会的自我调节、自我修复能力。

自治意味着基层群众对村（居）、社区治理，基层公共事务和公益事业

的自主管理，这就需要不断健全基层选举、议事、公开、问责等机制，并完善基层社会的民主协商机制，使之能够依法直接行使民主权利。民主协商是科学决策的重要手段，也是完善基层自治的基本途径。习近平总书记指出："涉及人民群众利益的大量决策和工作，主要发生在基层。要按照协商于民、协商为民的要求，大力发展基层协商民主，重点在基层群众中开展协商。"为此，一方面，要推进乡镇（街道）的协商，推进行政村、社区的协商，探索开展社会组织协商，完善座谈会、听证会等协商方式，在各个方面同群众进行协商，保证人民依法管理好自己的事务；另一方面，理顺基层政府和基层群众自治组织、社会组织、公民个人等基层协商主体之间的关系。乡镇（街道）政府不能把对基层群众自治组织的宏观指导变成具体领导，而是要在法律规定的权限、职责和程序之下，运用公权力整合各项资源，打造基层公共空间，使各方主体能够进行基层事务的信息共享、沟通协调、决策听证和有效监督；基层群众自治组织要善于运用社会力量搭建平台，通过各种方式就社会治理问题进行广泛协商，广纳群言，增进共识；村民要自觉遵守法律法规和民主协商各项规范。只有在协商主体之间形成分工合作、相互支持和相互监督的良性互动关系，才能夯实基层自治之本。

（二）法治，让群众切实感受公平正义

习近平法治思想强调，"坚持在法治轨道上推进国家治理体系和治理能力现代化"。小智治事，中智治人，大智立法。法律是治国理政最大最重要的规矩，要实现经济发展、政治清明、文化昌盛、社会公正、生态良好，必须更好地发挥法治引领和规范作用。我国是有 14 多亿人口的大国，地域辽阔，民族众多，国情复杂，我们党在这样一个大国执政，要保证国家统一、法制统一、政令统一、市场统一，需要秉持法律这个准绳、用好法治这个方式。

基层政权处于国家政权的末端，如果我们把国家政权比作一个完整的生命体，那么为数众多的基层政权组织就是这个生命体的细胞，细胞的正常工作为整个生命体的延续和发展提供能量和动力。基层政权不仅具体行使国家权力，也直接面向人民群众，是连接国家权力和公民权利的纽带。

一方面，它为国家行为的实施担当桥头堡，是政令畅通的基本保障；另一方面，它关涉社会生活各个层面，直接处理关系普通群众切身利益的诸多具体问题，能够使民众直观感受到来自国家的力量。因此，加强基层政权建设，是提升基层社会治理能力的基础。在现代社会，法治是治国理政的基本方式，也是最可靠的方式，旨在把国家和社会生活纳入制度化、规范化、程序化轨道，实现规则之治。推进基层治理现代化要以法治为根本遵循，自治、德治都要在法治框架之下进行。

在法治意义上，建设基层政权意味着要在保护公民基本权利和规范国家权力两者之间寻求适当的平衡，尤其要树立权利本位观念，防范权力滥用。现实生活中，基层政权运行失范不仅侵害公民权利，也损害政府形象，降低政府威信。乡镇（街道）政府是否具有威信和公民对基层政权组织的态度，直接体现一个国家的凝聚力。只有在公民对自身所处基层政权组织持普遍认可态度的基础上，集体的道德交往与政治生活才能体现出内在的一致性，所建构起来的道德传统与法律规范才会被遵守。因此，规范基层政权运行，健全监督体系，规范基层管理行为，确保权力不被滥用，使基层社会治理能够在法治轨道上开展，对于提升基层治理现代化水平具有重要的实践意义。只有制定良好的法律并确保法律的有效实施，实现权利保障和权力约束的统一，才能有效维护基层社会秩序，实现长治久安。

2004年，后陈村第一届村务监督委员会正式挂牌，同时出台了《村务管理制度》和《村务监督制度》，这"一个机构、两项制度"构成了"后陈经验"的核心并延续至今。

2010年，全国人大常委会修正了《村民委员会组织法》，明确规定"村应当建立村务监督委员会或者其他形式的村务监督机构"。至此，后陈村的这一项"治村之计"上升为"治国之策"。

截至2018年11月，后陈村村务监督委员会已监督了5届村组织，涉及村建设投资数千万元，创造了村干部"零违纪"、村民"零上访"、工程项目"零投诉"、不合规支出"零入账"的"四零"纪录。

（三）德治，促进乡村治理事半功倍

习近平总书记强调："法律是准绳，任何时候都必须遵循；道德是基石,任何时候都不可忽视。在新的历史条件下,我们要把依法治国基本方略、依法执政基本方式落实好,把法治中国建设好,必须坚持依法治国和以德治国相结合,使法治和德治在国家治理中相互补充、相互促进、相得益彰,推进国家治理体系和治理能力现代化。"法律是最基础和最重要的行为规范,在社会治理中发挥最根本的作用,但也具有滞后性等不足;道德深植于一定的社会历史传统、文化背景和风俗习惯之中,约束人们的行为,具有较强的现实适应性。任何国家和社会要实现有序治理的目标,必须依赖法律、道德、纪律、风俗等的共同作用。

中华民族历来重视德治在社会治理中的作用。《论语》讲"为政以德",《管子》说"衣冠不正,则宾者不肃。进退无仪,则政令不行"。德治着眼于社会的公序良俗,通过对民众的道德教化,为人们提供一套要求更高的行为标准,不仅关乎个人的自由平等和社会的宽容有序,也关乎国家的良法善治和兴旺发达。推进基层治理现代化,必须大力弘扬社会主义道德。社会主义核心价值观是当代中国在价值观念上的最大公约数,其实就是一种德,既是个人的德,也是国家的德、社会的德。要将国家价值目标、社会价值准则和公民价值规范,有机融入公民道德建设各方面、全过程,更好地发挥其引领作用。同时,要推动《社会主义核心价值观融入法治建设立法修法规划》的贯彻落实,建立社会主义核心价值观入法入规协调机制,把社会主义道德要求融入社会治理,探索建立重大公共政策道德风险评估机制,健全各行各业规章制度,完善市民公约、村规民约、学生守则、团体章程等。只有坚持道德引导,重视德治的内生作用,才能在自治的基础上有效发挥法治的力量,不断提升基层治理现代化水平。

事例:近年来,上下文村富裕起来的村民在红白喜事的操办上日渐攀比,每桌酒席动辄上万元。怎样才能够匡正风气,消除这种不文明现象?村民们共同商议,制定了村民自己的"八项规定",其中规定红白喜事每桌酒席不能超过 600 元,收送礼金不能超过 500 元,酒席最高标准 600 元,不上鲍鱼、海参等名贵菜品……为了监督落实,村党支部还组织村民选举产生了监督机构——"乡风文明理事会"。

以自治增活力,以法治强保障,以德治扬正气,创新基层社会治理。

二、巩固创新成果，完善"三治"机制，引领乡村振兴

在乡村振兴战略的总目标中，产业兴旺是重点、生态宜居是关键、乡风文明是保障、治理有效是基础、生活富裕是根本、摆脱贫困是前提。其中，"乡风文明""治理有效"与基层社会治理息息相关。因此，创新基层社会治理，是推进乡村振兴战略的关键一环。要巩固完善自治、法治、德治机制，助推乡村振兴。

（一）正确认识"三治"与"乡风文明""治理有效"

1. 自治与"乡风文明"

自治强调的是民主规范，反映了乡村、社区居民对民主规范的认同与遵从。"乡风文明"不是依靠个别乡村、社区居民行为所塑造的，也不是依靠某种强制力所维持的，而是必须基于乡村、社区居民所认同的规范，并通过实践得来。也就是说，乡村自治与"乡风文明"之间是息息相关的，加强乡村文化自治有利于促进"乡风文明"。例如，乡村、社区浪费攀比之风盛行，不孝之风蔓延，封建迷信之风抬头，黄赌毒之风滋长等不文明现象。这些现象的出现还是与乡村自治目标转向经济发展而漠视社会风气等文化建设工作存在着一定的关系。进而言之，"乡风文明"是文化自觉的过程，乡村社会风气的改善必须建立在广大乡村群众对文化的重新认识、选择以及建设之上，一些陋习要剔除掉。然而，乡村居民对文化的重新认识、选择以及建设决然不是分散个体的单独行动，而必须依赖于自治。因此，乡村自治基于共同商议与决定，具有广泛的民主性以及普遍的规范性，能够通过引发乡村社区居民对规范的认同与遵从，推进"乡风文明"建设。

2. 自治与"治理有效"

传统乡村的政治秩序依赖于乡村文化网络中蕴涵的乡村文化权力和自治实践，这种借由文化权力所形成的柔性和简约治理方式一直是几千年来我国乡村社会有序统治的密码。尽管皇权不下县不是出于统治者的恩赐，而是因于农业社会国家实行直接统治的边际成本过高，封建社会统治者不得已而采取的妥协策略，但是长期的乡村自治实践形成的有益经验和治理智慧仍然可为现今乡村治理提供借鉴和参考。改革开放以来，我国乡村治

理取得巨大成就，治理主体从一元走向多元，治理模式从村民自治转向多元共治，治理内容不断丰富，治理形式不断创新，但从全国不同地域的乡村治理来看，还存在一些需要重视的问题，如乡村自治主体参与不够、自治内容不够明确、自治体制机制不够完善等。而这些问题又导致了治理力量聚集效应不足，降低了治理效率，影响了治理效果，如防治与打击犯罪、化解民事纠纷、扶助弱势群体、提供公共产品等过度依赖于基层乡镇一级政府，难以提升居民的整体治理满意度。总体来说，目前乡村自治水平还不能满足"治理有效"的基本要求。

3. 法治与"乡风文明"

法治强调的是法律规范，反映了乡村社区居民对法律规范的认同与遵从。法治的本质就是要通过国家的法律文本与强制力，调整与规范各种社会关系。而"乡风文明"，就其判断标准来说，就是乡村社区居民之间的一切社会行为是否符合一般的道德准则以及法律规范。也就是说，法治是推进"乡风文明"的重要手段。

法治是一种普遍主义的约束，它在社会关系复杂化、陌生化的现代社会中发挥着重要的行为引导与调节作用。但是，法治与传统乡村"熟人"社会的"礼治"存在着一定程度的不兼容，以致法治难以发挥普遍的约束作用，甚至还可能破坏原有的乡村社会秩序运行模式，正如费孝通先生所言："法治秩序的好处未得，而破坏礼治秩序的弊病却先发生了。"然而，乡村振兴是乡村社会进入现代化、市场化的过程，是社会关系逐渐复杂化、陌生化的过程，同时也必将是法治理念与行为逐步嵌入乡村社会关系与社会行动的过程。乡村风气文明与否，将会更深刻地体现在政治、经济、文化、生态、社会发展是否遵循法治精神上。因此，随着乡村振兴战略的逐步推进，法治与"乡风文明"之间的关系将越来越紧密。

4. 法治与"治理有效"

乡村振兴是乡村现代化、市场化、城乡一体化的过程，必然会面临利益主体多元化的局面，必然会面临传统习惯在解决利益争端方面逐渐失效的局面，必然会面临"熟人社会"走向"陌生社会"的局面。因此，在社会关系与社会结构变迁的背景下，乡村、社区居民不得不改变传统观念与方式，运用法治理念来应对利益格局中的失范行为、冲突行为。但是，法治并没有在乡村治理中完全伸展开来，组织、个人的法治精神不强以及法律知识的欠缺使得政策、行为容易踏入法律的禁区；执法者的"法律规范"与被执法者的"本土规范"的冲突容易使治理陷入困境；依法维权的成本过高使受害者倾向于采用"本土规范"或者选择沉默。总体来看，法治精神与法治话语还没有真正渗入被悄然改变的乡村日常中去。当前乡村治理中包含了法治方式，但更多的是"礼治"以及法治与"礼治"的妥协治理方式，这种治理格局最多能起到"兵来将挡，水来土掩"的作用，却终将难以应付加剧的乡村社会变迁形势。因此，法治的弱势局面难以支撑"治理有效"。

5. 德治与"乡风文明"

德治强调的是道德规范，反映了乡村社区居民对道德规范的认同与遵从。德治既是一种价值原则、一种治理模式，也是一种文化精神。乡村文化的道德治理功能旨在通过继承传统乡村文化精华，建设现代乡村文化，提升村民精神文化生活和乡村社会文明程度，并在这一进程中，整合乡村社会利益诉求，化解各种矛盾和冲突，最终实现乡村社会的善治。可以说，德治是实现"乡风文明"的重要方式。

6. 德治与"治理有效"

在乡村振兴的背景下，虽然法治的普遍性规则会取代部分地方的特殊性规则，但是，这并不代表传统的"礼治"调解作用失效。也就是说，不是所有的乡村社会关系都由法律规范与调整，而传统的、地方性的非正式礼俗习惯等规范，广泛解释着乡村社会的日常关系与行为。而这些具有正向的且不违背于法律的传统的、地方性的社会治理方式可以被视为"德治"的一部分。"德治"可以说是当前乡村"治理有效"的重要依托，也是乡村社会不至于在变迁中陷入失序的保障。然而，乡村社会已经越来越背离传统的"熟人社会"，传统乡村社会主导关系的血缘与地缘关系受到冲击，以及乡村人口的大量流出。因此，基于乡村社会关系与社会结构变迁的德治重构，不仅是乡村社会治理的要义，也是"治理有效"的途径。

（二）突破治理瓶颈，完善"三治"机制

充分调动人民群众广泛参与村级治理的积极性是解决"自治"瓶颈的有效手段。在过去的基层社会治理中，虽然也实施了村民自治，但效果不太显著，其原因就在于，人民群众真正参与治理的人数和投入的精力不多，对村级公益事业不是那么热心。大多数村民要么持观望态度，要么袖手旁观，要么碍于情面应付了事，导致村民自治作用发挥不好，效果不理想。

针对自治凸显的瓶颈问题，就应该在基层治理过程中的"建章立制"上下功夫。不依规矩不成方圆，村民自治必须有切实可行的村规民约作为方向目标，所以，村规民约的制订是最为关键的。全村人民的行为规范，值得研究，值得用心思考。一个村不合群、难以管理的毕竟只是少数人，这部分人就是基层治理工作的重中之重，应将其纳入村规民约制定实施的直接参与者，必须将这部分人请到村规民约制定的现场，让他们提出几条规矩，尤其针对自身问题。这样订立出来的公约就更具有较强的约束力，方能确保村规民约的落地落实，避免村规民约从甲村复制到乙村，只能挂在墙上落不到地上的怪象，最大化地发挥基层村民自治的作用。

加大法治宣传力度，在基层尤其是农村营造人人学法、守法的氛围。通过抖音、微信等普通老百姓喜欢的自媒体进行法律宣传和法治教育，用身边事教育身边人，坚持不懈，逐步提升人民群众的法律意识和法治素质。同时，人民法院还应持久广泛地开展移动法庭服务，将一些不涉密案件审理放到村里进行，一方面教育广大群众遵纪守法，另一方面凸显我国法律的威严。这样将对乡村依法治理工作有着极大的帮助。

三、总结

乡村是我国基础单位，乡村治理在国家治理体系中占据十分重要且特殊的地位，做好乡村治理工作对实现乡村振兴、全面建设社会主义现代化国家具有十分重要的意义。必须在坚持"三治"融合的同时，积极探索适合当地实际的乡村治理路径，有效推动农村基层社会治理向现代化迈进，为全面建成社会主义现代化强国贡献力量。

创新基层治理，赋能乡村振兴

《史记·孝文本纪》中提到："农，天下之本，务莫大焉。"全面建设社会主义现代化国家，最艰巨、最繁重的任务在农村，最广泛、最深厚的基础依然在农村。《中共中央国务院关于加强基层治理体系和治理能力现代化建设的意见》中明确指出基层治理是国家治理的基石，必须夯实乡村治理根基，推进乡村治理体系和治理能力现代化。全面推进乡村振兴的过程也是加强基层治理和促进乡村发展的过程。在新征程里，如何抓紧抓实基层治理工作尤为重要。

一、基层社会治理的重要意义

在党的十九大报告中明确提出了乡村振兴这一伟大战略，完成这一战略目标离不开有效的基层治理。乡村振兴战略正是为了适应乡村社会的变化而提出的新时期乡村社会发展目标和方针，乡村振兴战略的成功开展必须依赖于乡村基层社会治理的建设，基层社会的改革和治理有效与否关系到其各方面内容的协调开展，是乡村振兴的前提和基础[1]。党的十八大以来，以习近平同志为核心的党中央高度重视基层治理工作，做出了一系列新思想、新论断、新要求，为加强基层治理指明了方向。乡村振兴战略的总要求是"产业兴旺、生态宜居、乡风文明、治理有效、生活富裕"，其中，"治理有效"是推动乡村振兴的保障性要素和关键性环节。习近平总书记在贵州省贵阳市金元社区考察调研时作出重要指示："基层强则国家强，基层安则天下安，必须抓好基层治理现代化这项基础性工作。"无乡村善

---

[1]黄贵馨：《乡村振兴背景下基层社会治理现代化研究——以重庆 T 乡为例》，硕士学位论文，西北师范大学政治学系，2021，第 1 页。

治，必无乡村振兴。只有解决好基层社会治理问题，才能够促进和保障乡村振兴。

二、关岭基层社会治理中的经验与做法

面对基层错综复杂的问题和矛盾，创新各种基层治理的方式方法，有效解决了基层治理中的矛盾，不断提升基层治理的效能，打造有温度、有秩序、有活力的乡村，使乡村更加美丽，人民群众幸福感不断提升。

（一）坚持党建引领，凝聚内生动力

《中共中央国务院关于加强基层治理体系和治理能力现代化建设的意见》指出，"坚持党对基层治理的全面领导，把党的领导贯穿基层治理全过程、各方面"。办好农村的事情，关键在党，由此可见基层党组织的作用至关重要。在农村，村"两委"班子战斗力的强弱与基层治理的好坏密切相关。2021年村"两委"班子换届后，成员整体素质提升。在断桥镇坡舟村，在开展换届工作后，原来的村委成员全部更换，换届后的村"两委"班子成员学历有所提升，还包含有村里的种植大户，他们有责任心，敢于担当，真真正正把群众的急难愁盼放在心上。同时，在开展宜居乡村创建、疫情防控、安全生产等各项重点工作中，党员起到了很好的带头作用，积极参与，充分发挥了基层党组织的战斗堡垒作用，充分发挥牵头抓总方向、领导核心和组织保障功能，不断推动制度优势转变为治理效能，不断提升党组织的凝聚力。

（二）发挥乡贤寨老作用，助力乡村建设

随着城镇化水平的不断提升，越来越多的年轻人外出，乡村人才流失严重，导致基层人才储备不够，为实现基层社会有效治理，推进基层各项工作开展，社会越来越呼唤新乡贤的回归。随着旅游业的发展，越来越多的青年人才回归乡村，自主创业，协同参与到基层治理工作中，为村里的发展出谋划策。凡化村以"乡愁"为纽带，建立全村微信群，团结新乡贤寨老、群众代表、老党员等人，依然与外出的人员紧密联系。同时，在对其他村的调研中，我们也发现越来越多在外经商的人员逐渐返乡，老党员、退休老干部也在参与到基层治理工作中。关岭是布依族苗族自治县，其中的大多村寨少数民族分布较多，少数民族村寨民风淳朴，有特有的民族性，宗族关系联系紧密。寨老在村公共事务中具有很高的权威，在促进基层治理工作中发挥了极大的作用。

（三）以文化人，传承乡村文明

凡化村为明代调北征南军屯的一个分支，陈宏爵、陈希文等文人墨客人才辈出，建寨历史较悠久、文化底蕴丰厚、文化影响力较强。走进坡贡镇凡化村，能看到"地戏"舞台、各色各样的墙绘、整洁的村庄、具有特色的田园风光，能感受到村民的热情。凡化河贯穿全村，田园错落有序，生态环境优良，古建筑遗迹保留完好，村民传承发扬"凡化地戏"。凡化村也始终秉持着传承优良传统文化，发挥"地戏"中忠、孝、仁、勇的文化精神。同时村委重视村里的文化教育，通过强化宣传教育，对促进移风易俗、文明乡风建设发挥了极大作用，激发全村崇德向善的正能量，村里垃圾没了，环境好了，村民素质提高了，群众幸福感提升了。

三、关岭基层社会治理中的问题与不足

在新阶段，我国社会主要矛盾已经转化为人民日益增长的美好生活需要和不平衡不充分的发展之间的矛盾。基层治理过程中面临着众多不平衡不充分的发展，比如党建队伍、经济产业、文化传承、公共基础等存在不平衡不充分发展的现状，导致在基层社会治理中突出中后期持续发展不力，持续推进"治理有效"过程中存在创新困难与力量薄弱现状，失去充分激发乡村自治的内生动力的问题与矛盾也在逐渐凸显。

（一）基层党组织引领作用不强

坚持中国共产党的领导，是办好中国事情的关键。党在农村全部工作最重要的基础就是农村基层党组织。但在某些村，并没有很好地发挥农村基层党组织的"领头羊"作用，没有发动致富带头人、村党员等模范带头作用。部分村干部在责任落实上有差距，缺乏优秀的示范带头作用，缺乏干事创业的动力，"三会一课"、主题党日等方面不够规范，不够严谨。在

工作中不加强学习，对上级政策不能正确理解和运用，导致在思想认识、工作引领等方面存在不足。在党员的教育、管理上效果不佳，很多年轻的党员干部缺乏足够思想的政治培训。基层党组织中的人员在参与基层治理过程中能力欠缺，积极性欠缺，老同志"传帮带"作用发挥不明显，年轻干部发挥作用不够，导致在基层治理工作中治理效果不佳。

（二）群众参与基层治理的思想意识淡薄

部分群众的共同体意识、自治意识薄弱，积极性不够高，没有凝聚力量参与到各项重点工作中去。过度依赖于政府部门，存在"等、靠、要"的思想，存在"搭便车"的思想，没有意识到自身治理的主体地位，不会把村里面的事情当作自己的事情，没有真正理解村民自治的含义。政府部门、村"两委"成员对村里的事情大包大揽，"干部干，群众看"现象依然存在，过多介入基层治理的各项工作中，政府部门、村"两委"成员耗费额外的人力、物力、财力，反而滋生了某些群众"事不关己高高挂起"的思想，导致责任感不强、参与度不高。

（三）"输血式"治理效果不佳

开展基层治理需要大量资金支持，而村一级经济发展相对薄弱，有的村依靠上级帮扶单位或者上级政府部门拨款来开展相关工作，并不是源于村民的内生动力，不主动"造血"，缺乏"造血"的主体，长此以往，惰性日积月累。同时吸引外出务工人员返乡创业的体制机制不健全，没有形成带动致富的效应，不主动发动群众，没有激发群众的内生动力，导致出现"没有钱就无法治理，没有钱就治理不好"的现象。

（四）产业基础过于薄弱

发展不平衡、不充分的矛盾主要体现在城市和乡村之间，但是乡村之间同样出现了不平衡发展，组与组之间也存在不平衡发展。调研过程中，在询问村里面的工作存在的困难时，大部分人都说缺乏产业。村里没有产业，不能够给村民提供稳定的收入，没有多余的费用来开展村里的公益事业，更没有资金去完善基础设施建设。村民以种植业为主，农业生产落后，没有形成规模化的种植，农业效益低，村里的青壮年劳动力又得外出务工。

某些村发展了产业，但是由于地理位置、销售和交通问题，发展状况不佳，收益不明显，村民们也只是想要赚取更多的钱，就没有多余的精力参与到基层社会治理中来，参与基层治理动力不足，基层治理有效性不强。

（五）干群关系不够紧密

基层面对烦琐复杂的事务，经常能听到的就是"5＋2""白＋黑"，基层干部忙、基层干部累也成了常态，很多基层干部承受着巨大的工作压力，难以走到群众身边，与群众交流，干部与群众之间便存在一定的距离。同时也依然存在一些党员干部有不愿吃苦、怕麻烦的懒惰思想，基层工作经验不足，方法不多，工作中存在得过且过的思想，不充分听取基层群众的诉求与意愿。再者，还有一些基层干部，对政策一知半解，对基层事务处理能力差，不说群众语言，不和群众交流，不懂群众工作，不知群众需求，也导致了群众的不信任，干群关系联系不紧密。

（六）基层人才资源流失

乡村振兴战略，关键在人。没有人，基层治理就无从开展。随着城镇化的不断发展，城市提供了更大的发展空间，越来越多的农村人口转向城市，外出务工人员不愿意回乡，外出求学的学生学成后也不愿意回乡，农村人才质量下降，老龄化严重，缺乏人才治理乡村。同时，对于政府部门来说，基层缺人才，在基层治理里中青年群体是主干力量，但更多的具有专业能力的中青年人才更想往条件较好的城市里去发展，逐步培养出来的优秀中青年干部也在调岗，基层留不住年轻干部也成为常态。

（七）基层治理体制机制不够完善

在用道德规范的过程中，某些相关"德治"评议制度，不具备权威性，且权责不分明。排查矛盾纠纷化解的过程中，有关法治体系不完备，普法宣传没有全覆盖，村民不清楚法律流程，不懂得如何使用权利去维护自身利益。同时，并没很好地将自治、法治、德治相结合，没有发挥好"三治"的功能去开展基层治理工作。

四、创新基层治理对策建议

治理有效是乡村振兴的重要保障，进一步创新基层治理方式方法，扎实开展好各项工作，多措并举，只有这样，才能不断提升基层治理效能，推动基层治理工作迈上新台阶。

（一）坚持党的全面领导，强化基层组织建设

党的领导是增强基层治理的前提和基础，农村基层党组织是党在农村工作中的基础和保障。基层越薄弱的地方，越需要做好党的组织工作，固本强基。

抓好村级干部队伍建设。抓好村级带头作用，选强人育新人，强能力提素养，精准发力，不断优化村干部的管理、培训与考核，打造政治素质强、担当精神强、带头作用强的干部队伍。有效调动村干部干事创业的积极性、主动性和创造性，积极研究本村事务，用科学合理的方法规划，为基层治理赋能。

强化基层党员的教育培训力度。基层治理关键在"人"，需要打造一支懂农村、爱农村、爱农民的强有力的党员干部队伍。需要根据乡村实际条件，坚持问题导向，精准开设相关培训课程，提高党员党性修养和文化水平。不断筑牢党员理想信念，强化宗旨意识，引导他们起好带头作用，补齐能力短板，激发工作活力，发挥先锋作用。

坚持党建带群建。积极组织党员、群众下沉到基层一线，参与基层治理中的各项事务，发挥好"领头雁"的作用，维护好基层群众利益，解决好基层群众矛盾，引领基层群众参与到基层治理工作中。加大惠农惠民政策和党员模范作用的宣传，让群众知晓中央大政方针和基层干部的奉献付出，从思想上转变群众对基层组织的消极看法，消除误解，提升基层党组织的正面形象和政府部门公信力。不断提升人民群众的幸福感获得感、参与感，赢得群众对于党的信任和拥护。

（二）加大群众参与力度，提升群众自治水平

一是充分发动人员，打造多元共治局面。现如今，上级党组织选派驻村书记、驻村干部下沉到村，参与到基层治理工作中，与村庄原来的主体，包括村干部、新乡贤寨老、党员群众等组成基层治理的共同体。这就需要驻村干部、村"两委"成员积极发动乡贤寨老、党员群众，听取他们的意

见，尊重他们的意愿，让他们参与到基层治理工作中，鼓励大家深化对村内工作的认识，集思广益，为村集体事业的发展建言献策，贡献力量。同时，健全相关的吸纳人员的体制机制，鼓励素质优良、热爱家乡、有经济实力的新乡贤参与到基层治理中来，实现多元共治。

二是创新村民议事形式，培育基层自治内生动力。加强基层治理能力，需要赋予村民更多的能力，可以以新铺镇卧龙村为样板，"群众事群众议，群众管群众享"，建立党群议事小组，制定《党群议事小组主要职责》，组织制定《组规民约》，集体协商本组事务，发挥"身边人带动身边人"优势，将环境卫生、滥办酒席、矛盾纠纷化解等纳入治理范围，定期收集并解决广大人民群众的迫切需求，把为人民服务真正落到实处，进一步拉近干群关系，提升基层治理效能。同时规范议事流程，与村规民约"黑名单"挂钩，与后备干部培养"挂钩"，与政策落实倾斜"挂钩"，推动形成自我管理、自我服务、自我提升的乡村治理新格局。主动公开村内事务，接受村民监督，村民有疑问可以直接询问驻村干部、村干部。同时不断规范村务运行，完善村级议事决策、民主管理监督，发动村民参与到就业惠民、医保政策、矛盾纠纷化解工作中来，培育本村村民管理村内事务的能力。

（三）强化基层组织治理能力，推动基层治理模式转变

为了避免"输血式"治理带来的弊端，需要从"输血式"治理向"造血式"治理转变，在村开展各类技能培训，不断提升村民自身生产技能、就业能力、发展能力，所谓"授人以鱼，不如授人以渔"，不断通过采取科技培训、业主承包、企业引领、自主创业等方式，提升基层整体生产力，一方面能够减轻上级政府及帮扶单位自身的压力，减少资金和物品的投入力度，另一方面能够激发群众自主治理能力和创造力。

（四）因地制宜找对策，找准产业发展新方式

立足当地实际，因村施策选产业，聆听群众意见，结合当地群众对于发展产业的需求，合理挖掘当地潜力，进一步盘活利农、富农的资源优势，调动当地群众内生动力，参与地方经济发展；发挥龙头企业带动作用，加大招商引资力度，引进龙头企业、致富能人参与村集体合作发展，助力农

民增收，助推乡村振兴；对于发展潜力大、发展前景好的产业，要依托独特的优势特征，扩大产业发展规模，同时在产品生产、包装、销售等方面做文章，通过现有的新媒体平台开展形式多样的宣传活动，提高产品知名度，进一步做大产业、做强品牌。

（五）办好群众"小事"，拉近干群关系

在尧上村，年龄大的老人不方便外出采购所需物品时，村里的干部会帮他们捎带，谁家的牛跑了，村里的干部们马上就去找了，看上去是不起眼的小事，但处处体现着浓浓的干群关系。"小事"不小，关系到的是群众的幸福，关系到群众对干部的满意度。基层干部工作开展要切合农村实际，贴合群众需求，紧扣教育、医疗、养老、文化等群众关心的问题，及时办好每一件"小事"，为群众解惑，解压、解难，只有这样，才能赢得群众的喜爱与信任，不断拉近彼此的距离，切实提升群众的满意度、参与度。

（六）抓好乡村人才队伍建设，发挥人才资源优势

关于乡村振兴，习近平总书记擘画了五个振兴，其中人才振兴非常关键。强化本土培养与外部引进结合力度，强化对村党组织书记、村"两委"其他成员、致富带头人等人的培训力度，挖掘成功人士、乡土人才，发掘"土专家""田秀才"，育好用好乡土人才。同时引进外来优秀人才，为基层治理工作注入活力，为返乡入乡人员提供就业创业的政策支持与组织保障，不断提高基层治理人才素质，提升乡村人才干事创业、奋发作为的积极性与创造力。

（七）健全"三治融合"治理机制，构建基层治理新格局

基层治理要与自治、德治、法治相结合。

一是激活基层"自治"主体活力。充分发挥群众的主观能动性，特别是重大事项、重大项目、重大活动，尽量发动群众参与，只有群众参与，才能调动积极性，涉及村集体重大事项，如征地拆迁、山林承包等一定要保障人民群众的知情权，让更多人民群众参与到其中，更好地发挥自治作用。

二是传承乡村文化，厚植"德治"传统优势。村里有着深厚的"德治"

优势，起到"软约束"的作用，立足本村实际，立足村民主体，弘扬本土文化，以文化人，以德治之。发挥乡土文化、乡情家风中互助关怀等有温度、接地气的治理因子在新时代乡村治理中的作用，打造和谐互助、团结友善、平安幸福的温情乡村社会，推动乡村社会个人之德向公共之治转变[①]。倡导良好家风，把孝敬父母、养育子女、尊师重教融入各式各样的活动中。如坡贡镇凡化村，传承优良文化，不断优化公共服务，通过新时代文明实践站等多种形式，发挥好寨老乡贤的作用，引导邻里守望相助、尊老爱幼，传承村里的优秀文化。

三是促进基层"法治"持久发挥动能。整合基层的综治中心、法庭、司法所、派出所等力量，加强基层法治宣传力度，有针对性地宣传《民法典》《村民自治法》《土地管理法》等相关的法律知识，针对农村群众容易发生的矛盾，要以案释法，宣传典型案例，把法治融入基层社会治理。可以组织村民参与旁听一些涉及乡邻纠纷、抚养纠纷的典型案例的审理，达到审理一个、教育一片的效果，更好地支撑基层社会治理。同时加大诉源治理力度，发生矛盾后，先由村集体、村委进行调解，达成调解就不用再进行诉讼，促使双方握手言和，尽量减少诉讼带来的对立情绪。用法、理、情相结合的方式调解矛盾纠纷，实现小事不出村，大事不出镇，将矛盾化解在基层。在纠纷化解过程中，让村民感受到"法治"的力量，树立起村民和基层干部的法治思维，提升法治修养。

五、总结

实施乡村振兴战略是党的十九大重大决策部署，也是新时代"三农"工作的总抓手。而基层社会治理又是做好新时代"三农"工作、实现乡村振兴的重中之重，在基层治理过程中，必须因地制宜，只有这样，才能达到治理目的，实现既定目标。

[①] 曾昕皓、颜怀坤：《全面推进乡村振兴视域下乡村基层治理实践理路探析》，《当代县域经济》2022年第11期。

"后小康时代"乡村治理探索

——关岭脱贫后的乡村治理之路

党的十九届四中全会对推进国家治理现代化作出了顶层设计，2020 年我国脱贫攻坚初战告捷，小康惠及全国人民。如何巩固脱贫攻坚成果，抓好"后小康时代"乡村治理，实现乡村振兴，成为摆在我们面前的现实问题。按党的十九大提出"产业兴旺、生态宜居、乡风文明、治理有效、生活富裕"的乡村振兴总体要求，治理有效是乡村振兴战略的核心。本文通过了解和分析当前关岭乡村治理的现状，提出通过加强基层组织建设、合理化村民自治机制、加强乡村治理法治化、促进乡村治理道德建设等措施，推进新时代的乡村治理工作。

一、乡村治理在乡村振兴战略中的意义

"实施乡村振兴战略是中国共产党第十九次全国代表大会的一项重大决定和部署，这是全面建设小康社会、建设现代社会主义国家的决定性历史任务，这是新时期'三农'工作的总体起点。"[1] 中国一直是农业大国，长期以来，"三农"问题是关系国民经济和民生的根本问题。解决"三农"问题一直是党和国家的当务之急，习近平总书记在中国共产党第十九次全国代表大会报告中提出了"乡村振兴战略"，体现出党中央对"三农"有了新的深刻认识，有效的乡村治理是乡村振兴的重要组成部分。

（一）完善乡村治理体系是乡村振兴的内在要求和重要内容

乡村治理问题一直是"三农"问题研究和关注的焦点。在建设社会主

---

[1] 苑卫卫：《乡村振兴战略视域下农村产业经济发展存在的问题及对策》，《江西业》2020 年第 14 期。

义新农村的过程中，中央政府明确提出要加强农村民主政治建设，把农村治理机制纳入新农村建设总体规划，以促进农村的全面发展。

2013 年，农业部在全国范围内发起了"美丽农村创造"活动。经过两年的探索，《美丽乡村建设指南》于 2015 年正式发布。从总体上看，《指南》详细阐述了参与政治生活和完善民主监督管理机制的规定，对于农村基层党组织和村民建设具有重要意义。乡村治理是国家治理的基础，乡村的有效治理是实现乡村全面振兴、国家治理现代化的基础。

2017 年 10 月 28 日，党的十九大报告指出："加强农村基层基础工作，健全自治、法治、德治相结合的乡村治理体系。"2018 年 1 月，中共中央、国务院印发的《关于实施乡村振兴战略的意见》中提出："乡村振兴，治理有效是基础……建立健全党委领导、政府负责、社会协同、公众参与、法治保障的现代乡村社会治理体制。"2018 年 9 月中共中央、国务院印发了《国家乡村振兴战略规划（2018－2012 年）》，明确规定了农村治理的路线图和时间表。规划指出，到 2020 年，乡村振兴的制度框架和政策体系基本形成，各地区各部门乡村振兴的思路举措得以确立，全面建成小康社会的目标如期实现。到 2022 年，乡村振兴的制度框架和政策体系初步健全，以党组织为核心的农村基层组织建设明显加强，乡村治理能力进一步提升，现代乡村治理体系初步构建。到 2035 年，农村振兴将取得决定性进展，乡村治理体系将更加完善。

2019 年 6 月，中共中央办公厅、国务院办公厅印发《关于加强和改进乡村治理的指导意见》，使得乡村治理体系改革已具备成熟的政策框架。在构建当代中国乡村治理体系的新时代，自治、法治、德治三种治理方式相辅相成，缺一不可。聚合自治、法治、德治三者动能，形成共建、共治、共享的治理格局，是乡村治理现代化的发展方向。由此可见，乡村振兴战略是新时期社会主义新农村建设和美丽农村建设的延续和传承。在乡村治理问题上，乡村振兴战略在总结以往经验的基础上总结了经验和教训，并提出了更具体、更科学的目标科学体系和更接近现代治理概念的路线图。在总体目标的指导下，农民可以有条不紊地参与国家的政治、经济和文化生活，物权得到充分尊重和保障。这符合第十九届中央委员会第四次全体会议提出的实现国家治理体系和治理能力现代化的目标。因此，完善乡村治理体制是乡村振兴战略的应有之义，是不可缺少的重要内容。

（二）有效的乡村治理是乡村振兴战略的基础

产业兴旺、生态宜居、乡风文明、治理有效、生活富裕是乡村振兴的要求。有效的治理是顺利实现乡村振兴各项目标任务的基础、重要起点和保证。随着我国经济的持续快速发展和农村现代化进程的加快，农村经常发生各种基层治理问题。因此，为加快乡村振兴发展进程，按计划促进农村现代化目标任务的实现，有必要促进乡村治理从目前的"管理模式"向"治理模式"的转变，这也是乡村振兴的总体目标。有效地开展乡村治理，一方面是要优化乡村治理结构，完善乡村治理制度，激发乡村发展活力，从而为乡村振兴提供强有力的制度保障；另一方面，有效治理强调在党的领导下，根据每个村的实际发展，大力提倡适合当地高质量发展的乡村治理方法，要因地制宜。因此，从目标定位和价值守法的角度出发，有效的治理是稳步推进各项乡村振兴任务的基础和前提，也是解决"三农"问题的重要途径。

二、脱贫后关岭乡村治理实践中面临的困难和问题

改革开放以来，随着我国新型工业化、信息化、城市化和农业现代化的飞速发展，农村正经历着极其重要的社会转型过程，几年的脱贫攻坚战，让乡村面貌焕然一新，民生得到最大程度的改善，人民群众生活殷实，全面小康建成，焕发出了新的生机，同时又带来了新的问题。

（一）基层党组织建设不到位

农村基层党组织是整个农村工作的基础，是发挥战斗力的堡垒。基层组织建设关系着农村的发展，关系着乡村治理的成效，关系着乡村振兴的进程。关岭自治县下辖 13 个乡镇（街道）134 个行政村、农村社区 9 个、城市社区 10 个（含安置点社区 5 个）、3 个居委会，134 个村中，贫困村 85 个（含深度贫困村 32 个），14 个易地扶贫搬迁安置点。行政村（农村社区）"两委"干部 1207 人，已实现村党组书记、村民委员会主任"一肩挑"55

个。村干部年龄在 60 岁以上的 78 人、50 岁至 60 岁的 207 人、40 岁至 50 岁的 234 人、40 岁以下的有 359 人，平均年龄 42.56 岁，学历在大专以上的有 257 人、高中学历的有 243 人、初中及以下的有 383 人。截至 2019 年底，全县党员人数共 11627 名，其中农村党员人数 7315 名，60 周岁以上的 2390 人，初中及以下文化的 5319 名。农村基层党组织建设不足主要表现在：部分基层党组织组织力不强，带领群众发展致富能力弱。村干部队伍能力弱化，能人少。农村在职党员在承诺履责上做得不够，无职党员在承诺践诺上有所缺失，党员示范带动效应明显弱化，党员身份意识淡化。农村流动党员管理难。

（二）社会参与度不高

因地域偏僻和社会经济发展落后等原因，当前我县农村社会组织主要存在数量少、规模小、管理不规范等问题。目前村级社会组织主要是合作社、协会。其数量和类型的发展与农民对于社会组织日益增长的公共产品提供和公共服务等需求之间依然存在比较大的差距。目前能够承接养老、医疗、教育等公共服务的辅助型社会组织和推动农村居民互助的社会组织相对比较缺乏。社会组织在乡村治理中没有发挥作用。

（三）村集体经济薄弱

村集体经济薄弱，村级无经费或者经费不足，都会影响村级治理和村级发展。截至目前，全县行政村均已成立"村社合一"农民专业合作社，村级公司 18 个。2019 年村级集体经济总收入约 1.06 亿元，其中：5 万元以下的村 19 个，占 13.7%；5 万至 10 万元（含 5 万）的村 11 个，占 7.9%；10 万至 50 万元的村（含 10 万元）35 个，占 25.2%；50 万至 100 万元（含 50 万）的村 36 个，占 25.9%；100 万至 500 万元（含 100 万）的村 37 个，占 26.6%；500 万至 1000 万元（含 500 万）的村 1 个，占 0.7%。目前村集体经济累计 2.19 亿元，其中：5 万元以下的村 3 个，占 2.2%；5 万至 10 万元（含 5 万）的村 3 个，占 2.2%；10 万至 50 万元的村（含 10 万元）22 个，占 15.8%；50 万至 100 万元（含 50 万）33 个，占 23.7%；100 万至 500 万元（含 100 万）的村 74 个，占 53.3%；500 万至 1000 万元（含

500万）的村4个，占2.8%，空壳村全面消除。当前，我县村集体经济仍处于初级发展水平，村级集体经济收入主要依靠补助收入，经济收入单一，经营收入少，很多产业处于前期投资阶段，还不能见到效益。此外，产业距离规模化、市场化还存在一定差距，产业链条不够完善，抗风险能力弱，在带动群众增收致富的长期性、稳定性方面还需要更加努力。村级人才匮乏，农村外出经商、务工人员多，加上受到本地发展资源的限制，村级发展面临"人才恐慌"。现阶段，虽然全县大部分村都建立了合作社，但是缺乏懂经营管理的人才，此外村两委干部日常事务多，参与村级合作社管理时间少。

（四）法治保障不到位

健全乡村法治建设，既是实施乡村振兴战略的重要举措，也是推进国家治理体系现代化的必然要求。进入新时代以来，国家法治水平和人民法治意识逐渐提高。然而，在农村经济及其特有的人情社会结构等因素的影响下，基层法治建设还存在诸多问题。

一是我县法律人才严重不足。截至目前，全县只有律师事务所2所、律师5名、公证处1个、公证员2名、基层法律服务所1所、公职律师11名，以上法律资源基本是在县级服务。乡镇综治办、派出所、司法所人员配备不足。

二是部分乡镇干部、村干部依法行政不规范。处理问题不够公平、公正、公开，解决问题缺乏系统性，同一个问题处理的标准不一样，导致了群众认可度不高。

三是部分群众法治观念较为薄弱，依法维权意识有待提升。受传统观念影响，部分民众在遇到问题时，更倾向于依赖非法律途径解决，如寻求人际关系。加强法治宣传教育，提升公众的法律素养和依法维权意识显得尤为重要。

四是普法宣传教育效果不佳。目前，农村中在家务农的大多是年龄偏大、文化素质偏低的中老年人，他们对法律规范难以理解，学不懂、记不住，学法的积极性不高。

五是基层法治阵地建设薄弱。目前我县获得省级民主法治示范村称号的共计 13 个村（社区），相对全县村（社区）总数来说，民主法治示范村占比较低。同时，虽然我县已建立健全三级公共法律服务体系，在基层完成村级公共法律服务工作室建设 114 个，覆盖率达 76.5％。但公共法律服务工作室在调处矛盾纠纷、法治宣传教育、法律服务方面作用发挥不够。

（五）自治、德治水平有待提高

在党的十九大报告中提出的将自治、法治和美德结合起来的农村治理体系中，自治是基础，法治是保障，美德是支持。自治、法治、德治是乡村治理的重要起点。但是，在实践中，仍然存在问题，即自治不足，对法治的意识薄弱以及无法跟上道德准则。一些村民缺乏参与农村事务的意识，自治热情远远不够。他们只对涉及自己真实利益的事件保持某种程度的热情，而忽略不涉及真实利益的事件。在一些严重被"挖空"的村庄中，年轻和中年人已经在外面工作了多年，留在村子里的大多数人是老人和儿童，他们缺乏参与自治的必要水平和能力。

在一些乡村，尽管已经制定了村规民约，但是一些不良的思想风气仍然存在：攀比心理严重、文明礼仪淡化、拜金主义抬头、没有长远规划、习惯于旧时代的生产生活方式、思想固化等。这些问题是法治很难解决的，要依靠美德来提高约束力。

（六）"穷人心态"挥之不去

通过脱贫攻坚这场大战役的洗礼，贫穷虽然得到改变，但部分群众尤其是政府大力扶持脱贫的农户仍然内生动力不足，习惯于贫穷，"以穷为荣"的耻感文化根深蒂固，脱贫后仍然指望着政府继续全面满足，不思进取，没有谋求自身发展的意愿，仍是"靠着墙根晒太阳，等着别人送小康"的心理。

三、坚持问题导向，提升乡村治理效能，巩固脱贫成效，实现乡村振兴

关岭历经几年的鏖战，终于摘掉贫困县的帽子，人民群众过上小康生活，但如何巩固脱贫攻坚成果，实现乡村振兴，这就必须奔着问题去，抓好乡村治理。

（一）加强基层组织建设

1. 不断增强基层党组织的凝聚力和战斗力

为了突出基层党组织在当前农村治理工作中的领导核心地位，村级班子成员必须自觉保持村党组织书记的"班长"地位。严格执行基层党建工作责任制，必须不懈地追求卓越。整顿涣散的基层党组织，使其充满生机和工作热情。健全村级重要事项、重大问题由村党组织研究讨论机制，全面落实"四议两公开"，不断提高基层党组织的凝聚力和战斗力。

2. 不断加强村级干部队伍建设

优化基层党员干部队伍结构，不断扩大党建工作覆盖面，形成顺畅的工作运行机制。坚持转变思想，加强思想创新，工作方式创新，选拔一批年轻化、想干事、能干事、干成事的年轻党员干部充实到基层党组织班子，通过"选准一个人、带好一支队、振兴一个村"的方法，增强基层党组织班子的"活跃性"，进一步巩固脱贫成效，抓好乡村治理，助力乡村振兴。

3. 不断加强农村党员的教育培训

加强农村在职党员和无职党员教育管理，引导他们积极奉献，示范带头，较好地发挥模范作用。通过远教信息平台，整合各类资源，向基层党组织特别是村级党组织宣传"先进个人事迹""优秀共产党员""地方典型发展经验""农业科学技术"和相关政策法规，有效提升基层党员的工作能力和积极性，增强基层党员服务意识。加强党员干部教育培训，通过认真开展"两学一做""三会一课"，有效增强党员干部自主学习意识，提高党员党性修养和文化水平。

（二）持续发展壮大村集体经济

1. 因地制宜发展产业

由于各村地理位置、外部环境、资源状况、干部思想解放程度等情况不同，坚持从实际出发，立足优势，围绕"一县一主业、一乡一样板、一村一平台、一户一产业"的主导产业发展格局，选准产业，找准发展路子。盘活非耕地资源，加快土地资源向土地资本的转化。兴办农副产品加工企业或收购公司，延长产业链，使农副产品在加工、储藏、运销等环节中实现多次增值，使集体收入与农民收入同步增长。发展产业，切忌一哄而起，树立过于远大的目标。

2. 强化村级人才建设

通过多种形式、多种途径拓宽用人渠道，引入竞争机制，真正把懂管理、善经营、有威信、文化水平高、具有开拓创新精神的优秀人才吸引到村级干部队伍中来。对基层干部进行培训，特别是加强产业结构调整、农业产业园区建设、市场经济、金融、城建、新农村建设和营销、管理等方面的知识培训，提高村组干部科学管理和发展村级集体经济的能力和水平，切实增强村干部"一好双强"能力。围绕"牛猪鹅、菜果药"、花椒、食用菌"6＋2"主要产业，精准将各级产业专家匹配到相应的产业上，纵深推进农村产业革命。

3. 加强职业技能培训

加大力度普及职业技能，培育新型职业农民。根据村情，结合村民个人的能力水平，分类实施各种职业技能培训，让每一个人都掌握一两门实用技术，具有一技之长，在村集体经济壮大的舞台上有用武之地，在发家致富的道路上看到希望，增强广大群众谋发展的信心，激发内生动力。

4. 发挥龙头企业带动

加大招商引资力度，引进龙头企业、致富能人参与村集体合作发展，探索"龙头企业＋合作社＋农户＋""致富能人＋合作社＋农户＋"的发展模式，解决资金、技术、管理、销售等难题，不断做大做强村集体产业链条，增强农产品市场竞争力和致富带富能力。

（三）进一步完善乡村民主制度建设

1. 进一步规范乡村基层民主选举制度

在村（社区）两委换届选举工作中，要严格按照《中华人民共和国村民委员会组织法》《贵州村民委员会选举办法》等规定的原则、方法和程序进行操作，切实做到法定程序不变，规定步骤不少。全面实行"两推一选"，树立鲜明的群众工作导向。在选举中，要做到公平、公正、公开，充分发扬民主，尊重选举人意志，任何组织和个人不得指定、委派或者撤换村民委员会成员，任何人不得以不正当方式拉选票。对选举中可能出现的家族宗教势力干扰、徇私舞弊、威胁、贿选、伪造选票等违法行为，一经发现，要严肃查处，确保农民的民主权利。

2. 进一步完善乡村基层民主决策制度

进一步强化村民会议、村民代表会议的决策功能，确保依法履行职权。村范围内的重大事项要由村民会议或村民代表会议讨论，赋予村民会议对村内重大问题的决策权、村务工作的监督权、对村委会错误决定的否决权、对制定村规民约和村民自治章程等方面的权力。要发挥全县第一书记、驻村工作组的力量，指导村逐步健全"四议两公开"、村规民约等制度，完善村民会议和村民代表会议议事规则，规范决策程序，实现重大村务由全体村民或村民代表民主决策，促进村务决策民主化、科学化。

3. 进一步健全农村基层民主监督制度

配强村监督委员会班子，进一步促进村级民主监督和民主管理，促进村干部廉洁履责；规范村务公开制度，对公开的内容，以群众的要求为原则，不断深化和拓展。凡是村民关心的事项和细目，都向村民公开，真正做到随时公开、全面公开、彻底公开；健全监督体系，在开展村务公开的同时，畅通乡（镇、街道）和有关部门单位的政务公开监督渠道，设立举报信箱、公布举报电话，方便群众来信、来电、来访，接受群众监督，形成同级监督、群众监督及上级监督等管理体系，进一步促进村级民主管理，提高农村基层民主监督制度建设的水平。

（四）进一步加强乡村法治建设

1. 夯实基层法治建设基础

加强政法单位基层法治工作队伍建设，重心下移、保障下倾，把更多的人力、物力、财力投向基层，使基层法治建设组织更有活力、工作更加扎实、队伍更有战斗力。在基层培育一批法律带头人、法律明白人，引领法治建设，加强"一村一法律顾问"工作，为基层法治建设提供保障。进一步强化乡镇干部、村干部法律思维，改变以往对"信访不信"的误解。

2. 持续加强三级公共法律服务体系建设

拓展基层法律服务网络，实现农村公共法律服务工作站点全覆盖，落实律师、基层法律服务工作者、司法所工作人员等定期或预约值班制度，积极将人民调解、律师公证、法律援助等工作职能进行资源整合，打通法律服务群众"最后一公里"，提升依法治理水平。

3. 加大基层法律宣传的力度和深度

改变法条式宣传方式，强化谁执法谁普法工作责任制，注重"以案释法"，以身边的事教育身边的人，树立法治的权威。加强法治文化建设，依托民主法治示范村、法治文化阵地，把法律意识、法律知识融入其中，更好地满足人民群众的法治文化需求。例如，加强民主法治示范村建设，修建一批法治文化广场、法治文化园、法治文化长廊等，使广大农村群众在潜移默化中受到法治熏陶，提升普法效果，进一步拉近法律与群众的距离。

（五）进一步深化村民自治实践

1. 坚持以自治为基础，强化党建创新引领

要把基层治理同基层党建结合起来，发挥基层党组织协调各方的作用，更好地提升治理效率。推动村党组织书记通过选举担任村委会主任的程序，依托村民会议、村民代表会议、村民议事会、村民理事会、村民监事会等，形成民事民议、民事民办、民事民管的多层次基层协商格局。

2. 发挥自治章程、村规民约的积极作用

根据相关法律法规和地方风俗，推动村民合理制定村规民约，坚持群众主体地位，让群众实现自我管理、自我教育、自我服务。借鉴塘约"红九条"，结合村情民情制定切实可行的村规民约，规范滥办酒席、婚丧嫁娶搞攀比，奖励勤劳、守法、尊老爱幼之人，惩戒懒鬼、酒鬼。建立乡贤工作队伍，把村里责任心强、办事公道、公信力强的乡贤寨老组织起来，监督村规民约的落实情况。

3. 创新基层管理体制机制，提高综合服务能力

结合各部门单位公共服务职责，在村庄建立网上服务站点，逐步形成完善的乡村便民服务体系。大力培育服务性、公益性、互助性乡村社会组织，积极发展乡村社会工作和志愿服务。

（六）加强乡村治理中的德治建设

"法安天下，德润人心"。乡村治理要以道德规范、习惯规约来维风导

俗，以德治教化和道德约束支撑自治、法治。

1. 加大宣传教育，注重道德教育

在乡村开展以德为先的宣传教育，引导群众在遵纪守法的前提下，要做到有品行、懂礼貌、讲文明。要大力弘扬社会主义核心价值观，继承和发扬中华优秀传统文化和传统美德，积极引导群众讲道德、尊道德、守道德，追求高尚的道德理想，不断夯实中国特色社会主义的思想道德基础。宣传教育工作注重弘扬"耻感文化"，倡导"礼义廉耻"，注意帮助困难群众消除根深蒂固的不以贫困为耻，反以贫困为荣的"穷人心态"，摈弃"安贫乐道"的贫困观，树立起依靠自己发家致富的志向。

2. 坚持党建引领和党员干部先锋示范

广泛开展评选身边好人、道德模范、新乡贤等典型。用群众身边人身边事培养塑造一批有德之人，以榜样的力量凝聚思想共识、转化为共同行动，营造学先进、赶先进、做先进的良好氛围。

3. 持续开展"文明超市"建设

聚焦群众关注的重点、难点问题，创新工作思路，在全县扎实开展文明超市建设，充分调动群众积极性，激发主动作为的内生动力，推进乡村文明建设，推动乡村治理，实现乡村振兴。

四、总结

乡村治理是乡村振兴中的一部分，有效的乡村治理是乡村振兴的基础，乡村治理的成效影响着乡村振兴的进程。因此，在乡村振兴的背景下，研究乡村治理存在的问题，解决困扰基层治理的难点和痛点，并找到解决问题的具体措施，具有十分重大的意义。探索乡村治理模式，走中国特色社会主义乡村振兴道路，让农业成为有奔头的产业，让农民成为有吸引力的职业，让农村成为安居乐业的美丽家园。

加大石漠化治理力度，巩固拓展脱贫攻坚成果

——板贵石漠化治理综述

板贵，地处北盘江下游与打帮河交叉的三角地带，位于关岭县西南面，距县城 45 千米，土地面积 137.24 平方千米，山高坡陡，土层贫瘠，石漠化严重，有近 3/4 的土地石漠化程度达到 80％以上，是典型的喀斯特地貌区。这里水资源严重匮乏，年降雨量只有 600 毫米左右，曾被称为"石漠化王国"。原为板贵乡，2016 年撤乡并入花江镇。

面对如此恶劣的生存环境，原板贵乡党委团结带领人民群众，群策群力，集思广益，以"一不怕苦，二不怕死"的精神战天斗地，秉持不见黄河心不甘的追求，在不断改变生存环境的道路上摸着石头过河，探索出"坡改梯＋绿色经济＋小水利＋科技"的石漠化综合治理模式。

在乡党委的领导下，一场轰轰烈烈、史无前例、战天斗地的"搬石造地"大战在板贵拉开序幕。经过近 20 年的奋斗，板贵人民妙手回春，胜利治愈"地球癌症"，板贵从"不适宜人类居住的生命绝地"变成了百姓为之骄傲的"幸福不动产"。勤劳的板贵人民将这里建设成为万亩香料基地、万亩火龙果基地，获科技部、财政部授予的"基层科普行动计划"表彰项目，得到国家领导人的高度评价。1999 年 4 月，时任国务院副总理的温家宝视察板贵乡，对板贵人民这种战天斗地、苦干实干的精神给予了高度评价，称之为"板贵精神"。

当时的板贵乡总面积为 137.24 平方千米，辖 12 个行政村 137 个村民组，共 4855 户，23702 人。2014 年开展精准扶贫工作时，全乡有贫困人口 1758 户 6629 人，贫困面较大。面对众多的贫困人口与较为恶劣的生存环境，乡党委政府审时度势，抓住国家扶贫攻坚的机遇，提出治理石漠化与

谋划产业同步进行的发展思路。

一、理清发展思路，同步推进石漠化治理与产业化扶贫

乡党委政府认真贯彻关于新阶段脱贫攻坚工作的要求，结合实际加大产业结构调整，以实现生态建设与农民脱贫增收为目标，按照立足实际、稳固成果、以点带面、注重创新的工作思路，认真搞好脱贫攻坚工作。

（一）石漠化治理夯实基础

20 世纪 80 年代末，板贵乡立足自身实际，认真分析形势，提出了把石漠化治理作为加快经济社会发展的首要任务，制定了"坡改梯＋绿色经济作物＋小水利＋科技"的综合治理模式。1992 年在上级部门的大力支持下，广大干部群众充分发扬不甘落后、自力更生、艰苦创业、开拓创新的精神，利用自己的双手在贫瘠的石山上搬石造地，植树保土，建池蓄水，掀起了大搞坡改梯的热潮。经过十多年的艰苦努力，共组织投工 90 多万个，完成坡改梯面积达 2.1 万亩，完成土石方 82 万方，人均坡改梯面积达 1 亩，人均增加耕地 0.19 亩，人均占有粮达到 400 千克。种植经济林木 20 余万株。修建大小水池 650 个、28300 立方米，可灌溉耕地面积 5000 亩，新安装生活用水管道 2500 米，缓解 11500 人和 4000 多头牲畜饮水困难问题，通过综合治理，筑起了一道道护山长堤。如果将板贵乡人民修筑的高约 1.2 米、宽约 0.6 米的石砌梯坎全部拉开，长度竟达 2700 千米。这是板贵乡群众利用自己的双手搬石造地取得的丰硕成果，是板贵乡人民筑起的一座不甘落后、自力更生、艰苦创业、开拓创新的精神丰碑。

板贵人继续发扬不怕吃苦的板贵精神，经过多年的艰苦奋斗，根据板贵的独特气候条件及特殊地理条件，在乡党委政府的带领下，大胆地调整产业结构。通过几年来的努力，产业结构初具规模，农民的人均可支配收入从原来的 460 元增加到 6655 元，实现了农民增收的目标，但由于地理条件恶劣，产业带交通运输、水利灌溉等基础设施比较落后，农民投入成本增加，导致产业推动缓慢。

（二）继续产业化帮扶，促农增收

"十二五"期间，乡党委政府始终坚持以科学发展观统揽全局，在保住

生态的前提下，努力寻找经济增长点，通过深入调研和积极探讨，提出了"立足实际抓特色，围绕特色树品牌，利用品牌创效益"的战略思路，寻找出一条符合自身实际的特色产业化扶贫之路。立足于日照充足、低热河谷气温高的优点、特点，变劣势为优势，乡党委政府将全乡划分为"三带""两园""一核"，以此作为扶贫开发发展战略。

"三带"即三个产业带。是根据该乡气候条件及地理条件，将产业带划分为三条。海拔 650 米以下为火龙果种植产业带，海拔 650—800 米为花椒及精品水果种植产业带，海拔 800 米以上为种植核桃产业带。此三大产带覆盖了该乡所有农业项目，符合地理条件、气候特点。同时将农业技术培训作为主要工作来抓，扶贫先扶智。我乡与县人社局、县扶贫办、县农业局等多家单位联系，并对农民工进行技能培训。2011 年至今，每年组织培训农民达 300 余人次，组织培训村干部达 50 余人次，通过培训丰富知识，提高技术，为该乡扶贫开发提供人才保障。

"两园"即两个山地高效农业示范园区。是以该乡田坝、白泥两个山地高效农业园区为示范带动产业发展。结合库区经济发展，重点打造库岸经济，促进农民增收，起到示范带动的作用。

"一核"即田坝园区为核心园区。是以田坝山地高效农业园为核心，打造板贵乡休闲观光农业，开发农业旅游项目，以旅游带动农产品销售，以农产品促进旅游业的发展。

乡党委政府积极取得上级有关部门的支持和帮助，紧抓扶贫开发各项战略机遇，全乡上下团结一心，发扬艰苦奋斗、苦干实干的"板贵精神"，充分发挥地理和气候优势，因地制宜发展生态经济，打好生态牌，做好生态文章。从 1996 年引进花椒种植后，农民从传统的玉米种植转为经济作物种植，花椒在板贵长势良好、品质优良、市场前景好，对农民增收和保护生态起到双赢作用。保护花椒品牌，创新其他品牌，保证农民收入是乡党委、政府项目的核心工作，该乡花椒种植面积 18000 余亩，年产值达 6000多万元，人均收入可增加近 2500 元。"板贵花椒"已形成品牌进入国内各大市场，昔日光秃秃的山坡变成农民的"绿色银行"。继花椒之后，2006 年又引进特色火龙果，2009 年上市后，独特的品质深受消费者青睐，产品供不应求，且价格实惠，每千克价格 20 元左右。2015 年在该乡沿河一带村寨大面积推广火龙果种植，为了解决群众种植投入资金的问题，该乡采取了"扶贫项目扶持＋金融贷款＋技术指导＋农户经营"的模式，即政府用有限的资金撬动金融贷款，解决资金短缺的问题。目前该乡种植面积达 6000 亩，2017 年将扩大到 12500 亩，火龙果为全乡人均增收达 4000 元以上。花椒、火龙果的大面积种植，不仅改善了该乡石漠化的恶劣环境，也增加了农民收入，实现了经济效益和生态效益双赢的大好局面。

二、围绕改善民生，夯实基础设施建设，加大脱贫成果巩固

针对全乡农村基础设施落后的现状，特别是群众反映强烈的运输出行难问题，乡党委政府确定了以道路硬化为主，其他基础设施建设为辅的工作方案。

（一）道路建设情况

据相关统计分析，该乡通村公路全长 6.5 千米；新修通组公路共计 7 条，全长 32.342 千米。基本解决了大部分村寨不通路的状况，初步改善了群众运输、出行困难的问题；通过整合各类资金修建通组硬化路约 39.4 千米，硬化面积约为 158980 平方米。改善了群众生产生活条件，改变了村容村貌，方便的交通促进了农民自我发展意识，向同步小康又迈进了一步。

结合"美丽小康寨行动计划"，在通村路、通组路的基础上，申请资金硬化村寨串户路长 1.98 千米，硬化面积 10410 平方米，村组道路相互交错，辖区内村寨与周边乡镇村庄全部贯通，形成四通八达的连村公路网络，极大地方便了群众出行，实现了农村道路硬化覆盖率达 60%，目前，农村未硬化的交通还有 40% 未完成。

（二）水利工程建设

为改善农民的生产生活条件，结合帮扶单位新修建提灌站 6 个；整合农业部门及水利部门投入资金修建水池 800 口；修建火龙果种植基地集雨面四处；硬化火龙果基地机耕道 1.5 千米；虽在一定程度上解决了群众吃水及浇灌的问题，有效改善了产业基本灌溉条件，但只能解决部分困难，产业基

础设施需求还很大，要真正地解决这些困难，还需加大资金投入。

（三）新民居开发建设

据调查，板贵已完成公路沿线农村景观整治 1000 余户，结合国家危房改造项目，现已完全消除了农村茅草房的状态，改善了群众的居住条件。通过招商引资及国家项目投入等方式，打造"四在农家·美丽乡村"，新建农贸市场 3000 平方米，新建垃圾池 2 个，安装太阳能路灯 146 盏，部分村寨村容得到极大改善。目前，还有 80％ 的村寨还没有安装路灯，村庄脏乱的环境依然存在，加上农民的意识落后，治理难度比较大。

（四）土地整治及基本农田建设

按照"合理利用土地，切实保护耕地"的基本国策，加强水土流失地、沙地、被污染地治理，改造中低产田，搞好荒地、闲地、散地的开发，加强基本农田建设，做到耕地总量动态平衡和占补平衡，保障节约用地，扩大耕地面积，提高土地质量，改善农业生态环境。在"十二五"期间，完成土地治理及基本农田建设 5000 亩，投入资金 1000 万元。实现人均占有1.5 亩基本农田的目标，其中水土流失防治土地面积 2500 亩。石漠化在一定程度上得到了治理。结合"三年造林绿化攻坚"工作，完成造林面积5499 亩，治理水土流失面积近万亩。

（五）文化基础设施建设

板贵新建 400 平方米的文化服务中心、1200 平方米的石漠化陈列馆。完成辖区行政村的农家书屋建设 12 个，各村级藏书在 3000 册以上，丰富了农民的科学文化知识。同时，村民的文化素质得到了进一步的提高。

三、积极谋划产业，确保就业与收入

走企业带动战略。通过招商引资引进企业发展，企业的发展不但可以繁荣地方经济，还可以增加当地财政税收，通过税收可以改善基础设施、提高居民收入等，从而带动当地经济的全面发展。所以，可以在发展企业，特别是发展当地企业上下功夫，着重是农产品尤其是火龙果等水果精深加工以及花椒香料加工和商贸服务业，壮大实体经济，带动确保就业，巩固脱贫成果，确保不出现规模性返贫。

通过继续抓好产业带经济。大力发展现代山地高效农业经济；以现有的旅游景区——花江大峡谷资源优势为依托，打造经济带产业发展，大力发展家庭农场、精品水果种植，着力把板贵乡打造成为休闲度假、旅游观光的示范点。大力发展种植业及林下经济，发展生态经济，以旅游促进农产品销售，以农产品带动旅游业发展，以旅游产业带动新型城镇化的发展，做到三位一体。

四、总结

板贵，在党的领导下，凭借人民勤劳的双手走上了致富的道路，不仅送走了贫困，摘掉了千百年来的穷帽子，而且还营造出亘古未有的绿水青山，昔日的荒漠变成了绿洲，换来了金山银山，创造了人类改造大自然的奇迹，板贵必将在乡村振兴的道路上创造更加辉煌的奇迹。

多级联体协调联动
创矛盾纠纷排查化解新局面

——"平安岗乌、法治岗乌"创建实践

群众满意是服务群众、积极推进社会管理创新的硬性标准。近年来，为了积极推进矛盾纠纷排查化解，促进辖区内社会和谐稳定，岗乌镇以社会管理创新为突破口，以维护社会稳定为第一职责，以人民满意为第一标准，不断细化工作措施，不断提升依法行政工作水平，全力推进"平安岗乌、法治岗乌"建设。为了进一步提升人民群众安全感、满意度和获得感，不断强化工作机制和工作措施，不断整合优化资源，不断提升服务水平，始终坚持防化结合，多级联体协调联动，坚持做到群众有呼声、政府有回应，形成了独特的、切合实际的矛盾纠纷排查化解新经验，有力维护了基层稳定，为群众营造了和谐的生产生活环境。

一、镇情简介

岗乌镇位于关岭自治县西部，距县城 47 千米。全镇地形呈"两谷一岭"状，最低海拔 400 米，最高海拔 1700 米。辖区内的大寨村因地处高寒地带，海拔高达 1700 米，常有雾气笼罩，岗乌（雾）因此而得名。东与沙营乡毗邻，西和黔西南州的晴隆县隔河相望，南与新铺镇相连，北与六枝特区的洒志乡接壤。全镇总面积 121.73 平方千米，辖 13 个行政村，111 个自然寨，77 个村民组，6759 户，30945 人，布依族、苗族等少数民族占 90％以上。全镇产业以玉米和稻谷为主，以油菜、花生、蔬菜等经济作物为辅，近年来黄牛养殖、火龙果、西瓜种植等产业得到较快发展。中药材是全镇支柱产业之一，有"山中无闲草，岗乌多良药"之誉。辖区内资源丰富，

有丙坝煤矿、大理石等，经勘测，煤资源贮藏量达 4.5 亿吨以上。上甲千年古榕树群，是高原石漠化中的一颗明珠，是镇村旅游开发之地，是省级新农村建设示范点之一。榕树群围绕村寨，其中以寨中央一棵为最，需 20 个成年人牵手才能将其围住，专家称其为"世界罕见之树"，树龄有 3000 余年。辖区内有沪昆高速、沪昆高铁客运专线，光照水电站等重大建设项目。因其特殊的地理位置、人文环境和众多重大工程建设，从而成为矛盾纠纷的高发地带。因此，一个良好、健全的矛盾纠纷排查化解机制是维护辖区社会和谐稳定的必然要求。

二、夯实基础、强化机制建设

一个健全的、运行良好的工作机制是推进社会管理的有力保障。一直以来，岗乌在服务群众的同时，不断总结经验、开拓创新，不断强化机制建设，有效驱动社会管理创新。

一是成立岗乌镇法制工作委员会，在镇上设公共法律服务中心和在各村设公共法律服务室，以满足群众法律需求为第一目标，全力推进公共法律服务体系建设，目前已被评为安顺市示范点之一。

二是强化充实人民调解力量，近年来，岗乌镇在进一步调整充实原有调解工作队伍时，积极推进行业调解组织队伍建设，成立了医患纠纷调委会和学校调委会，目前有镇级调委会 1 个、村级调委会 13 个、医患纠纷、教育等专业调委会三个，调解员达 90 余人；并定期对调解员进行法律知识、调解技巧等培训；另外还专门聘请有经验的老同志担任人民调解员。

三是强化队伍建设。第一，成立了一支特殊的农村警察工作队伍，即在各村聘请一名政治觉悟高、思想过硬、作风优良、熟悉村情的村民担任该村警务助理、建立警务室，专门从事矛盾纠纷排查、夜间巡逻等工作，强大、丰富了队伍力量和经验；第二、通过聘用方式，聘用优秀大学生 3 人担任派出所协警、2 人担任司法所司法助理员、2 人担任心理疏导员，及时为队伍输入了新鲜血液。

四是规范调解阵地建设，增强科技力量。马克思指出"科学技术是生产力"，而邓小平同志在此基础上提出了"科学技术是第一生产力"的科学论断。随着我国经济社会的高速发展，传统的工作方式已经远远不能满足当前的工作需要。为此，岗乌镇积极强化阵地建设，建立多功能视频调解庭，以增强科技力量，实现调解过程全程视频录制，有力提升工作质量和工作效率，让调解全程公开透明，赋予调解公信力。

五是敢于亮剑、勇于担责。为了让群众在遇到麻烦时能及时得到解答和调处，扩宽群众反映渠道，使辖区内群众足不出户就能进行法律咨询，岗乌镇制定了便民服务宣传手册和便民服务联系卡。通过制定便民服务宣传手册和便民服务联系卡，将各自职能编成顺口溜，并附以联系人和联系电话，极大地方便了群众，真正实现了一卡在手，方便千万家，取得了良好的工作成效。

三、多级联体协调联动、强化制度保障

制度犹如催化剂，一个良好的制度是工作高效的根本保障。近年来，岗乌镇矛盾纠纷化解工作取得了不错的成绩，但是往往是各部门各自为政，缺乏统筹，效率低下。对此，岗乌镇党委政府为充分发挥派出所、司法所、综治办等队伍资源优势，专门制定矛盾纠纷排查化解工作制度，全力充分整合资源，形成合力，有效将派出所、司法所、综治办、公共法律服务中心、调解委员会、村警队等整合在一起，由镇政法委统筹安排，具体由镇委政法委书记统一调度，多部门协调联动。实现了派出所、司法所、综治办、公共法律服务中心、调解委员会、村警队等多部门紧密相连，协调统一，紧紧围绕镇中心工作，以群众满意、创建平安、法治岗乌为目标，在镇政法委的统筹下开展矛盾纠纷排查化解工作，取得了良好的工作实效。

五年来，在政法委统筹，多部门协调联动的情况下，司法调解与人民调解相结合，引导群众通过法律途径解决纠纷 120 余起。历年遗留矛盾纠纷全部得以成功化解，其中跨越时限最长的达 35 年之久，历史遗留涉京案件一起，涉及金额巨大、人员关系复杂。在排查的 33 件各类重大矛盾纠纷中，派出所、司法所、综治办、人民调解委员会、公共法律服务中心等共同参与，共调处 65 件，调处率为 100%，调处成功 62 起，未调解成功纠纷最终通过引导走司法程序。基本实现了矛盾纠纷小不出村，大不出镇，零越级

上访和非访情况，近五年度岗乌镇在安全感和满意度测评中获两个100%。

四、强化宣传、提升法治意识

维护基层稳定，开展矛盾纠纷排查化解工作，往往需要防化结合、标本兼治，化解只能治标、预防才能治本，而强化法治宣传，全面提高群众法治意识水平就是最好的方式。因此，岗乌镇全面加快了普法依法治镇的进程，以深入贯彻落实党的十九大、二十大和十二届、十三届省委历次全会、市委四届、五届历次全会以及县委历次全会精神为契机，专门组建了法治宣传队伍，多措并举、坚定不移地开展法治宣传教育，在宣传引导上下足功夫，全面推法治岗乌建设，全面强化农村群众法治意识水平。

（一）宣传范围广

探索建立法律巡回宣讲制度，积极开展送法进村入校系列活动，将法治宣传教育普及各村、学校、景区及企业。五年来先后到岗乌辖区各村、学校等地开展法治宣讲活动100余场次，送法进村入校宣讲60余次，上法治课20余节，法治宣传进景区10场次，到村接访、与群众座谈30余次，实现法治宣传教育无死角，覆盖率达100%。

（二）宣传内容多

一直以来，岗乌镇始终以实效为原则，不是为了宣传而宣传，往往都是有针对性地开展法治宣传工作。全镇先后开展了以"相约开学季，与法律同行""学法守法，从我做起""送法进村入校""法治宣传进景区"和《刑法修正案（九）》等为主题的法治宣传教育活动，专门对《婚姻家庭法》《农村土地承包经营法》等涉及面广、与群众生产生活密切相连的专题宣讲20余场。发放《未成年人保护法》《妇女权益保护宣传册》《刑法修正案（九）重点条文解读》《法律援助问答》、法治宣传杯等宣传资料48000余册（份），解答法律咨询2000余人次。

（三）宣传方式活

为让普法宣传真正取得实效，岗乌镇摆脱了传统的宣传模式，不断拓宽宣传工作思路、不断探索新法子、不断拓展新形势下的普法宣传新路径，普法方式灵活多样。

一是利用赶集天开展大型法治宣传咨询活动。

二是建立微信公众平台，实现普法宣传现代化、信息化、网络化，赋予其时代精神，让公众号成为贴心的"法律顾问"。

三是深入村寨进行法治宣讲和法治接访，解群众之疑，答百姓之惑，为群众提供法律咨询和法律援助。

四是开展法律巡回主题宣讲、开展送法进村入校系列活动，如到岗乌中学、各村进行《刑法修正案（九）》专门宣讲。

五是现实情景说法，在调解具体案件中进行法治宣传教育和组织社区服刑人员到学校现身说法。

六是利用法治宣传车到各村开展平安综治合法治广播宣传。

七是制作少数民族语言普法山歌碟子进行宣传。

八是弘扬《宪法》精神、凝聚法治力量，认真开展"12·4"国家宪法日暨"宪法宣誓进校园"活动。

九是强化领导干部学法，定期要求专家、律师开展法律知识培训，提升依法行政水平和依法执政能力。

（四）宣传措施实

为了让普法宣传不流于形式，岗乌镇积极强化措施，确保法治宣传工作取得实效。例如针对交通不便的边远山村，工作人员主动上门为群众服务，到村开展法治接访咨询活动，得到了群众的一致好评；又如针对群众关心的土地流转问题而专门开展《农村土地承包经营法》讲座，解决广大群众的后顾之忧；针对新出台的《刑法修正案（九）》，到学校、景区等场所进行巡回宣讲，有效预防违法犯罪发生。

五、延伸排查触角，强化矛盾纠纷排查化解

了解村民事，关乎村民情，村民的每一件事、无论事大事小总牵动着党委政府的心。近年来，岗乌镇加快了服务型政府建设步伐，不断转变服务理念，变被动为主动，走村串户、田间地里开展矛盾纠纷排查。领导包片、干部包村、建村警队，多措并举，不断充实基层工作力量，做到群众在哪里，我们的办公地就在哪里，让我们的工作阵地延伸到最前线，以满足村民当前的生产生活需要。

自成立村警队以来，在镇政法委的统一领导下，不仅要与派出所民警、司法所干警开展巡逻走访，同时赶集天还要参与交通整治、走访辖区村寨、摸排纠纷线索、调解群众纠纷等。村警就是矛盾纠纷排查化解的先锋官，将触角深入千家万户，其就如同天气预报一般，总及时、准确地将探测到的村情信息上报，切实做到了哪里有矛盾纠纷，哪里就有村警的身影，从而让村民矛盾纠纷得以及时、高效化解。五年来，13 名村警共计走访群众4745 户15862 人次，共排查矛盾纠纷 100 余起，重大矛盾纠纷 5 起，成功化解群众矛盾纠纷 80 余起。

六、总结经验、强化责任落实

（一）坚持"六二六"工作法

为了能小事不出村，大事不出镇，矛盾不上交，及时为群众排忧解难，切实让群众苦着脸来，满意离开，一直以来，在开展矛盾纠纷排查调处工作中，始终坚持严格遵守"六二六"工作法。坚持六个做到：做到坚持原则和法规、公平、公正，做到深入了解案情，做到先保留当事人提出的要求和意见，做到正面引导，做到妥善保管当事人提供证据材料，做到按时调解。两个必须：必须按时组织安排排查重大矛盾纠纷隐患，必须保守他人提供证据的秘密。六个不准：不准撕毁当事人提供的相关证据材料，不准随意表态，不准在公共场所闲谈案情，不准谈感情看熟面放弃法律和原则，不准办权钱案件，不准以权威胁纠纷当事人。

（二）坚持"四准"落实责任法

四准：工作机制准、包保分类准、化解时限准、兑现奖惩准。工作机制准，即在具体矛盾纠纷排查化解中，政法委统一台账，政法委统筹协调、多级联体、协调联动。包保分类准，即由政法委经过研究对排查出的矛盾纠纷按照邻里、村民组纠纷对象对组、村进行包保级别分类，由镇政法委负责重大矛盾纠纷调处化解，镇村组三级联动确保矛盾纠纷"零"遗漏。

化解时限准，即根据包保对象、案件简易程度等明确不同时限，因特殊原因不能化解的，说明原因后明确化解时限，确保件件有回应，事事有落实，防止积小成大。兑现奖惩准，即对于村、组干部化解矛盾纠纷制定奖惩制度，对不能及时化解的扣罚绩效，对完成较好的给予一定奖励，对于未能及时化解的视情况予以问责。

实践证明，综治办、派出所、司法所、调委会、公共法律服务中心等各部门在镇政法委的全面统筹下，形成多级联体、协调联动的机制，共同织就了基层矛盾纠纷化解的大网络，形成摸排、化解、引导的联动模式，创造了矛盾纠纷排查化解新局面，极大地促进了基层社会和谐稳定，五年来尚未出现打架斗殴、群体性事件、越级上访等现象，为岗乌经济社会高质量发展和乡村振兴助力加油。

做实民生专项监督　夯实乡村振兴基础

关岭作为国家扶贫开发工作重点县，脱贫攻坚期间，曾经拥有9.04万人的庞大贫困群体，国家帮扶资金和项目也越来越多，为了更好地保障百姓的"保命钱""救济款"落到实处，必须深化民生监督工作，为关岭与全国全省同步全面建成小康社会保驾护航。

关岭自治县民生监督组自2014年4月成立以来，立足"三转"，聚焦主责主业，切实在"抓好三个着力、强化两个主动"上狠下功夫。到2015年11月，全县13个乡镇（街道）民生监督组共开展各类专项监察、巡查180余次，发现问题627个，转立案122件，办结90件，党政纪处分90件94人，移交司法机关10件12人，涉案金额898.03万元，追缴资金200万余元，为推动全县经济社会发展提供了强有力的纪律保障。之后，民生监督、巡查常态化，极大地提升了民生问题的解决与落实，确保了人民群众的利益和福祉。

一、领导高度重视，组织保障坚定有力

一是县委、县政府主要领导高度重视，成立了以县委书记任组长、县长任常务副组长，纪委书记、组织部部长任副组长，相关部门主要负责人为成员的民生监督工作领导小组。

二是设立了3个民生监督组，13个民生监督站，民生监督组设组长一名［由纪工委（监察分局）书记（局长）兼任］，副组长一名（由所在乡镇纪委书记兼任），成员由纪工委（监察分局）人员及乡镇纪委委员组成，其中，第一民生监督组工作范围为关索街道办事处、顶云街道办事处、断桥镇、八德乡、坡贡镇、上关镇；第二民生监督组工作范围为永宁镇、沙营

镇、新铺镇、岗乌镇；第三民生监督组工作范围为花江镇、普利乡、板贵乡；三个民生监督组分别对所涉及乡镇（街道办）民生项目进行监督。

二、强化阵地建设，配齐配强民生监督队伍

一是在民生监督组筹建之初，明确 40 万元作为民生监督组工作启动经费，切实解决了"有钱办事"的问题；13 个乡镇（街道）民生监督组分别落实办公用房、办公经费、办公设备、举报电话等，在 2014 年年底，县财政划拨了 180 万元为 13 个乡镇（街道）民生监督组解决了工作用车，全部喷制了"民生监督专用车"字样。

二是人员保障。坚持好中选优，优中选强的原则，按照年龄、学历、工作经历合理搭配的要求。目前，全县民生监督组人员 40 人，其中男 34 人，女 6 人；平均年龄 36 岁；研究生 2 人，大学本科 24 人，专科 14 人。村级联络员和信息员共计 272 人。

三、加强机制建设，确保民生监督工作长效化

一是建立健全监督机制。坚持"谁主管，谁负责"的原则，细化工作任务，落实责任单位，形成了领导小组统一领导，民生特派组组织协调，牵头单位主抓落实，责任部门积极配合的工作新格局，发挥了合力监管的效应。民生监督组结合工作实际制定了"1＋1＋7"管理制度，即 1 个实施意见，1 个工作办法，7 个工作制度，并实行制度上墙，不断规范民生监督组工作。

二是建立健全源头监督机制。全县民生监督组整合力量强巡查，采取专项巡查、联合督察、交叉巡查，注重源头防治，监督关口不断前移，建立了责任落实、教育预防、监督检查、反馈回应、民主评议等制度，建立了前期预防、中期监控、后期处置"三道防线"，形成了从源头上加强民生项目资金监管的长效机制。

四、突出民生重点，切实维护人民群众利益

围绕如何使惠民政策不折不扣地惠及民众，民生项目资金不缩水走样，

按照省、市纪委的统一安排部署，民生监督组整合力量加强巡查，采取专项巡查、联合督察、交叉巡查等方式，先后开展了新型农村合作医疗、国有资产处置、"三公"经费、农村危房改造、农村低保、中等职业学校和普通高中学生资助金、小微企业等开展专项监察，坚决纠正损害群众利益的不正之风，切实维护群众利益。

通过不懈努力，关岭民生监督工作初见成效，人民群众获得感、幸福感不断上升，满意度较高。

（一）民生监督保障工作得到进一步加强

我县民生监督从开始成立到现在，在各级各部门的高度重视下，从组织领导、队伍建设、后勤保障等得到了逐一解决和落实，保障工作更加坚强有力。

（二）民生监督工作合力更加有效

民生监督工作充分整合了纪工委（分局）、监督组、乡（镇、街道）纪委（纪工委）、村务监督委员会力量，形成民生监督"四方联动"模式，弥补了乡镇（街道）纪委（纪工委）监督和查办案件力量不足的短板，在民生监督、执纪、问责方面形成了更强的工作合力。

（三）民生监督工作的知晓率和参与率不断提升

通过加大宣传力度，提高广大干部职工和群众的知晓率和参与率，民生监督得到全社会的共同参与，让各级各部门的党员干部、职工，村干部都知道有一群人在监督自己，有纪律法律的追究在遏制自己犯错的私欲，让群众知道有一群人在保护自己，维护自身的合法权益。

五、任重道远，需要解决的问题困难

（一）个别乡镇（街道）党委对民生监督工作的重要性认识不足

纪检监察机关推进"三转"，目的就是要把有限的资源压到主业上来，民生监督工作是履行监督责任的一个重要抓手，旨在解决民生领域和发生在群众身边的腐败问题，一些地方主要领导思想认识不到位，对民生监督组工作重视、支持不够，"三转"落实不到位，存在"明转暗不转"的现象，导致民生监督工作组人员少，业务范围多，存在监督不到位、监督乏力的问题。

（二）业务能力薄弱影响民生监督工作作用的发挥

乡镇（街道）民生监督队伍新手比较多，且流动性大，很多人往往业务工作精通，但从未接触纪检监察工作。开展纪检监察工作不知从何入手，生搬硬套、主观想象地开展工作，事倍功半。比如检查财务情况，除有财务工作经验的外，纪检干部一般不会财政业务工作，更不清楚流程、重点，不懂如何查、查得不实，较难适应新形势下民生监督工作的需要。

（三）基层廉政风险防控机制不健全

部分乡镇（街道）对廉政风险防控工作重视程度不够，没有认真地研究它的作用和效果。一些单位没有找准廉政风险防控机制建设工作的重点，思想发动不够深入，存在走过场的现象。导致有的乡镇站室和村支两委认为自己手里既没有钱也没有权，没有风险可找，不需要开展防控工作。个别党员干部甚至根本不知道廉政风险防控机制建设是怎么回事。有的基层单位满足于学文件、提要求，没有一套行之有效的实施方案和措施，在一定程度上造成了村镇风险防控真空。

（四）宣传工作不够深入

民生监督工作还没有真正宣传到群众中去。群众对民生监督知晓率和参与率虽有所提升，但没能全面发动人民群众的积极参与，群众对于民生监督组设立的目的意义、工作原则、运行机制、工作情况还不了解，没有充分发挥村务监督委员会、民生监督信息员、联络员和相关群众的代表作用，在一定程度上影响到民生监督工作的健康开展。

六、做实民生专项监督，为乡村振兴夯实基础

（一）深化沟通协调，督促党委全面落实主体责任

与乡镇党委主要领导就民生监督工作进行深入沟通，引导乡镇党委主要领导将民生监督工作作为强化基层执纪监督、推动基层整体工作的重要抓手来抓。选强配齐乡镇（街道）纪委、纪工委人员；加大财政投入力度，

针对乡镇（街道）纪委干部开展专题业务培训，提高业务工作能力，使乡镇（街道）纪委（纪工委）更好地对民生项目进行监督。实现纪检监察工作回归本位、人员专职专用、机构统一管理、监督执纪独立，真正做到以纪督政、以纪促政。

（二）深化队伍建设，强化业务素质培训

着力解决民生监督组业务素质能力参差不齐的问题，有针对性地建立健全针对民生监督队伍的业务培训机制，采取各乡镇（街道）定期自主培训和县纪委适时组织培训相结合的方式，加强民生领域监督执纪问责业务培训。同时，着力在传、帮、带上下功夫，注重培养一批业务骨干，采取规划科目、抽调人员到县、市纪检监察机关业务室跟班轮训的方式，加强实践学习。

（三）深化风险防控，紧盯民生监督的重点环节

加强对乡镇办事处领导班子决策层、权力运行中间层、村两委基础层的监督，严格执行"三重一大"备案制，建立镇、村两级监督台账，靠实施有效监督解决群众关心的民生问题，促进干部廉洁自律，提高民生监督组的公信力。

（四）深化舆论宣传，使广大群众参与到民生监督工作中来

民生监督组设立的目的意义、工作原则、运行机制、工作情况要做到家喻户晓，让群众知道有一群人在保护自己，维护自己的合法权益。在所联系的乡镇、村居的显眼位置，张贴、悬挂特派监督投诉举报电话标识，设置"民生监督直通信箱"等形式来加强民生监督工作的宣传，进一步落实广大群众对惠民政策的知情权、参与权和监督权。

七、总结

民之所望，政之所向。党的十八大以来，以人民为中心的发展思想引领着一场中国革命，各行各业都在为增进民生福祉做努力，平安小区建设、诉源治理、儿童智能手表问题、城市治理等，民生无小事，只有事无巨细、脚踏实地地深入基层一线，聚焦群众急难愁盼的问题，认真了解民情，体

察民意，找准民生问题的堵点难点，科学研判，精准切入，做实每项工作，才能解决多方面的民生问题，促进社会治理现代化。

社会治理的现代化，为乡村振兴远大目标奠定了扎实的基础，产业兴旺、生态宜居、乡风文明、治理有效、生活富裕的战略任务一定能实现。

关岭文明城市创建实践

2015 年以来，关岭紧紧围绕创建文明城市这一奋斗目标，在市委、市政府的坚强领导下，在省、市文明委的关心、支持和指导下，狠抓落实、大胆创新、积极探索，构建了上下齐动、左右配合、横向到边、纵向到底、层次分明、条块结合的"贵州省文明城市"创建工作机制，形成了强大的创建合力，取得了显著的成效。

一、齐抓共管、多措并举，构建文明和谐新关岭

（一）强化组织领导，落实目标责任

一是关岭在全市率先将县创建办编制 7 名人员全部配齐配强，并明确职责，确保有人组织、有人协调、有人办事，推进了关岭创建工作持续深入有序开展。

二是成立由县委书记、县人大常委会主任、县政协主席任顾问，县委副书记、县人民政府县长任组长，县委副书记、县委常委、副县级以上领导同志任副组长的创建工作领导小组，领导小组下设 1 个办公室和 10 个工作组，办公室设在县创建办，成立了全省文明城市、全省卫生城市、全省园林城市、国家环保模范城市、全省双拥模范县等 5 个创建工作指挥部，7个文明城市创建工作环境整治工作组，13 个脱贫攻坚环境整治工作组。制定完善工作方案，将创建指标细化到县直各部门（单位）及各乡镇（街道），明确作为县乡两级"一把手"工程，各乡镇（街道）、县直部门（单位）"一把手"亲自抓、负总责，分管领导具体抓，并将创建工作列入年度综合目标考核内容，形成齐抓共管、综合治理的工作格局。

（二）强化宣传，确保创建工作有氛围

一是整合"五个一"宣传方式。认真抓好荧屏、户外、讲堂、入户、集市等宣传，通过播视频、挂喷绘、彩绘、墙绘、发宣传单、定宣传口号、办宣讲等方式提高市民对文明城市创建工作的认识，增强市民参与创建工作的积极性。

二是持续办好"文明关岭"专栏。全新升级打造县传媒中心"文明关岭"专栏，融入"文明在行动·满意在关岭""乡风文明示范工程""脱贫攻坚环境整治"等内容，切实从内容和质量上丰富"文明关岭"专栏，对工作进展好、实施好的"报一报"，落实不到位、不给力的"晒一晒"。

三是应用好"文明关岭""多彩贵州 文明关岭"2个微信群，发布好信息，随时掌握创建工作动态。

四是发挥三种监督力量。在县政府网站、"微关岭"、各公共场所、服务窗口、旅游景点设置意见箱、意见簿，通过征集问题倒推工作，最终实现把社会监督、媒体监督融为一体，形成良好的舆论监督机制。

（三）坚持建管并举，着力构筑文明城市

一是探索市场化运作模式。为转变管理职能，提高环卫资金使用效益和环卫作业服务质量，关岭 2016 年投入 916 万元，用于县城区日常保洁、环卫设施维护、城市野广告治理，在全市率先向社会购买服务，把县城区主干道卫生保洁作为市场化运作，运行成效良好。2017 年投入 1600 万元，对新老城区主次干道、背街小巷环境卫生、秩序、野广告治理等纳入市场化运作，实现全覆盖。

二是实行区域路段包保管理。按照职能职责、属地管理和"县镇共建、部门联动"相结合的原则，出台《关于进一步对县城责任区域进行划分的方案》和《关于县直部门（单位）对县城区路段实行包保管理的通知》，将县城主次干道、背街小巷、公共场所、城郊接合部、楼群院落、小区等的管理分别设立责任区，由各包保单位和职能部门联合行动，对不文明行为进行劝导和制止，整治野广告、破旧广告、不文明广告和医疗卫生广告等工作，实施网格化管理，实现区域无盲点，工作无扯皮。

三是注重品牌打造，主次干道管理实行"严管街"。以"十严禁一落实"的标准将县城主次干道纳入"严管街"管理，进一步提升城市精细化管理水平，县城环境卫生、秩序管理成效明显。

四是大力开展野广告治理。组建野广告清理队伍，从疏导入手，在县城范围内的住宅小区、文明巷道内增设"创建"广告栏，增加"创建"橱窗和告示牌，在县电视台开辟"创建"广告栏目，形成全方位的宣传攻势；住建、公安、工商、卫计等部门联合组织专项整治，加强错时巡查，全面清除野广告，有效遏制关岭野广告泛滥现象，美化城市环境。

加大资金投入，确保文明城市创建工作有序推进，有效提升城市文明程度。坚持把精神文明建设所需经费纳入财政年度预算，并随每年财政收入增加有所增长。2015年以来，共投入资金4亿余元，对城市道路、老城区进行改造、修建3个立体式停车场、10余个地下停车场、新建星级公厕和对老公厕进行升级改造、新建农贸市场、加大城区绿化、亮化升级改造等，使关岭城区环境得到进一步美化、亮化。

（四）深入开展乡风文明示范工程，着力推进文明城市创建

为培育诚信友善、文明和谐的乡风民风，建设环境优美村容整洁的美丽乡村，推动社会主义核心价值观深入人心，关岭在全县深入开展"十镇百村千户乡风文明示范工程"创建活动，使广大群众文明程度快速提高。

（五）强化志愿服务活动，助推文明城市创建

结合"我们的节日"、雷锋活动月、爱卫月等节日，以空巢老人、留守儿童、农民工、残疾人为服务重点，积极开展关爱他人、关爱社会、关爱自然的志愿服务，把志愿服务做到基层、做进社区、做进家庭。三年来，全县持续开展了红红火火过大年、文明祭祀·清明节、关爱环卫工人、学雷锋扬美德、义务植树、文明小导游和文明劝导等志愿服务活动5000余次，累计2.2万余人次参加。

（六）深化"文明在行动·满意在关岭"活动暨整脏治乱专项行动，提升文明城市创建水平

县委、县政府进一步强化"文明城市惠民、全域旅游兴县"的发展理

念，领导高度重视、部门积极联动，不断完善工作机制。

一是强化组织领导，确保责任落实到位。关岭把五大创建与"文明在行动·满意在关岭"活动暨整脏治乱专项行动工作作为一项战略任务列入县委、县政府重要议事日程。成立各项工作领导小组和工作指挥部，把工作落实到各乡镇（街道）、县直各部门（单位），做到工作任务与责任到人。

二是精心安排部署，确保工作有序推进。按照省、市相关要求，结合自身实际制定相关的工作方案，采取不定期召开全体会议与联席会议的方式，及时对工作进行全面总结，并对下一步工作进行安排部署。

三是强化督查考核，确保工作取得实效。由县创建办牵头，按照周督查、月通报、季考核的机制运行。县城区，实行职能管理部门与责任区域包保单位双重管理，按属地管理原则，对职能管理部门、包保单位实行双向考核；乡镇（街道），将考核范围延伸到村，实现全覆盖。按《关岭自治县创建工作考核方案》对工作完成好的单位进行表彰，对工作不力、影响全县工作大局的，由县纪委、县委组织部按干部管理权限严格问责，并作为推荐干部提拔任用的重要依据。

二、坚持问题导向，精准识别存在的困难和问题

（一）创建工作体系尚未健全

创建文明城市工作是一项覆盖面广、关联度高、综合性强的系统工程，必须建立党委、政府统一领导，各乡镇（街道）、各部门各负其责，创建办组织协调，全社会共同参与的工作体系。从上一轮创建情况看，各乡镇（街道）、各部门对创建文明城市工作的重要意义认识还不够，没有真正上升到重要议事日程，创建文明城市指标与单位工作结合不紧，缺乏积极有效的推进措施，部门联动、齐抓共管的工作局面没有真正形成。关岭创建办工作力量和创建经费不足，县创建办作为创建文明城市工作的组织实施者，现为县委宣传部内设机构，人员编制7人，创建经费20万元，在机构设置、行政级别、人员编制和经费保障等方面与同类县（区）存在较大差距，创建经费基本在200万元以上，多的高达2000万至5000万元。街道、社区作为创建文明城市工作的基层组织，承担大量的创建任务，但工作力

量相对薄弱，缺少相应的管理权限，没有专人负责抓创建工作，致使基层基础创建工作问题比较突出，群众知晓率、满意率和参与度不高。

（二）市容环境秩序问题突出

市容环境和公共秩序是长期困扰和影响关岭城市形象乃至城市发展最为突出的问题，也是创建文明城市测评失分较高的一个主要方面。在市容环境方面，城市生活、建筑、市场垃圾乱丢乱倒、乱堆乱放现象十分普遍；建筑工地未实行严格封闭，残土车辆违规操作，造成尘土飘浮、污染环境；生活污水和径流雨水不能得到及时排放和有效处理；老城区和城市边缘存在下水道堵塞、污水外溢等问题。在交通秩序方面，机动车不遵章行驶、违规停车、人车争行、交叉路口阻塞率高于国家 2‰ 的标准；公路客运车辆、非法营运车辆争抢客源，出租车拒载、拼客、宰客现象时有发生；公交车驾驶员不文明行为、脏乱差时有发生；行人不走斑马线、闯红灯、乱穿马路、不排队候车、翻越护栏现象严重。据测评掌握，关岭主干道机动车、非机动车、行人守法率和违法停车率均低于测评标准。在公共秩序方面，主要街路和重点区域非法经营、私搭滥建、乱堆乱放、乱贴乱画、乱设广告牌匾、散发小广告等现象普遍；一些商家店外经营、占道经营、扰民经营屡禁不止；一些市场外溢经营、超时经营；一些小商小贩随处摆摊、沿街叫卖等。

（三）公共基础设施建设薄弱

随着关岭经济社会的快速发展，城市公共基础设施建设和承载能力不足的问题日益显现。部分街路坑槽、碎裂、翻浆、塌陷，部分人行道被车道挤占，车行道与人行道完好率低，无障碍设施配套率低于测评标准。花草、太阳能果皮箱、窨井等公共设施遭人为损坏，停车场、公交站点、公厕、果壳箱、垃圾中转站、污水处理厂等城市配套设施设置不足，公共停车泊位也满足不了停车需求。

（四）市民文明素质亟待提高

创建贵州省文明城市，市民文明素质至关重要。《贵州省文明城市测评体系》在创建健康向上的人文环境方面，对市民文明行为和社会道德风尚均有较高要求。从近两处测评反馈情况看，市民文明素质也是导致失分的一个主要方面，一些市民的公共场所道德、遵章守纪观念、文明交通行为、环境保护意识淡薄，没有养成文明健康向上的生活方式，在公共行为方面所表现出的一些陋习没有得到有效根治，随地吐痰、损坏公物、践踏草坪、随地便溺、乱穿马路、乱贴乱画、乱扔杂物、吵架斗殴、公共场所大声喧哗等不文明行为普遍，没有形成良好的城市公共精神和遵守公共规则的行为自觉。市民教育场所、活动项目缺失，按照国家规定的80％以上街道建立市民学校的标准，关岭差距较大。常态化的市民素质教育机制有待完善，全县社会各界抓市民文明素质教育合力不足。

三、敢于直面问题，精准施策

文明城市创建工作事关关岭经济社会发展全局，意义重大，要搞好顶层设计，进一步提高工作层次，加大工作力度，确保"创建文明城市"工作达到预期目标，为关岭现代化建设添砖加瓦。

（一）进一步加强组织领导，健全完善工作体系

目前关岭创建文明城市工作还处于部门工作层面，不具备统筹全局、协调各方的能力。应将创建文明城市工作上升为县委、县政府重点工作，出台关岭创建全省文明城市的总体规划，以县委、县政府名义召开全县创建文明城市工作动员大会，号召全县各级各部门大干苦干，全力以赴、合力攻坚，扎实推进创建文明城市工作。成立县创建文明城市指挥部，由县委、县政府主要领导担任总指挥，按照创建文明城市重点测评内容设立政务环境、市场环境、工作督查等7个推进组，相关县领导任组长，实施专项推进。指挥部办公室设在县创建办，负责创建文明城市工作规划部署、组织协调、督促检查和考核评定。根据关岭创建文明城市工作任务，对照中央和省、市机构设置和职能划分，与县直属部门同级，调整增加内设机构和人员编制，保证工作经费。加强基层基础工作，调整职能或增设公益性岗位，在街道、社区和乡镇确定专人负责创建文明城市工作。尽快形成"党委统一领导、文明委组织协调、党政军群齐抓共管、有关部门各负其责、全社会积极参与"的创建工作格局。

（二）强化工作责任落实，完善工作机制

依据关岭创建文明城市工作规划，将全县创建文明城市工作目标任务进行量化分解，落实到县直有关部门和各个乡镇（街道），由"一把手"亲自抓，签订责任状，实行"一把手"工程。建立完善考核督办机制，把创建目标任务纳入全县经济社会发展目标考核体系，增加考核分值权重；纳入各级党委政府重点专项督办，建立工作对标、台账制度，加大督办力度，推动工作有效落实。建立评价奖惩机制，按照全省测评体系要求，全县每年组织一至两次测评，依据测评结果对各部门、各单位创建工作做出评价，工作先进的给予表彰奖励；工作不力、造成不利影响的给予通报批评，在创先争优评选中一票否决，同时，进行责任追究，并对领导不胜任工作的进行调整，形成联动联创机制。

（三）狠抓关键，主攻重点难点问题

加强未成年人思想道德建设，进一步明确未成年人思想道德建设在创建文明城市工作中的重要地位，按照测评标准，成立专门机构，组织专门力量，单独测评，逐项落实，补齐短板，堵塞漏洞，确保万无一失。改善卫生环境，认真贯彻县委、县政府关于创建文明城市的要求和部署，巩固已有成果，加大整治力度，强化推进措施，完善长效机制，彻底消灭脏乱差；加强背街小巷和居民庭院环境卫生治理，明确县、乡镇、街道、社区和物业管理部门责任，消灭责任盲区；加强对自管庭院物业部门监管，对只收费不管理或管理不达标的进行严格处罚，严重的清除物业市场；加强城郊接合部环境治理，纳入城市管理，赋予城郊接合部所在街道管理职能。整治交通秩序，深入实施文明交通行动计划，开展交通法规宣传教育，坚持严管严罚；完善交通设施，实行公交优先，专项整治出租车拒载、拼客、宰客、违反交通法规等行为；在交通节点设置劝导员，规范引导交通行为。优化公共服务，以落实行政问责规定为重点，规范机关和"窗口"部门的服务行为，公开服务标准、服务程序，建立健全监督、举报、投诉和处理机制，开展群众评议活动，推动公共服务质量的提升。提升市民文明素质，进一步加强对市民的思想道德和文明素质教育，组织开展道德实践活动，加强对不道德、不文明、不诚信行为的舆论监督和处罚惩戒，强化行为养成。

（四）强化宣传发动，营造创建氛围

各级群团组织和各民主党派、工商联要发挥各自优势，积极搞好宣传发动，组织各方力量参与到创建文明城市实践中，形成合力。街道、社区要通过群众文化活动和入户走访等形式搞好宣传，真正做到家喻户晓。加强新闻宣传和社会宣传，积极利用公益广告牌、电子广告屏、移动电视、社区宣传栏等阵地开展创建文明城市宣传，充分发挥互联网作用，传播信息、交流经验，开设微博、微信，开展网上论坛和网上研讨，广泛营造创建氛围。要选好用好载体，最大限度地动员和吸引群众参与创建活动。将全省卫生城市、全国环保模范城市、全省园林城市、双拥模范城等创建活动，融入全省文明城市创建之中，形成联创共建态势。广泛深入开展学雷锋活动、志愿服务活动、"市民道德大讲堂"活动和以"整治环境、维护秩序、文明旅游、文明餐桌"为内容的文明创建大行动，切实加强未成年人思想道德教育，扎实推进各项基础创建工作，促进创建文明城市工作深入开展。

村民议事小组，议出美丽乡村

——新铺镇卧龙村美丽乡村建设侧记

美丽乡村创建，只靠干部的力量是干不好的，只有走好党的群众路线，才能交出一张美丽乡村的时代答卷。在"文明乡风·宜居乡村"工作中，新铺镇卧龙村在县委、县政府的坚强领导下，在镇委、镇政府的支持指导下，以村民自治为抓手，创新启动村民议事小组工作机制，走出了一条环境宜居、文明乡风、经济和生态和谐发展的新路，打造了新铺镇宜居乡村创建样板。

一、卧龙村基本情况

卧龙村辖区面积 18 平方千米，有 21 个村民小组，19 个自然寨，现有人口 812 户 3622 人，人口多、村子大、面积广。前几年，由于群众环境卫生意识淡薄，房前屋后生活垃圾成堆、大路小道污水横流、农户家中物品乱放、垃圾乱扔现象随处可见，而村里事务繁多，人力、财力、精力有限，加之群众很少主动配合开展清理整治，导致环境卫生整治成为村"两委"的难题。特别是在 2021 年 8 月的市级宜居乡村创建交叉检查中，卧龙村由于环境卫生问题被市里面挂上了"黄牌"。面对上级的要求和群众的期盼，卧龙村痛定思痛、知耻后勇，村"两委"连续开展多番调研，从根源出发找准问题原因，探索建立了村民议事小组机制，打破了环境治理"干部干、群众看"这种"单打独斗"的局面，通过依靠群众、发动群众，向群众问需、问计、问效，使群众成为美丽家乡建设的主力军、监督员和验收官，村容村貌焕然一新，乡风寨风得到明显转变，美丽乡村建设突飞猛进，不仅顺利摘掉"黄牌"，更是喜获"全县十佳宜居乡村"荣誉称号。

二、"村民议事"机制工作情况及取得成效

（一）搭台子、配班子，确保组建工作全面推进

通过写好"三部曲"，在各自然寨成立村民议事小组，为共建美丽宜居乡村"搭好台"。

一是写好"摸排曲"，从举子洼组开始，按照"群众推、家中访、全面察"的原则，进行全面摸底，摸清各自然寨德高望重、热心公益、组织能力强、群众基础好、能带队带头的人员数量，确保选准选好议事小组成员。

二是写好"问计曲"，为组织摸排出的人员召开"说现状、讲困难、共话共谋家乡发展"专题座谈会，通过现场问需问计问效于民，让小组成员切实感受到党委政府尊重群众主体地位，将他们的思想统一到县委、县政府、镇党委、镇政府的乡村振兴大蓝图上来，为下一步小组组建打好基础。

三是写好"成立曲"，由各组召开组民大会，由村民在摸排出来的人员中选举成立村民议事小组，讨论制定通过本组的组规民约，并就本组产业发展、宜居乡村、文明乡风等工作的开展方式、发展目标、具体措施、责任分工等事项进行民主商议，绘制出符合村寨特色的发展蓝图。

（二）建制度、强机制，确保职能职责落细落实

为充分发挥议事小组效能，卧龙村建章立制，不断探索完善村民议事小组制度。

一是聚焦"议什么"，明确职责范围。按照"群众事群众议、群众办群众管"原则，组民大会负责对本组经济建设、资产管理、精神文化、公共服务等重要事项共商共议共定；研究解决村民热点难点问题；定期向村委会推荐上报低保户、五保户等困难群众建议名单等工作。

二是围绕"怎么议"，规范议事流程。建立"说、议、办、评"议事流程，会上由议事小组组长提出近期焦点话题，各小组成员集中商讨，每人提出2—3条意见建议，最终将操作性强、可行性高的建议反馈给村"两委"，同步建立驻村干部、村干部包组管理联系服务机制，畅通政策信息沟通和群众问题反馈渠道，定期邀请议事小组成员参加村"两委"重要会议，

确保议事小组工作紧跟方向、紧贴重心。

三是紧盯"如何管",强化结果运用。建立"通报＋反馈＋评分"工作机制,定期公开通报村民违反组规民约问题,限期整改后打分评定是否撤销通报,拒不整改的将被列入"黑名单";向优秀村民发放"顺利通行证",做到"有事大家齐上阵、全组共同解难题"。同时,各议事小组定期开展交叉检查评比,对排名靠前的小组优先产业项目落地实施,并适当给予奖金奖励,有效形成比学赶超的良好氛围。截至目前,卧龙村共开展议事小组会议 261 次,解决问题 247 个,开展交叉评比 8 次,评比优秀农户 40 户,后进户 24 户,9 个小组被评为"最美村寨",共获得 1 万元金奖奖励。

(三)闯新路、开新局,确保美丽村寨建设取得实绩

在议事小组的带领下,村民掀起了建设美丽宜居乡村的热潮,亮点纷呈、成效斐然。

一是乡村环境"美起来"了。严格落实"门前三包"责任制、"四清两改四严禁",一户不落地发动每户主动出工出力投钱(每户每天出工 1 人、整户外出农户出资 100 元),对房前屋后及室内卫生进行整治,全村累计投工投劳 7580 余人次,清运生活垃圾 300 余吨,拆除乱搭乱建 60 户,整治畜禽粪污直排 31 户,拆除私搭乱建 26 处,以"三园"(小花园、小菜园、小果园)标准打造 11 个自然寨,节约资金 80 万余元。村民们从以前的"不管不问、叉腰看"到现在的"自主设计、创美景",卧龙村用最小的成本实现了乡村净化、美化、亮化的最大效果。

二是文明乡风"立起来"了。充分发挥议事小组宣传引导"聚人心"的作用,主动上门开展"红事不超 2 天、白事不超 5 天"、白事"吊香"不送烟花爆竹送香烟等宣传,改变了原来寨子里一办酒就"遍地开花"、桌席满街、鞭炮不绝的不良旧俗,由原来的"大操大办、相互攀比"到现在的"厉行节约、简易办理",全村滥办酒席的情况得到有效治理,推进了移风易俗。

三是邻里关系"好起来"了。开展"十联户"建设,由议事小组成员担任联户长,在组民大会上自行认领包保 10 户左右村民,组成联户网格,一旦包保村民发生矛盾纠纷,在联户长做好村民思想工作的同时,发动其

他村民由"冷眼旁观"向"热心解忧"转变，做到高效化解矛盾纠纷，村民相处和睦团结。四是村民腰包"鼓起来"了。议事小组以巩固提升脱贫攻坚成果、推进卧龙村产业革命为重心，召开村民小组会议商议引进何首乌套种事项，争取群众支持，并组织外出参观学习先进种植技术；主动发动群众投工投劳投资金，共安装太阳能路灯20余盏，为2个自然寨铺设排污管道，修建公房、机耕道、公共场所等6处；劝导村民让出土地开展公共基础设施建设，解决公鸡坡牛顶坡养殖小区电线的拉通受阻问题；规划蜂糖李种植2000余亩、何首乌3000余亩、皇竹草2000余亩，养殖关岭牛370多头，在议事小组的带动下，卧龙村产业不断发展壮大，村民收入切实增加。

三、"村民议事小组"机制的运行保障

俗话说"火车跑得快，全靠车头带"，一个村的工作进展与好坏与村两委关系紧密。所以，村支部的带头和堡垒作用在农村基层社会治理中是绝对不可缺失的重要阵地。卧龙村宜居乡村建设的过程中党支部的先锋模范、战斗堡垒作用发挥得淋漓尽致，进一步诠释了"党政军民学，东西南北中，党是领导一切的"伟大论断。

卧龙村通过成立村民议事小组来抓各项工作取得的成效，让我们在社会管理模式的创新上找到了切入点，干群众工作找到了新思路，也给了我们很大的启发：凡是人民群众不支持的事情都干不成，起码干不好，凡是人民群众支持的事情都能干成，并且干得好。全体干部都应该立足于群众，一切以为人民服务为中心，从群众中来，到群众中去，取信于民，激发群众的主人翁意识。同时让先锋模范发挥带头作用，不怕困难，迎难而上。通过议事小组发动群众、带领群众参与宜居现场建设中来，不断提高村民宜居乡村创建的责任感和主人翁意识，让村民成为宜居乡村建设的主力军，让群众从旁观者成为参与者与践行者，从而更加珍惜自己的劳动成果，使得村庄环境更加干净整齐、有序，村容村貌焕然一新。同时群众更加团结、更有集体荣誉感，矛盾纠纷变少了，乡风文明更好了，初步实现村民自我管理、自我监督、自我教育、自我服务，做到了真正意义上的村民自治，

为全镇乃至全县创新基层治理提供新模式，为乡村振兴闯出新路、开创新局。

四、总结

在全面建设社会主义现代化国家的新征程里，卧龙村将继续走好党的群众路线，完善村民议事小组机制，总结出更多适合乡情发展、独具地方特色的发展新路，用心用情答好新时代乡村振兴考卷，全力绘就好新产业强、农村美、村民富的美丽乡村蓝图。

文明之桥连通美丽乡村彼岸

——关岭沙营镇"道德超市"创新治理脏乱差

在彪炳史册的伟大脱贫攻坚战中，沙营在奋力完成脱贫攻坚任务的同时，还积极探索、创新乡村环境治理的新思路，村支部带头，村民组、村民参与，抓群众关注的热点、痛点，结合村规民约，充分调动群众积极性，激发群众内生动力，于 2018 年 5 月启动实施"道德超市"以推动乡风文明建设。

沙营镇辖 10 个行政村，129 个村民组。农户 5931 户，25553 人。时有深度贫困村 5 个，贫困户 848 户，3166 人贫困发生率为 12.39%。沙营镇在着力解决"一达标，两不愁，三保障"硬任务的同时，还想到要让全镇所有的村民有一个舒适的生活环境，树立乡风文明，推动乡村振兴。

在村党支部的组织下，由村委设立"道德超市"，在"道德超市"里，主要以积分换取日常生活用品。积分的获取主要是村小组评议组对每个家庭在"遵纪守法、勤劳致富、家庭卫生、移风易俗、孝老爱亲"方面进行评分，农户可用获得的积分到指定超市兑现生活用品。

一、评选原则

按照"以奖代补"的原则，每村以组为单位，所有在家的农户均可参加，两个月为一次评选周期，第二个月底组织评选并兑换奖品。每户基础分为 100 分，通过组织评选，对每户进行加分、扣分。农户可用经评选后高于基础分的分值（1 分等值于 1 元人民币）到所在村委超市通过"道德超市"活动兑换相应生活用品。

二、兑换方式

高于基础分（100 分）的，一是对应选择。高于或等于 10 分可兑换 10 元以内奖励物品，高于或等于 20 分可兑换 20 元以内奖励物品，高于或等于 30 分可兑换 30 元以内奖助物品，依次叠加。

二是自由搭配。如高于或等于 30 分可兑换 3 个 10 分以内的物品，也可兑换 1 个 20 分和 1 个 10 分以内的物品。低于 100 分基础分的，则不能兑换物品。每次评选周期内的最后一个月的 25 日至 28 日（共 4 天）为"道德超市"兑现物品时间。当期未兑现的积分可累积到下期兑换，每期兑换前将每户家庭的考核情况进行公示公告。

三、评选方法

一是组建以村党支部书记为组长的领导小组，负责组织本村的评选工作，各小组长具体负责本组评选，每个组、自然寨推荐出五名党员和有威望的群众参与评选工作，充分发挥党员在乡村振兴战略中的示范带头作用，并组织召开本组群众会议，宣传评选方案。

二是按《脱贫攻坚"道德超市"助推乡村振兴评分表》要求，开展评估工作。

三是每次的评分结果在本小组进行公示，体现公开、公平、公正的原则，同时，对一些后进家庭的不良生活习惯进行曝光。

四、结果运用

一是各村每年年终对落实该项评选活动进行排名，对前三名的小组长和该组给予一定的物质奖励。

二是对于一些在家而长期不参与评选活动，且有意设置障碍的，村委会按"村规民约"给予处罚。

三是评选结果与金融贷款、项目扶持等相结合。

四是各村将评选成效纳入村级年终考核。

五、成效显著

一是"以分换物",农户有实惠感。农户只需要达到"道德超市"加分标准就可以轻松积分换取所需物品,农户每年最高可获得近300元的生活用品,一年的洗衣、洗碗等支出费用基本不用自付。

二是"变废为宝",农户有成就感。革除陋习,养成良好生活习惯,就能"以分换物",清扫垃圾还有报酬,帮助家庭节约一些小额支出,亲身体会到党的好政策,群众支持和参与度高。

三是"取长补短",农户有荣辱感。村民小组每周期公布"道德超市"评选结果,对积分高的家庭进行奖励,对一些后进家庭的不良行为进行曝光,让后进家庭知耻而后勇,慢慢转变落后的思想观念。

四是激发群众内生动力,转变其依赖和惰性思想。为了形成全村上下及每个家庭成员抓环境整治的氛围,超市奖品多为洗涤剂、洗衣液、零食等。同时组与组之间、户与户之间相互对比,集体荣誉感、大局观念在进一步强化,为乡村文明建设起到了积极作用。

六、总结

通过"道德超市"活动的推行,沙营镇乡村面貌焕然一新,加之脱贫攻坚基础设施的跟进,美丽乡村星罗棋布。沙营,今非昔比,村村道路干净,户户庭院整洁,人人精神抖擞,个个遵纪守法。可谓是脱贫攻坚与乡村振兴排头兵,省、市、县多家媒体先后现场采访报道,包括新华网、中国文明网、多彩贵州网、今日头条、贵州民族报、安顺新闻等。这一做法得到了县委、县政府、市委、市政府的肯定和省、市、县有关领导的批示,并在关岭全县进行推广,有力助推了关岭脱贫攻坚,也为乡村振兴乡风文明建设积累的可借鉴、可推广、可复制的经验。

以美丽乡村建设
助推农村精神文明建设的关岭实践

中华民族有着悠久历史，创造了多彩绚烂的文化，习近平总书记指出"文化自信是更基础、更广泛、更深厚的自信"，一个强大有底蕴的大国要屹立于世界民族之林，依靠的不仅仅是丰富的物质财富、雄厚的经济实力、先进的科技支撑及强大的国防力量，更关键的是体现高素质、有创造、富涵养的国民素养。十八大以来，以习近平同志为核心的党中央统筹推进"五位一体"总体布局和协调推进"四个全面"战略布局，提出要实现中华民族伟大复兴的中国梦。恰逢一个伟大的时代，实现中国梦必须弘扬中国精神，精神文明创建责任重大、使命光荣，要实现"两个一百年"奋斗目标需要强大的精神力量，实现国家治理体系和治理能力现代化需要价值支撑。"小康不小康，关键看老乡"，在同心共筑中国梦的进程中，不能没有7亿农民的梦想构筑。同样，关岭脱贫后如何走好乡村振兴之路，全面建设社会主义现代化，美丽乡村建设是乡村振兴的重要环节，是党中央深入推进社会主义新农村建设的重大举措，以美丽乡村建设为主题深化农村精神文明建设，对于提高农民文化素质和农村社会文明程度，为现实乡村全面振兴具有十分重要的意义。

党的十八大以来，关岭自治县委、县政府把"四在农家·美丽乡村"创建活动作为全局性、战略性任务加以推进，持续深入开展以"富、学、乐、美"为主要内容，以"一建四改治八乱、五有四化三提高"为抓手的美丽乡村创建活动，大力实施小康路、小康水、小康房、小康电、小康讯、小康寨基础设施建设六项行动计划。"四在农家·美丽乡村"取得明显成效，仅2013年至2015年，关岭累计整合创建资金约7.5亿元，共打造创建示范村 110 个，受益群众达 20 余万人。成功打造出以顶云石板井村、关索落叶新村、岗乌镇上甲村、上关镇冬足村、断桥镇木城村等为代表的示范点。通过美丽乡村的创建，尤其是脱贫攻坚，乡村基础设施进一步完善，乡村人居环境得到大大改善，农村生活条件大大改善，农民可支配收入大大增加。与此同时，以"四在农家·美丽乡村"建设为主题的农村精神文明建设顺利推进，通过"道德讲堂""积德榜""图说我们的价值观""道德超市"等系列活动的开展、民俗节庆活动的举办以及社会主义核心价值观的宣传教育，农村精神文化生活有所丰富，农民文明素质和农村文明程度有所提升，示范村群众综合素质和幸福指数有所提高，在推进农村改革发展、维护农村和谐稳定方面，发挥了积极作用。

一、农村精神文明建设存在的困难

（一）物质文明与精神文明发展不平衡

通过以小康路、小康水、小康房、小康电、小康讯、小康寨基础设施建设六项行动计划为抓手的"四在农家·美丽乡村"创建，在 2013 年至 2015 年两年时间，小康水农村饮水安全项目共解决 6 个乡镇 11 个村组 7500 多人饮水困难问题，地下水开发建设（机井）工程解决 11 乡镇 21 个村组 2.5 万人饮水困难问题，小型农田水利重点县治理工程新增、改善和恢复灌溉面积 11260 亩，石漠化综合治理程治理岩溶面积 37.63 平方千米，治理石漠化面积 14.02 平方千米，新建蓄水池 10 座，共 1200 立方米，解决该项目区 2000 余亩旱地经果林及农田灌溉用水问题；小康路项目建设覆盖了 7 个乡镇 34 个村；小康电项目覆盖 4 个乡镇 10 个村；小康寨累计完成"三改"庭院 3180 户，垃圾收集处理 7 个，集中式饮用水源地保护 2 个，便民设施 21 个，问题活动设施 69 个，污水处理设施建设 123 个，照明设施安装 320 台；小康讯通信部门新增通宽带行政村 41 个，邮政部分完成农村邮政普遍服务危旧网点改造 3 个，设置村级邮件接收场所项目 7 个，开设农村服务网点项目 1 个。对比这些看得见的物质文明建设成效，精神文明建设成效较差，公德意识缺乏，一些村民会因一时利益驱使而做出损人利己的事。

（二）农村群众受教育程度普遍偏低

尽管实施了"9＋3"义务教育，全县12个乡镇下辖134个行政村中，农村人口的受教育程度还是普遍偏低，除了很少一部分能够考上大学走出去接受高等教育，大部分读完小学、初中就不再愿意或没有条件接受更高层次的教育了，直接到外地务工。接受教育的不连续性和接受高等教育的低占比直接导致了贫困代际传递，停学外出打工，年老回乡种田。

（三）农村精神文化生活普遍匮乏

受经济条件、公共服务不均衡和基础设施条件差的限制，全县各村村民精神文化生活普遍匮乏。乡村农闲时，群众精神文化生活匮乏，多沉溺于打牌、赌博、酗酒，不仅损害乡风文明，还引发家庭经济困境，甚至家庭破裂，影响社会稳定与孩子成长。

四、村规民约执行力不够

全县134个村都制定了村规民约，明确了开展村级活动、管理村级事务等各项规定，但是在执行中存在执行力不够、约束力不强、缺乏有效惩罚等问题。

一是滥办酒席现象，村里结婚酒、丧事酒、满月酒、搬家酒、立碑酒、状元酒等屡禁不止，群众为送份子钱负债累累，苦不堪言。

二是村民价值观有待败变，受眼界和受教育程度的影响，村民普遍只顾及眼前利益，不注重长远发展。

三是村民邻里纷争不断，村规民约中指出邻里要互敬互爱、团结和谐，而在实际相处中，村民往往以自家利益为准，不懂得包容和理解，为一点鸡毛蒜皮的事大打出手，败坏了社会风气，破坏了安定团结社会环境，践踏了社会主义核心价值观。

（五）农村空心化现象突出

一些乡镇的村寨正在变成荒芜的农村、留守的农村、记忆中的故土。村里年轻劳动力都涌入城市务工，农村劳动力严重不足，以留守儿童、留守老人为典型的社会问题不断涌现。与此同时，农村环境治理面临巨大压力，一些地方村容村貌脏乱差，一些小型污染企业向农村转移，环境污染、土壤污染、饮水安全等问题尚存。

二、发展农村精神文明建设的举措

文化惠民是美丽乡村建设题中应有之义，要让百姓共享文化改革发展的成果，必须统筹农村文化服务设施阵地建设，加大农村优质文化产品和服务供给，推动农村基本公共文化服务标准化、均等化，把农民群众的基本文化权益实现好、维护好、发展好。

（一）发展农村经济是核心

"仓廪实而知礼节，衣食足而知荣辱"，发展是解决所有问题的关键，要提升农村精神文明，最关键的措施就是加强以"四在农家·美丽乡村"为载体的农村经济建设，以巩固脱贫攻坚与乡村振兴有效衔接为抓手，因地制宜，充分发挥区域比较优势，大力发展特色农业、生态农业，把优势农产品做大做强，尽快形成区域性主导产业和支柱产业，集中力量培植农业品牌，以增强农业生产的市场竞争能力，千方百计增加农民收入，促进农业和农村经济的跨越式发展。以"美丽乡村"建设为载体，加快农旅融合发展步伐，帮助村民就近就业，增加收入。

（二）繁荣农村文化是关键

乡韵乡愁是割不断的情感纽带，是抹不去的成长记忆。保留文化形态、保存文化基因，守护住我们的文化根脉，是繁荣农村文化的基础。要保护古镇、古村落、古民居等具有历史风貌的特色文化资源，避免大拆大建、改造走样，大力发展有历史文化记忆和地域民族特色的美丽乡村。加强民间文化的保护和发展，传承独特的风格样式，赋予新的文化内涵，使优秀民间文化活起来、传下去。盘江小调为我县很有代表性的民间文化歌曲，要进一步推动传承发展。节日是乡韵的集中呈现，也是乡愁最浓的时刻。要运用好春节、元宵、清明、端午、中秋、重阳以及布依族"三月三"、苗族"四月八"等重大节日，组织开展好花会、灯会、赛歌会、少数民族风情节等民俗文化活动，让节日更接近群众生活，更显农村文化，更富人文情怀，让农村更具情感寄托。

（三）构建公共文化服务体系是主体

近年来，我们组织实施了一系列农村文化惠民工程，取得重要进展，但农村文化设施分布不均、效益不高、不够实用的问题还很突出。建好管好用好公共文化服务设施，要坚持需求导向，优先安排建设与群众切身利益相关的文化设施，把文化惠民项目与农民群众文化需求更好地对接起来，做到真正有用。要坚持因地制宜，以国家基本公共文化服务标准为基础，结合当地文化特色、消费习惯和接受心理进行建设，做到适合适用；要坚持科学统筹，整合基层宣传文化。党员教育、科学普及、体育健身等设施，在农村建设基层综合性文化服务中心，做到综合利用、共建共享；要坚持有效衔接，把农村公共文化设施融入城乡建设总体规划，做到统筹规划、配套建设，确保有钱办事、有人干事。

（四）优质文化产品和服务供给是抓手

广大农民群众热切期盼多姿多彩的文化生活，我们要坚持以人民为中心，把群众"要文化"和我们"送文化"匹配起来，创作更多反映基层群众生活、乡土气息浓郁的作品，开展更多群众乐于参与、便于参与的文化活动。比如持续开展好"元宵节灯谜"活动，与民同乐，寓教于乐，在轻松喜悦的氛围中展现传统文化的魅力。结合"深入生活、扎根人民"主题实践活动，运用好文化进万家、送欢乐下基层、文艺志愿服务、"结对子、种文化"等平台载体，把更多优秀的电影、戏曲、图书、文艺演出送到农民朋友中间。探索运用政府购买、市场机制、社会捐助等多种形式，引导社会力量参与，逐步增加农村文化资源总量，提高服务水平和效率。

（五）提高文明素质是重点

社会主义精神文明建设的根本任务是提高整个中华民族的思想道德素质和科学文化素质。占我国人口大多数的农民文明素质的提高，直接决定着这一根本任务的实现。而建设社会主义新农村是推动国家经济建设、政治建设、文化建设、社会建设协调发展的系统工程，只有农民群众的思想、文化、道德水平不断提高，崇尚文明、崇尚科学，形成家庭和睦、民风淳朴、互助合作、稳定和谐的良好社会氛围，教育、文化、卫生、体育事业蓬勃发展，新农村建设才是全面的、完整的。农民素质的高低决定了农村社会发展的速度和质量，是农村全面建成小康社会的最本质、最核心的内容。只有农民的素质提高了，农民接纳新事物、新科技的能力才能提高，农民增收致富的渠道才能拓宽。加强农村精神文明建设，首要任务就是培养具有较高思想道德和科学文化素质的新型农民。要在农民中深入浅出地开展中国特色社会主义、中国梦、中国式现代化宣传教育，开展法治意识、国家意识、社会责任意识宣传教育，开展形势政策宣传教育，引导农民群众听党话跟党走。要依靠村支两委干部，借助"第一书记"和驻村工作组的力量，深入宣传党和政府强农惠农富农的具体政策，要瞄准乡村振兴中心任务，密切围绕土地流转、产业振兴，农产品生产与销售、农民权益保障、教育资源的分配、合作医疗等农民群众最为关心的问题，把涉及群众切身利益的政策讲明白，解疑释惑、疏导情绪、增强信心、凝聚共识。要广泛开展科学种植、养殖、劳动技能等各种知识培训，切实提高农民生产技能，提高创业本领和致富能力。持续深入发展好义务教育，孩子是家庭的未来，我们要为广大农村学子提供更加宽广的平台和力所能及的帮助，阻断贫困代际传递，鼓励和帮助农村孩子走出去，改变命运，从而改变整个家庭的状况。

（六）厚植生态文明理念是要义

在一些乡村，为了发展地方经济、个人经济，竟以牺牲环境为代价。要教育和引导广大农民群众对加强农村环境治理、保护绿水青山的紧迫性、艰巨性的认识，在广大农村大力开展环境保护、治理污染和节约资源活动，慎砍树、禁烧山、少放牧。加强生态文明宣传教育，增强群众节约意识、环保意识、生态意识，形成人人崇尚生态文明的社会新风。要将生态环境治理落实到美丽乡村建设的全过程，多措并举、多管齐下，使青山常在、绿水长流、空气常新，让农民群众在良好生态环境中生产生活。

（七）强化村规民约的执行是保障

深入学习塘约经验，借鉴塘约村"红九条和黑名单"村规民约，大力整治"宴请风"，有效制止升学宴、搬家宴、剃头宴等名目繁多的宴席，对违规操办酒席、不孝敬赡养父母、不关心未成年子女、不参加公益性义务劳动等行为的村民一律纳入"黑名单"进行管理，摈除攀比歪风邪气，减轻村民负担，营造文明和谐的农村环境。

三、总结

精神是我们的价值向往和动力源泉，一个人没有了精神就等于行尸走肉，一个民族没有了精神就没有了依托；一个国家没有了精神，则丧失了灵魂和信仰。以"四在农家·美丽乡村"为载体，加强农村精神文明建设，将为我们建设和谐美丽关岭，有效巩固拓展脱贫攻坚成果，为实现乡村振兴提供强大的精神动力和智力支持，为实现中华民族伟大复兴增强凝聚力和战斗力。

写好易地搬迁后半篇文章
巩固拓展脱贫攻坚成果

巩固拓展脱贫攻坚成果是实现乡村振兴的前提基础。对关岭这样一个拥有近 5000 户共 2 万余人的易地扶贫搬迁县，巩固脱贫成果，关键在于如何让脱贫攻坚期间实施易地搬迁这部分人群能够在搬出来以后，稳定下来，尽快找到致富门路。为确保搬迁对象"搬得出、稳得住、能致富"，关岭着实践行习近平总书记关于"三农"工作重要论述和视察贵州重要讲话精神，以党的二十大精神为指导，紧紧围绕"稳定入住、就业增收、项目建设、社区治理、监测帮扶"做了许多工作，大力提高搬迁群众的幸福感和满意度，全力打造巩固拓展易地扶贫搬迁成果"关岭样板"奋力续写好易地扶贫搬迁后半篇文章，为乡村振兴夯实基础。

"十三五"期间，关岭采取统筹规划、统一建设的方式，建设集中安置点 14 个，分为 13 个安置区（县城安置区 3 个、集镇安置区 6 个，中心村安置区 4 个），共搬迁入住 4691 户 22140 人，其中脱贫人口 4151 户 19670 人，规模较大的安置点有：

百合街道同康、同心社区：为万人安置区，同时也是全安顺最大的安置区，共计安置 2721 户 12819 人，其中脱贫人口 2306 户 10915 人。

其中，同康社区安置点为 2018 年度易地扶贫搬迁项目，2019 年建成搬迁入住。安置规模为 1744 户 8232 人，其中脱贫人口 1336 户 6338 人；同心社区安置点为 2017 年度易地扶贫搬迁项目，2018 年建成搬迁入住。安置规模为 970 户 4587 人，其中脱贫人口 970 户 4577 人。

安馨社区安置点：位于顶云新城区，依托沪昆高铁关岭站而建，为 2016、2017 两个年度易地扶贫搬迁项目，该项目 2017 年建成搬迁入住。共计安置 601 户 2997 人，其中脱贫人口 530 户 2686 人。

花江镇富康社区：位于关岭县花江镇，为 2016 年度易地扶贫搬迁项目，该项目 2017 年建成搬迁入住。共计安置 251 户 1239 人，其中脱贫人口 217 户 1095 人。

花江镇幸福社区：位于关岭县花江镇，为 2018 年度易地扶贫搬迁项目，该项目 2019 年建成搬迁入住。共计安置 237 户 1131 人，其中脱贫人口 174 户 828 人。

岗乌镇安置点：位于岗乌镇，为 2016、2017 两个年度易地扶贫搬迁项目，该项目 2017 年建成搬迁入住。共计安置 169 户 931 人，其中脱贫人口 159 户 854 人。

面对这样一群浩浩荡荡的搬迁大军，除了动员同意搬迁这一费心费劲的大工程，后续的"保稳定、保收入、促增收"更是任重而道远，关岭围绕"两保一促"做了许许多多扎实的工作。

一、坚持不懈保稳定促增收

（一）持续巩固和稳定入住

一是关岭"十三五"易地扶贫搬迁共计需办理 5258 套安置住房不动产权登记，已完成 5258 套安置住房不动产登记及颁证工作。彻底解除搬迁农户无证住房的后顾之忧，给老百姓吃下定心丸，安心安营扎寨。

二是 13 个安置区 14 个安置点 4691 户 22140 人搬迁群众全部搬迁入住，截至目前，无"回迁"或"两头跑"情况。

三是及时开展搬迁农户新增人口排查，建立新增人口台账，按照省市县文件要求落实新增人口住房租赁补贴。截至目前，易地扶贫搬迁人口增加的有 1480 户 1665 人，减少的有 1587 户 1671 人，人口净增加的有 861 户 1375 人，其中城镇安置点人均住房面积不足 15 平方米的有 269 户 614 人，中心村安置点人均住房面积不足 20 平方米的有 75 户 122 人。目前城镇安置点有 185 户 487 人申请住房租赁补贴，其中有 7 户 49 人不满足条件（原因是家庭成员有商品房）；已解决 178 户 438 人享受住房租赁补贴，面积 2813.9 平方米，每季度补贴金额 3.3188 万元，并按时补贴到农户手中；中心村安置点有 7 户 49 人申请升层，目前已完成升层 6 户 44 人，有 1 户 5 人正在加层中（太坪安置点）。

（二）聚焦产业发展，大力提升项目建设效能

全力抓好中央、省财政衔接资金管理使用。用好用足用活中央和省财政衔接资金，结合实际，因地制宜，认真谋划一批产业示范项目和产业配套设施项目，大力实施符合安置区特点的产业项目，带动搬迁群众就业增收。

一是 2022 年共获得中央、省财政衔接易地扶贫搬迁后续发展补助资金 1843 万元，共实施项目 14 个。其中，基础设施类 9 个，获得资金 1045 万元；产业类 2 个，获得资金 365 万元；教育类 1 个，获得资金 200 万元；社区治理类 1 个，获得资金 81 万元；公共服务类 1 个，获得资金 152 万元。14 个项目已经全部完工并投入使用，资金拨付率 100%，报账率 100%。其中涉及产业类的 2 个，百合街道同康社区 2022 年度社区自主创业产业扶贫车间项目总投资 315 万元，百合街道同康社区 2022 年度社区自主创业小商铺建项目，总投资 50 万元，建立利益联结方案（按照 82 分配模式进行分红），该项目已经投入使用并产生租金收益 64216 元。并按照分红方案于2023 年 1 月 10 日前将分红资金汇入同心、同康社区建档立卡户手中，重点向"三类人员"和重度残疾人群倾斜。

二是 2023 年，中央财政衔接资金切块易地扶贫搬迁资金 1899 万元，批复实施项目 9 个（产业类 1 个，易地搬迁后扶项目 8 个）；目前已经开工建设 2 个，完工 1 个，6 个进入招投标程序。具体情况如下：

2023 顶云街道安馨社区易地搬迁后续扶持提升改造建设项目，批复资金 225 万元，项目进入招投标程序。

花江镇易地扶贫搬迁安置点人居环境整治提质改造项目批复资金 240 万元，工程进度达 20%。

花江镇太坪村安置点人居环境综合整治提质改造项目、批复资金 50 万元，工程进度达 10%。

岗乌镇坡背后安置点便民服务设施建设项目，申报资金 250 万元，项目进入招投标程序。

2023 年坡贡镇康和安置点后续扶持配套基础设施建设项目，申报资金 30 万元，项目进入招投标程序。

断桥镇易地扶贫搬迁点便民服务设施及配套基础设施建设项目，申报资金 150 万元，项目已经完工。

百合街道易地扶贫搬迁后扶样板示范区建设项目申报资金 610 万元，项目进入招投标程序。

百合街道易地扶贫搬迁后扶人居环境改善项目，申报资金 50 万元，项目进入招投标程序。

2023 年百合街道后扶设施建设项目，批复资金 300 万元新建"一站式"社区综合服务设施项目，项目进入招投标程序。

三是东西部协作资金申报使用情况。2023 年共申报东西部协作资金 1700.6 万元，涉及项目 6 个，目前批复实施 2 个（2023 年 4 月 6 日），涉及资金 618 万元，其中，贵州荣瑷服饰生产加工项目，资金 300 万元；关岭自治县高质量就业培训基地服务中心建设项目，资金 318 万元。

四是全力发展社区集体经济，积极创建市级示范产业项目。关岭自治县百润实业发展有限责任公司，全面统筹百合街道办安置区的项目（牧草种植）、办事处食堂、小商铺、扶贫车间、农贸市场建设和管理。公司带动搬迁群众就业创业 2329 人次，带动务工 1460 人次，目前实现收益 133.05 万元。

2023 年在顶云街道办安馨社区谋划新建立集体经济组织 1 个，成立安馨社区供销合作社，主要管理经营安馨社区农贸市场、供销便民服务店、门面盘活、后续扶持产业等，目前实现收益 13 万元，带动搬迁群众就业创业 100 余人次，带动务工 74 人次。

（三）聚焦群众增收，大力提升稳岗就业质量

一是着力提升稳岗就业质量。目前，全县搬迁群众中劳动力家庭 4531 户，有劳动力 11249 人，实现稳定就业 10421 人，就业率达 92.64%，4531 户搬迁劳动力家庭均实现一户一人就业，实现零就业家庭"动态清零"，同时建立搬迁劳动力、返乡劳动力、高校毕业生、未就业劳动力、低收入人群等台账。截至目前，高校毕业生 72 人，已经就业 62 人，未就业 10 人在

家备考；针对未就业 828 人，主要是在家照顾老人和小孩，安置点将根据未就业人员需求，采取送岗上门推荐和介绍附近周边零工等就近就业方式解决。2023 年，在上年的基础上，确保搬迁脱贫农户家庭人口人均收入不低于 7300 元，重点关注收入 1 万元以下和增幅低于 5.5％以下的搬迁家庭人均收入，与 2022 年同期相比，搬迁农户收入增幅在 16％以上。

二是着力提高组织化外出务工比例。持续巩固外出就业成果，大力提高劳务输出组织化程度。目前，对搬迁劳动力输出到省外务工 5802 人，组织化程度达 77.69％；加强精准就业培训工作，及时对有培训需求的搬迁劳动力实现应培尽培，2023 年计划开展劳动力培训 600 余人。截至目前，基地培训 10 期 596 人次，其中叉车司机 2 期 120 人，焊工 3 期 176 人，中式面点师 2 期 120 人，保健按摩师 2 期 120 人，电工 1 期 60 人，其中搬迁劳动力培训 152 人次，搬迁劳动力已累计培训 9000 余人，做到应培尽培。

三是着力推广应用"安心干"促增收。应用"安心干"人才资源开发和价值提升数字服务平台作用，积极推动"优岗转化"。截至目前，通过组织开东西部劳务协作暨"安心干"平台，在人员相对集中的百合街道办、花江镇、顶云安馨社区开展现场招聘会 4 场，共计 13 家业参加，提供就业岗位 8000 余个，及时向劳动力群体推荐就业岗位，实现人岗精准匹配，提高劳动力务工收入，积极引导月收入 4000 元以下劳动力选择"安心干"平台，选择优质岗位就业增收，提升搬迁群众就业技能、拓宽就业渠道、增加就业收入。同时，为全面落实市委深化改革委员会社会保障制度改革专题组《关于开展"六大提升行动"推动"安心干"平台服务群众高质量就业助推居民增收、金融增资的实施方案》《安顺市农民工工作领导小组关于开展优岗转化专项行动促进群众高质量就业增收的实施方案》（安农工组通〔2023〕1 号）文件精神，要求县生态移民局完成易地扶贫搬迁劳动力不少于 60 人，目前，已经按照 80 人任务数责任到各安置点乡镇（街道），责任到人，限时完成，县易地扶贫搬迁工作领导小组办公室将开展跟踪调度，进一步压实责任，确保按时完成。

四是着力发展就业帮扶车间、园区建设和盘活商铺促增收。统筹用好各类资金资源，持续巩固发展就业帮扶工厂（车间）和园区建设。截至目前，共有帮扶车间（企业）14 个，提供岗位数 791 个，就业人数 566，其中吸纳搬迁群众 264 人；强化园区建设，在同心社区关花大道产业园、新型建材园和顶云街道同尚社区食药产业园三个园区共吸纳 1200 余人就业，其中搬迁劳动力达 800 余人；积极盘活商铺，全县安置点共有商铺 793 间，已经盘活 601 间，盘活率 75.78％。通过建帮扶车间、产业园区等方式，更好地助力搬迁群众就近就业，发挥"稳定器"作用。

五是着力用好社会保障政策促增收。充分用好城乡低保兜底政策，切实做到应保尽保，确保搬迁特殊困难群众基本生活。大力挖掘县城就业和公益性岗位，做好安置区留守劳动力、弱劳动力帮扶工作；公益性岗位开发使用量在上年的基础上只增不减。截至目前，享受最低生活保障的搬迁困难户 987 户 3130 人，公益性岗位 981 人。

（四）聚焦社区治理，大力提升治理能力

一是各种公共服务保障到位。全县安置点社区服务中心及教育、卫生、警务、老年、儿童服务中心等均正常运转，并落实专人进行日常管理维护，明确老年、儿童、文化活动室等开放运营时间，规范上下班时间节点。同时，在全县 14 个安置点成立"一站式"服务窗口，搬迁群众养老保险、合医缴纳、低保等相关手续及权益事项均实现"一站式"办理，不存在搬迁群众"两头跑"的情况。

二是认真完善社区治理机制。持续构建"党组织＋居委会＋网格化＋楼栋长"治理机制和"一中心一张网十联户"治理模式，逐步实现以党群服务中心为基本阵地的综合服务设施全覆盖；按编制配齐配强安置区干部队伍和社区管理人员，按规定落实社区办公经费；加强驻村（社区）干部选派和管理，增强社区服务管理能力和水平。目前，安置点社区（含居委会）8 个，村 6 个，编制数 145，实际在岗 139，共设立综治中心 13 个，楼栋长 65 名，25 名社区民警包安置点。共派驻 9 名第一书记，18 名干部帮扶安置点。14 个安置点均切实管用的社区（村居）民约，实行村（居）务公开制度，同时，成立社区工会联合会、社区妇联、社区团支部等，建立社区立体综合防控管理体系。

三是认真开展安置区人居环境整治。按照乡村建设、乡村治理和宜居环境建设等要求，2023年县易地扶贫搬迁工作领导小组办公室与县委宣传部创建办联合行文，将全县安置点纳入创建范围，同检查、同考核，常态化开展安置区人居环境整治，定期开展集中督导检查，检查结果纳入年终目标考核内容，对成效不明显的安置区进行黄牌警告，直至整改到位。

（五）聚焦防返贫监测，大力提升监测帮扶实效

一是进一步压实干部包保责任。根据《中共关岭自治县委乡村振兴领导小组办公室关于印发〈关岭自治县防止返贫监测帮扶"回头看"专项行动工作方案〉〈关于持续推进"3＋1"保障等巩固提升专项行动工作方案〉的通知》（关乡振领〔2023〕3号）和《关岭自治县关于进一步加强易地扶贫搬迁安置区和特殊困难群体包保工作方案》（关迁领发〔2022〕3号）文件要求，2023年，根据干部变动情况，各安置点乡镇（街道）及时调整包保工作方案，进一步压实搬迁户"三类人群"和特殊困难人群包保工作。目前，明确7名县级领导，14名乡镇科级领导定点帮扶全县14个安置点，其中12名为乡镇（街道）党政主要领导，2名为乡镇（街道）副科级以上领导，要求乡镇（街道）包保领导按月到安置点开展工作，并对安置点存在的问题和困难及时协调解决。同时，安置点乡镇（街道）共明确369名正式干部对全县1739户特殊群体进行包保帮扶，压实入户走访帮扶工作，并结合搬迁户实际，要求包保干部因户施策，分户制定行之有效的帮扶举措，并跟踪掌握特殊困难群体生产生活情况，及时发现问题，解决问题，为特殊困难群体发展铺路搭桥。截至目前，共计帮助1739户特殊群体制定帮扶措施每户至少3条，共计5217条，解决903个问题。

二是进一步加强精准监测。健全监测对象快速发现和响应机制，每月开展防止返贫动态监测帮扶情况统计，重点关注易地扶贫搬迁"脱贫不稳定户、边缘易致贫户、突发严重困难户"，重点监测收入支出、"两不愁三保障"及饮水安全状况，对所有搬迁农户开展动态监测，严格执行监测识别程序，充分利用全国防止返贫监测和衔接推进乡村振兴信息系统及贵州乡村时振兴云系统大数据成果，及时精准识别认定监测对象，确保应监测尽监测。截至目前，我县搬迁对象累计共有"三类人员"194户978人，已消除风险监测的有155户782人，暂未消除风险监测的有39户196人。

三是进一步落实精准帮扶。对监测对象帮扶坚持精准施策，精准分析监测对象的风险类型，按照"缺什么补什么"原则，及时制定并在 1 个月内落实针对性帮扶措施，做到帮扶措施管用够用，实现应帮尽帮。对有劳动能力的，落实产业就业等开发式帮扶措施，帮助他们勤劳致富，坚决防止政策养懒汉；对整户无劳动能力的，按政策程序纳入低保等兜底保障范围，实现应兜尽兜。

四是进一步稳定消除风险。对返贫致贫风险已经稳定消除的监测对象，规范监测对象退出标准和程序，实事求是标注"风险消除"，杜绝"快进快出"；对整户无劳动能力的，落实兜底保障措施后暂不标注"风险消除"，持续跟踪监测。加强部门间信息共享和沟通协作，加强对重大突发公共事件和重大风险隐患的研判分析和预警，确保不发生规模性返贫。

（六）聚焦安全稳定，定期开展防汛、地灾、消防、住房等排查工作

根据上级文件要求，及时制定印发《关岭自治县易地扶贫搬迁安置点和生态移民安置点防汛减灾应急预案》《关岭自治县 2023 年度"两个移民"领域汛前、汛期地质灾害防治工作方案》《关岭自治县易地扶贫搬迁 2023 年防范化解重大风险暨三个专项防范化解稳控包保责任工作方案》等文件方案，并印发至安置点乡镇（街道），围绕信访维稳、消防安全、地质灾害、问题整改等内容要求，抓好贯彻落实，确保全县安置点安全稳定。

一是积极会同县消防大队、县住建局、县自然资源局对各安置点乡镇（街道）防汛、抗旱、救灾进行培训、演练和科普。分阶段有序推进易地扶贫搬迁安置点和生态移民安置点防汛、抗旱、救灾宣传，共组成 2 个工作组 6 人，对建 7 个安置点乡镇（街道）开展全覆盖排查。

二是会同住建局，全面开展安置点住房安全排查，经多次排查，我县各安置点房屋选址安全、基础牢靠、结构稳定，主体承重构件安全、搭接牢固、屋面完好，建筑材料和砌体质量达到相关安全要求，不存在安全隐患。

三是根据《关岭自治县易地扶贫搬迁 2023 年防范化解重大风险暨三个专项防范化解稳控包保责任工作方案》，压紧压实责任，对"两拖欠"领

域、特殊利益诉求群体、扬言进京访等落实专人包保。

联合县住建、县消防大队等部门开展安全督查检查两轮次，目前发现涉及消防安全问题两个，已经完成整改。

（七）聚焦各类试点创建打造，大力提升安置区管理水平

一是安置区省市级示范项目推进有力。2023年，关岭申报创建省级示范点1个，《关岭自治县易地扶贫搬迁后续扶持百合街道办同心、同康安置区省级示范创建工作实施方案》（关迁领办发〔2023〕3号），创建市级示范点1个，《关岭自治县2023年易地扶贫搬迁后续扶持安馨社区市级示范点创建实施方案》（关迁领办发〔2023〕4号），并通过县人民政府文件于2023年2月21日、3月9日分别印发方案给涉及的百合街道办和顶云街道办，并进一步明确各部门工作职能职责，紧紧围绕"五心"建设（稳心、安心、舒心、开心、聚心）要求，百合街道办和顶云街道办根据县级创建方案，结合自身实际，分别制定省市级示范创建工作方案，进一步细化创建指标，明确具体牵头领导和站办人员，完成时限等，目前，省市级创建工作正有序推进。

二是全力推进社区物业服务管理工作。根据《贵州省易地扶贫搬迁工作领导小组关于开展贵州省易地扶贫搬迁安置社区物业管理实体化公司试点的通知》（黔领发〔2022〕5号）文件要求，制定《百合街道办事处易地扶贫搬迁安置区物业管理实施方案》，于2023年2月6日组织召开同心、同康社区居民代表座谈会、征求群众意见会，同时成立关岭百举百全物业管理公司。2023年3月9日召开业主委员会筹备会议，选举49名业主代表，于3月31日召开业主代表大会，现公示结束，待百合街道办批复后，正式文件下发，即成立业主委员会，拟于5月1日正式运营。为使物业管理试点工作高效快速推进，县易地扶贫搬迁工作领导小组办公室专门拟定《关岭自治县易地扶贫搬迁工作领导小组办公室关于同心、同康社区开展物业管理试点工作推进时间表》，要求百合街道办按照时间表推进各项工作，并将同心、同康社区物业服务管理试点工作纳入2023年年终考核内容。目前，各项工作正在有序推进，确保5月份物业公司进入实体化运行。

三是深入推进"就业险"和"安居险"工作。县生态移民局、县人力

资源和社会保障局、县财政局县乡村振兴局联合行文《关于做好全县易地扶贫搬迁劳动力"就业险"和搬迁群众"安居险"试点工作的通知》，制定《关岭自治县 2023 年易地扶贫搬迁劳动力就业险实施方案》和《关岭自治县 2023 年易地扶贫搬迁劳动力安居险实施方案》，对 4531 户 11249 人劳动力家庭购买"就业险"和 4691 户约 2.214 万人购买"安居险"（以各安置点启动时实际摸排数据为准），按照安移发〔2023〕8 号文件要求，市级承担 20%，县级承担 80% 的比例要求，涉及资金 56.08 万元，市级承担 11.5 万元，其中"就业险"4.5 万元，"安居险"6.65 万元；县级承担 44.58 万元，其中"就业险"18 万元，"安居险"26.58 万元。我县对符合补助对象的，按照每人每天 50 元标准进行补助，每人每年累计最高可享受 90 天补助，切实解决搬迁群众就业不稳的问题。截至目前，各安置点根据方案摸排搬迁劳动力数和搬迁家庭人口数，下一步由县人社局牵头，制定承保比选工作方案，会同县生态移民局、县财政局、县乡村振兴局确定承保公司，力争在 4 月 30 日开展实质性运行工作。

四是深入推进省级安置社区教育辅导试点工作。在百合街道办同康社区挂牌成立省级安置社区教育辅导试点，按照要求，百合街道成立工作专班，明确专人抓和场地，开展实质性工作，截至目前，百合街道办结合自身工作实际，紧扣节日契机，开展"百合巾帼心向党，携手奋进新征程"，庆祝"三八""关爱老人、红润夕阳""你我伙伴"等活动 19 场次。

二、理性客观面对存在的困难问题

在省级示范点创建中，发展党员任务存在较大困难。按照市县级创建方案要求，强化从搬迁群众中发展党员，加强储备后备干部，确保每年培养入党积极分子 8 名，发展党员 8 名，储备 2 名后备干部。经对接县组织部门，2023 年，上级组织部门要求不在社区发展党员，导致市级下发任务数完成存在困难。

三、积极稳妥推进后续扶持工作

紧紧围绕易地扶贫搬迁后续扶持"五个体系"建设，"三落实一巩固"

要求，以及"稳岗就业、项目建设、基础设施、公共服务、社区治理及监测帮扶"六大重点工作，全面推进我县易地扶贫搬迁后续扶持工作。

一是全力推进稳岗就业。按照《关岭自治县促进易地扶贫搬迁群众增收三年行动方案》精神，按照县乡村振兴局的指标要求，定期对各安置点开展督导，充分应用"安心干"人才资源开发和价值提升数字服务平台作用，积极推动搬迁劳动力"优岗转化"，抓实"安居险"和"就业险"，会同县人社局、县财政局、县乡村振兴局部门力争于2023年4月30日前落地见效，确保易地扶贫搬迁脱贫人口年人均纯收入不低于7300元，收入增幅在16％以上。

二是全力推进后续产业发展，不断完善基础设施。按照《省生态移民局省乡村振兴局关于做好2023年度中央和省衔接资金支持易地搬迁后续扶持项目前期工作的通知》要求，用好用足用活中央和省财政衔接资金，对2023年批复实施的9个项目建设进度随时开展跟踪督导，确保项目按时完成投入使用，并带动搬迁群众就业增收，提升搬迁群众的幸福感和满意度。

三是大力推进社区物业服务管理工作。按照《贵州省人民政府办公厅关于切实做好易地扶贫搬迁安置社区物业服务管理工作的指导意见》精神，百合街道根据制定工作实施方案和《关岭自治县易地扶贫搬迁工作领导小组办公室关于同心、同康社区开展物业管理试点工作推进时间表》，日积极引导搬迁群众参与社区物业服务管理，选择合适的物业服务管理模式，按时缴纳物业管理费用，抓好同心、同康社区物业管理公司实体化试点工作，务必于2023年5月30日开展实质性工作。其他安置点也要结合实际，积极探索和推动社区物业服务管理工作。

四是高质量打造省、市级示范样板。顶云街道办安馨社区、百合街道办同心同康社区作为创建省市级示范点样板点，对标"风貌美、环境美、风尚美、生活美"创建导向以及七条创建标准，按要求建立和发展社区集体经济组织，成立集体经济组织工作专班，建立集体经济组织内部管理章程，强化集体经济组织实体化运转，安置区资产产权明晰，管理规范，无低效闲置资产，确保安置区门面盘活率70％以上。

守底线走新路之关岭实践

2015 年 6 月 16 日至 18 日,中共中央总书记、国家主席、中央军委主席习近平亲临贵州考察指导工作,他要求贵州协调推进"四个全面"战略布局,守住发展和生态两条底线,培植后发优势,奋力后发赶超,走出一条有别于东部、不同于西部其他省份的发展新路。

习近平总书记"守底线,走新路"的讲话为贵州经济社会的发展开了良方,用辩证思维谋划了贵州的发展新路子,是对贵州发展的重大战略定位。

对此,贵州省委把习近平总书记视察我省重要讲话作为根本遵循、理论指导和行动指南,把贯彻落实重要讲话精神作为重大的政治任务和长期的战略任务来抓。

一、我们的"底线"是什么?如何守?

(一)"生态"与"发展"两条底线

面对贫困落后的主要矛盾,贵州必须保持一个较快的发展速度,牢牢守住发展的底线。贵州必须"赶",只有实现一个较快的发展速度,才能缩小与全国发展水平的差距;贵州还必须"转",只有加快转变发展方式,才能夯实发展基础。与此同时,实践表明贵州有志气、有信心、有能力保持一个较快的发展速度。一是经济总量、人均生产总值占全国水平的比重不断提升,二是经济增长速度持续加快。

正视生态脆弱的省情特征,贵州必须在发展中保住绿水青山,牢牢守住生态的底线。贵州生态环境十分脆弱,随着工业化、城镇化持续推进,生产生活将耗用大量资源能源,生态环境压力进一步加大,污染治理和环境保护不容乐观，守住生态的底线比以往任何时候都更为紧迫。同时，不断改善的生态环境表明，贵州能够在加速发展中守住生态的底线。

守住发展的底线，就是要守好速度底线、让经济实力强起来，守好收入底线、让百姓腰包鼓起来，守好脱贫底线、让小康步伐快起来，守好安全底线、让公共环境优起来。

守住生态的底线，就是要守好山青底线、让大地常绿，守好天蓝底线、让空气常新，守好水清底线、让碧水长流，守好地洁底线、让土壤常净。

（二）如何守住两条底线？

1. 必须牢固树立发展是第一要务的理念

贫困落后是贵州的主要矛盾，加快发展是解决贵州所有问题的"金钥匙"。我们必须紧紧扭住经济建设这个中心不动摇，完成好既要"赶"又要"转"的双重任务，牢固树立贵州的发展一刻也不能缓的理念。但喀斯特地貌分布较广，生态基础十分脆弱，损害后非常难以修复和恢复。发展过程中必须把生态环境保护抓得紧而又紧、实而又实，以此破解发展瓶颈，倒逼产业转型升级，拓展发展空间，形成新的增长动力。

2. 正确认识"生态"与"发展"之间的关系

习近平同志特别要求贵州注重处理好绿水青山和金山银山的关系。这一重要指示，非常切合贵州实际。贵州山川秀丽，有着良好的生态环境，但生态基础十分脆弱，很容易受到损害，而且损害后非常难以修复。这一状况决定了贵州在处理好生态环境保护和发展的关系方面难度更大，更需谨慎小心。可以说，处理好这个关系是贵州发展中的最大辩证法。贫困落后是贵州的主要矛盾，加快发展是解决贵州所有问题的"金钥匙"。我们必须紧紧扭住经济建设这个中心不动摇，完成好既要"赶"又要"转"的双重任务。良好的生态是贵州最突出、最响亮的品牌。而且，贵州是长江、珠江上游地区的重要生态屏障，把贵州生态保护好是我们的最大责任。我们要时刻保持清醒头脑，像呵护生命一样呵护生态环境，把老祖宗留下的一方山水保护好、利用好。

在举国上下大力加快发展的大潮中，原本落后的贵州既要发展又要保护生态，简直是任重道远。这仿佛是摆在贵州发展进程中的一大难题和矛盾。对此，有人说，发展破坏生态环境不可避免，因此贵州发展宁慢勿快，一定要保住绿水青山，否则得不偿失。也有人则认为，贵州为了摆脱贫困必须加快发展，以绿水青山换取金山银山，付出一些生态环境代价是难免的。这两种观点都失之偏颇。

绿水青山（生态）和金山银山（发展）决不是对立的，关键在人，关键在思路。

绿水青山、金山银山之间虽有矛盾，但更重要的是辩证统一。"两座山"就是克服历史、现实的病灶，把发展与生态统一起来，自觉用生态智慧、生态观点和生态洞察力看待"两山"，变对立为和谐，变静态的、机械的制度安排为动态、积极的制度安排，对传统"先污染后治理""先发展后生态"作强力突破，可谓生态意识、生态思维"一次伟大的觉醒"。

绿水青山、金山银山，体现的是生态哲学的有机统一。生态哲学是人类新的发展哲学。这一哲学既有对人类近百年来工业文明向自然无限掠取之路的反思，也有对中国尊重自然、顺应自然、保护传统思想的回归。生态哲学的形成，在人与自然关系上，呈现出截然不同的生态观念、生态文化、生态方法。

事实上，只要思路对头、路径对头、方法对头，在加快发展中积极主动地保护生态环境，就完全能够实现发展与生态、富裕与美丽的双赢。贵州坚持"加速发展、加快转型、推动跨越"主基调，实施工业强省和城镇化带动主战略，初步走出了把发展与生态统筹起来、统一起来的新路子。与 2010 年相比，2013 年全省经济总量接近翻一番，公共财政收入翻一番多，城乡居民收入分别是 2010 年的 1.46 倍和 1.57 倍。同时，通过深入实施《贵州省生态建设水利建设石漠化治理综合规划》，创建全国生态文明先行区举办生态文明贵阳国际论坛等一系列举措，生态文明指标保持得比较好。近 3 年累计淘汰落后产能 2230 万吨，治理石漠化、水土流失面积分别达 3000、7100 平方千米。2013 年，全省森林覆盖率达到 48%。出境河流断面水质和集中式饮用水源地水质优良。$PM_{2.5}$平均值在 50 以下，空气质量保持良好。

（1）绿水青山就是金山银山

习近平总书记提出的"绿水青山既是自然财富，又是经济财富"的重要观点，不仅是对"绿水青山就是金山银山"思想的深化拓展，而且是对马克思主义发展观、财富观和价值观的丰富发展，具有深刻的思想内涵和深远的指导意义。现代经济社会发展对环境的依赖程度越来越高，生态环境越来越成为重要的生产力。"鱼逐水草而居，鸟择良木而栖。"如果其他条件相差不大，谁都愿意到拥有绿水青山的地方投资、发展、工作、生活、旅游。从这个意义上讲，绿水青山能够使经济社会效益充分发挥出来，创造经济财富、社会财富。现在，很多外地投资者、旅游者看好贵州，很重要的一点就是贵州拥有凉爽的气候、清新的空气和秀美的山水，在贵州既能投资赚钱又能享受生态。我们要深入理解习近平同志重要讲话的丰富内涵和实践要领，树立正确的资源观、科学的开发观和绿色的财富观，更加自觉地守住发展与生态两条底线，更加主动地爱护"绿"、懂得"绿"、用好"绿"，营造宜居宜业宜游的发展环境，向绿色要红利，让绿水青山带来金山银山。

绿水青山就是贵州最大的生态资本。当下，国家每年要在生态方面投入很多钱，贵州现成的生态环境就是一笔沉甸甸的生态资本，犹如一座座闪闪发光的金山银山，必须加以保护。

贵州典型的喀斯特地形孕育了千姿百态的自然景观，在青山绿水的映衬下，显得格外绚丽多姿，成为贵州一道道独特亮丽的风景线，成为发展贵州旅游业得天独厚的优越条件。

（2）金山银山与绿水青山二者兼得

首先，因地制宜选择发展能够发挥生态环境优势的环境友好型、生态友好型产业，并通过生态优势吸引外来要素资源、营造发展优势。以举办生态文明贵阳国际论坛为契机，向外界展示贵州、推介贵州，吸引外商投资贵州的绿色产业。我们将加快发展适宜贵州的五个产业。

一是加快培育以大数据产业为重点的电子信息产业，引进和实施一批引领性项目，做到抢占先机、后发先行。

二是加快培育新医药和健康养生产业，在营养保健、健身休闲、老年健康等领域打造一批重点企业和产业基地。

三是加快培育以文化旅游为重点的现代服务业，打造一批生态文化度假旅游区和旅游综合体，统筹发展生产性服务业。充分发挥贵州生态资源优势，利用贵州清新的空气质量、宜居的气候条件发展乡村旅游、休闲度假等产业，同时带动民族文化及服务业的发展。贵州省多山，山地面积占全省面积的92.5%。近年来，贵州作为长江和珠江上游生态屏障，经过多年的实践与探索，把生态旅游作为推进生态文明建设的重要载体，探索出"促进一方经济，造福一方百姓，保护一方山水，传承一方文化，推动一方发展"的贵州旅游模式，过去落后贫困山区的面貌正在一步步改变。2013年，贵州实现旅游总收入2370亿元，接待游客2.7亿人次，全年旅游业带动社会就业195万人，受益人数超过390万。其中，贵州开发的2500多个乡村旅游点和民族村寨共接待游客9800万人次，实现旅游收入430亿元。全省乡村旅游带动社会就业约150万人，受益人数超过300万。

四是遵循山地经济规律发展现代高效农业，把贵州建设成为全国重要的生态、绿色、有机农业基地。

五是加快培育新型建筑业和建材产业，适应我省工业化、城镇化加快推进的需要，将其打造成国民经济的支柱产业。同时，大力推进特色优势产业的生态化、规模化发展，做大做亮酒、烟、茶、药、食品"五张名片"，着力建设好国家优质酱香型白酒产业带，加快建设茶叶强省，建成全国中药材主产省和民族药业大省。

其次，大力推进生态文明体制机制改革。良好的生态环境是最公平的公共产品，是最普惠的民生福祉。

建立环保执法机构，划定生态红线。守住生态底线，必须依靠制度建设，向改革要动力、要保障，划定生态红线，用制度保护生态环境，构筑生态可靠屏障。近年来，我们积极探索实践，创新生态文明体制机制，形成了一些特点和亮点。坚持最严格的环境保护制度和环境执法，探索建立赤水河、乌江等重点流域生态保护红线制度，在全国率先成立省级层面公检法配套的生态环境保护执法司法专门机构，全省生态文明体制机制改革正在深入推进。

贵州生态脆弱、人多地少，必须建立严格的生态保护红线制度，在完善主体功能区规划的基础上，实行最严格的耕地、林地和水资源保护制度。通过建立科学规范的生态环境责任追究制度，杜绝只盯住坝子平地搞建设的不良现象，对不顾生态环境盲目决策、造成严重后果的干部追究责任。对干部任期内的生态环境进行登记与审计，实行责任倒查。

加大制度体系建设力度。我们将建设生态文明先行示范区作为重大机遇，全力抓好在全国具有示范性、能够破解当前发展和保护难题、具有先行意义的各项改革。抓住源头严防、过程严管、后果严惩三个环节，着力加快三大制度体系建设：第一，加快建立和完善源头严防制度体系，建立归属清晰、权责明确、监管有效的自然资源资产产权制度，划定生态红线，逐步构建生态补偿的横向转移支付制度。第二，加快建立和完善过程严管制度体系，实施严格的水、大气质量管理监测和领导干部约谈制度，探索实施环境污染第三方治理，开展节能量、碳排放权等交易试点。第三，加快建立和完善后果严惩制度体系，探索编制自然资源资产负债表，对领导干部实行自然资源资产责任审计，建立资源环境承载能力监测预警机制。

招商引资，坚决杜绝"饥不择食"。坚持"多彩贵州拒绝污染项目"，坚决杜绝承接产业转移、招商引资上的"饥不择食"；坚持对环境污染、破坏生态行为"零容忍"，对造成生态环境损害的责任者严格实行赔偿制度。

坚持正确的资源观、科学的发展观、绿色的财富观，让我们的绿水青山内化为强大的生产力，从而转化为金山银山。

3. 树立正确的发展思路

保护生态环境就是保护生产力，改善生态环境就是发展生产力。守住生态的底线，必须树立正确的资源观和科学的开发观，正确处理生态环境保护与发展的关系，既要加快发展，又要把住绿色门槛。在加快发展中守住生态底线，在守住生态底线中加快发展，必须树立正确发展思路，因地制宜地选择好发展产业，必须心中有一颗定盘星，战略上有定力，只有这样，迈出的步子才能坚定、有力、稳健。

落实到具体工作中，就是不能为了金山银山破坏绿水青山，也不能守着绿水青山熬苦日子；既要绿水青山，更要把绿水青山打造成金山银山，切实做到经济效益、社会效益、生态效益同步提升，使贵州青山常在、碧水长流，实现百姓富、生态美有机统一。

4. 坚持正确的发展路径

着力提高生态环境对经济社会发展的承载能力，建设生态文明，实质上是要建设以资源环境承载力为基础、以可持续发展为目标的资源节约型、环境友好型社会。

保护生态、提高环境承载力，是功在当代、利在千秋的事业。

（1）大力推进退耕还林等重点生态工程

要把植树造林作为最紧迫、最长远的事情，加强森林生态系统保护与建设。力争使全省森林覆盖率达到50％以上。

（2）大力淘汰落后产能

2010年至2013年淘汰落后产能2234万吨，主要污染物排放总量连年下降。成功举办生态文明国际论坛，积极推进生态文明制度建设，产生了广泛的社会影响。

（3）大力实施"三位一体"综合规划

针对石漠化这个贵州最主要的生态问题，要深入实施水利建设、生态建设、石漠化治理"三位一体"综合规划，提高生态环境承载力。通过开展退耕还林等方式强化人工干预，帮助山区农民寻求替代能源，遏制过度樵采，加快生态恢复步伐。

（4）加大湿地保护力度

要加强湿地生态系统保护与建设，通过画定红线，建立湿地保护区、湿地公园，加强对草海等自然湿地和重要人工湿地的保护。

（5）全力打好污染治理的攻坚战和持久战

水是生命之源、生产之要、生态之基，要做好多蓄水、供好水、治污水、防洪水、节约水的"五水"文章，着力解决工程性缺水问题，拦截地表径流、使水不乱流，狠抓重点流域环境整治、城乡生活污水治理和水资源管理；加强重点企业污染治理、面源污染治理和移动源污染防治，大力解决燃煤烟尘、工业粉尘、建筑扬尘和机动车尾气问题；加强从源头上控制新的污染和隐患，加快推进工业废渣整治、生活垃圾无害化处理和固体废弃物综合利用。全力抓好环保设施建设、环保执法监管和环保体制改革三大重点环节，全面落实环境保护重大责任，努力让人民群众喝上干净的水、呼吸新鲜的空气、住在优美的环境里。

（6）调结构、转方式

从源头上保护生态环境，实现可持续发展，最根本的是要推进产业结构调整，加快转型发展步伐。近年来，我们以生态文明理念引领产业发展，努力补齐工业化和城镇化这"两块短板"，跨过工业化和信息化这"两道门槛"，初步走出了推进传统产业生态化、特色产业规模化、新兴产业高端化的产业发展路子。

二、我们发展的"新路"是什么？如何走？

习近平总书记要求，贵州要发展，必须"走出一条有别于东部、不同于西部其他省份的发展新路"。

发展新路有别于东部，主要体现在突出环境保护、绿色循环、协调共享、集聚集约、民族文化。

发展新路不同于西部其他省份，主要体现在注重以构筑"精神高地"引领干事创业、以主基调主战略引领赶超跨越、以高端定位引领创新转型、以绿化贵州引领生态建设、以扶贫开发引领民生改善。

走新路是从贵州生态环境良好而生态基础脆弱的省情特征出发，贵州资源丰富，拥有凉爽的气候、清新的空气和秀美的山水，生态优势明显，但喀斯特地貌分布较广，生态基础十分脆弱，损害后非常难以修复和恢复。必须把生态环境保护抓得紧而又紧、实而又实，以此突破发展瓶颈，倒逼产业转型升级，拓展发展空间，形成新的增长动力。

贵州产业发展既不能走"先污染后治理"的老路，也不能走"守着青山绿水饿肚子"的穷路，必须坚定不移地走好绿色循环低碳发展的新路，突出抓好资源循环利用体系的构建。要把推进资源综合利用作为重点解决的问题，坚持控新治旧，通过不懈努力，力争实现全省主要固体废弃物"零增加"。按照循环经济要求规划、建设和改造各类产业园区，实现土地集约利用、废弃物交换利用、能量梯级利用、废水循环利用和污染集中处理。把科技创新作为推进绿色循环低碳发展的关键，大力培育新兴产业技术源。

（一）深刻领会"守底线、走新路"的重大意义

守底线，走新路是中央赋予贵州的新使命。为贵州未来指明了前进的航向，勾勒了贵州发展的美好新蓝图，必将进一步激发全省各族干部群众建设新贵州的志气和信心。

"守底线、走新路"的发展观是立足于适应新常态、把握新常态、引领新常态这一我国经济发展的大逻辑，针对不同地区围绕在什么前提下发展、靠什么发展、发展什么、如何发展等问题展开，提出的新思想、新观点、新论断，构成了一个相对完整的理论体系。

"守底线、走新路"的发展观是一种新的战略思想，是一种新的价值取向，是一种辩证思维的科学方法，是一种新的发展模式，是一种新的执政理念。

这条发展新路，是一条奋力后发赶超、加快缩小与全国发展差距的新路；是一条坚守两条底线、正确处理发展和生态环境保护关系的新路；是一条以开放倒逼改革、推进全面深化改革的新路；是一条全面推进法治建设、推动社会治理体系和治理能力现代化的新路。这条新路有别于东部，主要体现在"五个突出"，即突出环境保护、突出绿色循环、突出协调共享、突出集聚集约、突出民族文化；不同于西部其他省份，主要体现在"五个注重"，即注重以构筑"精神高地"引领干事创业、注重以主基调主战略引领赶超跨越、注重以高端定位引领创新转型、注重以绿化贵州引领生态建设、注重以扶贫开发引领民生改善。

为更好地完成这一新的使命任务，贵州省委、省政府做了重大政策调整，对 10 个国家扶贫开发工作重点县（关岭县、紫云县、赫章县、江口县、望谟县、册亨县、剑河县、雷山县、荔波县和三都县）取消 GDP 考核，意在引导地方政府坚守生态和发展两条底线。

在生态红线的重要性日益凸显、人口红利逐渐消失、资源能源行业产能过剩的当下，不以 GDP 论英雄越来越成为社会的共识。

（二）全力打通民生保障和经济发展相得益彰的路子

习近平总书记在贵州省视察时强调，做好保障和改善民生工作，可以增进社会消费预期，有利于扩大内需，抓民生也是抓发展。对贵州来说，保障和改善民生，最主要的是打好扶贫开发攻坚战。

（1）着力解决好人民群众最关心、最直接、最现实的利益问题

民生工作，要从小处入手，想群众之所想、急群众之所急，解决好群众最关心的教育、医疗、住房、社保、养老、食品安全、公共安全等问题。我们要充分认识到，民生是大事，民生无小事，围绕合民意、惠民生来改善各族群众生产生活条件，集中力量办好民生大事、民生实事。很多事情，我们等不得、慢不得，要量力而行地做，循序渐进地推，只要有目标、有措施，就不怕慢，就一定能够达到预期的目的。

近年来，省委、省政府始终把解决好人民群众最关心、最直接、最现实的利益问题摆在突出位置，不断加大民生投入，让人民群众实实在在地分享到经济社会发展的成果。我们从根本着眼，坚持发展产业、增加就业，坚持"三化"兴"三农"，全省统筹解决饮用水安全、农村道路基础设施等基本民生问题的财力显著增强。我们从最紧迫的事情入手，扎实解决好农村孩子的营养午餐、困难群众的基本口粮、老百姓的危房改造，农村养老院、幼儿园和卫生院的建设，战役一个接着一个，效果一年好过一年。

（2）提高认识，抓民生就是抓发展

发展是解决民生问题的关键，民生问题是一刻也等不起的发展，这已经成为全省上下的共识。贯彻落实好习近平总书记的要求，我们要进一步充分认识到，抓民生也是抓发展，发展经济与改善民生实质上是在答好同一份答卷，做好同一篇文章。保障和改善民生既是发展的"稳定剂"，也是发展的"助推器"。改善民生的过程，做好了也是扩大消费、拉动内需、促进经济增长的过程。

民生连着民心，民心凝聚民力。调结构，转方式，惠民生，已成为贵州加快发展的主旋律。我们要继续加大民生投入，让老百姓共享发展成果，打通民生保障和经济发展相得益彰的路子。

（三）穿越制约农村经济社会发展的主要屏障——城乡二元结构

城乡二元结构一直是制约农村经济社会发展的主要障碍。

唱好城乡发展一体化这场"大戏"，关键要从贵州山区特点出发，着力推进区域中心城市建设，优化城镇空间布局，提高城市综合承载能力，统筹城乡义务教育资源均衡配置，整合城乡居民基本养老保险制度、基本医疗保险制度，推进城乡最低生活保障制度统筹发展，让城乡基本公共服务均等化惠及更多群众。

要扎实推进"三农"工作。"三农"工作事关贵州经济社会发展全局。习近平总书记在我省视察期间，再次强调，中国要强，农业一定要强。中国要美，农村一定要美。中国要富，农民一定要富。习近平总书记要求贵州要加快发展特色高效农业，加快培育新型农业经营主体，加快推进美丽乡村建设，加快推进城乡一体化。

近年来，全省上下认真贯彻中央各项决策部署，推动"三农"工作取得显著成效，农村经济社会发展进入了新的阶段。"贵州变化最大的是农村"，这一点大家看得很清楚。但我们也要认识到，贵州仍然是全国"三农"问题最突出的省份。全面建成小康社会，最艰巨、最繁重的任务在农村，特别是在贫困地区。越是发展形势好的时候，越要重视强化"三农"工作，任何时候都忽视不得、松懈不得、麻痹不得。

把"三农"工作作为全省工作的重中之重，把扶贫开发作为"三农"工作的重中之重，这是历届省委、省政府长期坚持的工作方针，必须进一步加大力度、精准推进，全面贯彻到全省后发赶超、同步小康的全过程。

1. 农业：打好特色牌，念好"山"字经

扎实做好"三农"工作，要加快发展"人无我有，人有我特"的特色农业。贵州山地面积比重大，立体农业特征明显，生物多样性优势突出，我们要用好贵州优势，巧打特色牌、念好"山"字经，着力发展山区"绿色、生态"的特色农业，加快培育专业大户、农民专业合作社、农业产业化龙头企业等新型农业经营主体。与此同时大力加强农产品保鲜、农业观光旅游，发挥好农业"接二连三"的作用。加快发展农村电商，为贵州特色农产品做优做强、建立品牌、走出贵州提供坚实保障。

要通过综合施策，让"坡坡花果山、田田蔬菜园、户户农家乐"的农村致富新模式早日由点到面、遍地开花，真正做到"靠山吃山"。

2. 农民：培养致富带头人，培育新型职业农民

农村经济发展得好不好，农村致富带头人是关键。要进一步加强农村致富带头人队伍建设，引导他们在培育更多、更大、更强的新型农业经营主体上狠下功夫。要加强农业技能培训，壮大职业农民队伍和家庭农场数量，使之成为引领规模经营、发展现代农业的有生力量，不断提高农民整体素质和竞争力，促进广大农民持续增收，激活农村发展活力，加快现代农业建设步伐。

3. 农村：大力推进"四在农家·美丽乡村"建设

美丽的社会主义新农村是贵州青山绿水间的璀璨珍珠。要在原有基础上，进一步加快美丽乡村建设，推进小康路、小康水、小康房、小康电、小康讯、小康寨建设向深处延伸，切实解决城乡统筹发展"最后一公里"问题，把城市和乡村、工业和农业作为一个整体统筹谋划，大力推进以"四在农家·美丽乡村"为主题的新村建设行动，丰富完善"富、学、乐、美""四在农家"内涵，全面打造宜居宜业宜游的美丽乡村。与此同时，我们还要保护好传统村落，进一步发掘民族特色和元素，让青砖白瓦见证文化传承，让传统村落焕发永久魅力。要通过不懈的努力，让乡村的美处处呈现，真正把珍珠串联成夺目的项链。

三、关岭运用辩证思维谋划工作，培植后发优势、奋力后发赶超，走稳走快走好发展新路

第一，坚持既要"赶"又要"转"，大力推动经济持续健康又好又快发展。加快推进产业结构调整，推动新型工业化、新型城镇化、农业现代化、旅游产业化四个轮子一起转，大力发展环境友好型生态友好型产业。坚定不移地推进创新驱动发展，推动大众创业、万众创新，加快形成以创新为主要引领的经济体系。打造发展平台破解发展瓶颈，发挥"5个100工程"的引领、示范和带动作用，加快现代综合交通运输体系建设，深入实施水利建设"三大会战"，加强信息基础设施建设。加快山地特色新型城镇化，

坚持以人的城镇化为核心，优化空间布局，强化产业支撑，做大做强区域中心城市，促进农业转移、人口市民化。

关岭牢记习近平总书记嘱托，开动机器，转变发展思路，重新调整发展战略，重回发展正道。坚决抛弃像铁合金冶炼、沙石厂、采石场等高污染企业，提出建设"生态畜牧业强县、清洁能源示范县、全域旅游大县、南药道地药材集散中心"战略定位并付诸实施，实现了生态环境与经济效益协调发展。

第二，全力加强生态建设和环境保护，牢牢守住守好生态底线。像保护眼睛一样保护生态环境，像对待生命一样对待生态环境，坚持源头预防、不欠新账、强化治理、多还旧账，坚持山、水、空气、土壤一体管护，做到发展和生态两条底线一起守、两个成果一起要。大力实施绿色贵州建设行动计划，到 2020 年力争森林覆盖率达到 60％。大力实施环境污染治理设施建设、大气污染防治行动计划，抓好环境保护 12 件实事，用好森林保护"六个严禁"和环境保护"六个一律"两把"利剑"，强化林业生态红线保护和环境污染防治"两个问责"，确保环境质量稳定提升、持续向好。提升生态文明贵阳国际论坛举办水平，努力打造传播我国生态文明理念、探讨解决全球生态气候问题的知名品牌和著名平台。

近些年来，关岭在县城两城区及所辖的 134 个行政村中 26 个村实施污水治理工程。县城两城区和乡镇集镇区域污水处理设施全覆盖，县城建成 2 座污水处理厂，乡镇建成 9 座污水处理厂，污水处理规模 1.841 万吨/天，排放标准均为一级标准。通过石漠化治理"关岭模式"、珠防、长防工程及全民植树造林、退耕还林等项目工程的实施，大大提高了县域森林覆盖率，改善了生态环境。2022 年全县森林覆盖率达 60％。

第三，深入推进精准脱贫，坚决打赢扶贫攻坚这场硬仗。认真贯彻习近平总书记关于扶贫开发"四个切实""六个精准""四个一批"的要求，建立精准识别长效机制，实现对扶贫和低保对象动态管理，抓好领导干部遍访偏远贫困村贫困户工作。通过产业培育增强贫困地区自我发展能力，因地制宜发展带动性强、参与度高的特色产业，创新扶贫资金使用方式，做好国有企业对口帮扶工作。把扶贫生态移民、"六个小康"建设、农村危房改造、城镇保障房建设四项政策叠加起来，加快改善贫困地区生产生活条件。采取低保政策兜底、医疗救助扶持等措施，织牢保障困难群众基本生活的"安全网"。支持少数民族和民族地区加快扶贫开发，不让一个民族、一个县掉队。

关岭在脱贫攻坚的道路上，不懈努力奋斗、探索创新，找到契合关岭特点的"网格化管理"脱贫之路，如期实现脱贫摘帽，24709户110706人贫困人口全部脱贫，一方水土养不活一方人的4151户19670人贫困群体搬出大山，住进洋房，告别穷山沟。关岭自治县住建局获党中央、国务院授予的"脱贫攻坚先进单位"荣誉称号。

第四，抓住群众最关心的实际问题，实打实地、循序渐进地保障和改善民生。千方百计促进就业创业，用好国家支持农民工等人员返乡创业的政策，完善和落实"3个15万元"政策，扶持小微企业发展，带动更多群众就业。坚持教育优先发展，大力推进基本普及十五年教育工作，改进教学管理，不断提高办学水平，突出抓好职业教育，从根本上改变我省教育长期落后的状况。关岭作为国家级贫困县之一，县委、县政府秉承"再穷也不能穷孩子"的理念，在县财政极度困难的情况下，四处奔波，到处筹款建设起全省设施一流的县级高级中学（关岭民族高级中学），筑巢引凤，将贵阳一中请进来进行联合办学，有效提升了关岭民中办学质量。下更大决心和力气抓好医疗卫生事业，力争到2020年以县为单位医疗卫生发展水平达到全面小康标准。关岭教育医疗如法炮制，在狠抓教育的同时奋力改善人民群众医疗条件，举全县之力建一流县人民医院，举债近亿元兴建县人民医院医护大楼，将县医院业务托管给安顺市人民医院，大大提高了县人民医院诊疗服务水平，为关岭人民解决了就医难就医贵的问题。全面加强留守儿童、留守老人排查救助，带着感情和责任做好工作，确保留守儿童和困境儿童合法权益得到有效维护、生命安全得到有效保障、身心成长环境得到有效改善，让留守老人老有所养、老有所依。

第五，坚持问题导向全面深化改革，大力发展内陆开放型经济。充分发挥区位优势，找准我省在全国新一轮高水平对外开放格局中的定位和开放方向，认真落实参与"一带一路"建设实施方案，深化与有关国家和地区经济交流合作，借鉴复制国家自贸试验区的制度创新成果和成功经验做法，依托开放平台，加强招商引资。注重教育等社会事业开放，善于利用外部资源促进自身发展。按照中央全面深化改革的决策部署，结合我省实际，坚持问题导向、需求导向，围绕完善市场体制机制、壮大市场主体、加强依法行政、推进生态文明建设等，深化重要领域和关键环节改革，为经济社会发展提供持续动力。

第六，积极加强和创新社会治理，以和谐稳定的社会环境促进同步小康建设。以少带多。加快推进治理体系和治理能力现代化，抓住领导干部这个"关键少数"，带头尊法学法守法用法，引导群众自觉守法、遇事找法、解决问题靠法，提高社会治理法治化水平；深入开展信访维稳"百日攻坚战"，及时就地排查化解矛盾纠纷；深入开展违法犯罪专项整治、社会治安防控、安全生产攻坚"三场战役"，不断提高人民群众安全感和满意度；切实维护公共安全，加强突发性灾害应急救援能力建设，围绕重点领域、重点场所、重点部位，深入开展安全隐患大排查大整治，杜绝群死群伤事件；把食品安全作为最大的民生，加快建立科学完善的食品安全治理体系。

四、全面从严治党、加强基层工作，为守底线、走新路、奔小康提供坚强保障

习近平总书记视察贵州时强调，党的工作最坚实的力量支撑在基层，经济社会发展和民生最突出的矛盾和问题也在基层，必须把抓基层打基础作为长远之计和固本之策，丝毫不能放松。习近平总书记的重要讲话精神，为我省聚精会神抓好基层基础工作提供了根本遵循，指明了前进方向。

九层之台，起于累土。党的基层组织和基层干部与群众联系最直接、最经常、最密切，是党联系群众的桥梁和纽带。基层党组织是否坚强有力，基层政权是否坚实巩固，事关党的长期执政和国家长治久安，事关国家治理体系和治理能力现代化，事关"四个全面"战略布局在贵州的生动实践协调有力推进。

当前，守底线、走新路、奔小康的要求，赋予全省党员干部乃至在座各位更加崇高的历史使命，对基层基础工作提出了更高要求。贯彻落实好习近平总书记的要求，必须把抓基层打基础作为长远之计和固本之策，精准调整驻村工作组，精准选派第一书记，精准选任乡镇党委书记，全面提高基层党组织凝聚力和战斗力。要高度关注基层组织发展变化的特点，加强对各类基层组织的指导和管理，使各类基层组织按需设置、按职履责、有人办事、有章理事，既种好自留地、管好责任田，又唱好群英会、打好合力牌。

加强基层组织建设，重点是加强基层党组织建设。只有基层党组织凝聚力、战斗力强了，才能把党的力量、党的主张传递到"神经末梢"，协调带动各类基层组织实现功能互补、良性互动。

加强基层基础工作，基层干部是关键。党的方针政策，要靠基层组织落到田间地头；群众的愿望诉求，也要靠基层干部带到工作案头。基层干部处在改革发展主战场、维护稳定第一线、服务群众最前沿，担子重、责任大。锻造一支政治过硬、本领过硬、作风过硬的基层干部队伍至关重要。在强化责任担当的同时，我们更要关心和爱护广大基层干部，为他们创造良好工作和成长条件，保障他们的合理待遇，引导他们扎根基层、爱岗敬业、争创一流。要通过理论培训和实践锻炼，帮助基层干部不断提高服务群众的能力和水平，使基层组织的凝聚力、战斗力、号召力进一步增强，使基层干部在服务群众中赢得群众的信任和支持。

根深则叶茂，本固则枝荣。加强基层基础工作既是当务之急，又是长远之计。我们必须坚持高标准、严要求，全面落实党要管党、全面从严治党各项决策部署，深入开展好相关主题教育、党风廉政建设，持之以恒反对"四风"，积极营造良好政治生态，做到党组织坚强有力、党员干部真抓实干，一步一个脚印地把守底线、走新路、奔小康的各项任务完成好。

在党中央的亲切关怀和大力支持下，全体党员干部深刻理解、准确把握发展新路的重大科学内涵，适应趋势、发挥优势，因势而谋、顺势而为，积极探索符合贵州实际关岭实情的发展路径和工作举措，坚决扛起守底线、走新路的崭新使命，在新的起点上乘势而上，抓住新时代西部大开发大好机遇，在乡村振兴道路上主动作为、精准发力，贵州的明天将更加美好，关岭的未来将更加美好，贵州的山乡，美不胜收，关岭的农村，大有希望！

第四章　组织保障

改革开放以来，尤其是党的十八大以来，在党的领导下，我们创造了经济由高速增长转向高质量发展、社会大局和谐稳定的"两大奇迹"，推动了消除贫困、惩治腐败"两大世界难题"的解决，党和国家事业发生历史性变革，改革开放和社会主义现代化建设取得历史性成就。这些历史性成就的获得，最重要、最关键的就在于有以习近平同志为核心的党中央的坚强领导，就在于习近平新时代中国特色社会主义思想的科学指导。

关岭如是，一路走来，各级党组织在脱贫攻坚与乡村振兴伟业中充分发挥着战斗堡垒作用，当好人民的后盾，做好事业的保障，谱写了许许多多可歌可泣的故事。

加强党的基层组织建设　推动农村各项事业发展

一、农村党的基层组织建设的目标

以"五个好"为目标，全面推进农村基层党组织建设。

（一）"五个好"村党支部主要标准

好班子。班子健全，结构合理，成员综合素质较高；坚持民主集中制，认真贯彻执行上级党委决议决定，自觉为群众服务，班子团结有凝聚力；善于做群众工作，坚持"两手抓、两手硬"；党支部书记政治坚定，年富力强，作风扎实，在党员、群众中间有较高威信，善于领导村级组织发挥整体作用。

好队伍。党员、干部顾大局，讲原则，政治素质高；积极参加科技致富活动，能够带领群众共同富裕，遵纪守法，带头完成组织交给的各项任务，自觉抵制宗派、迷信活动，党员队伍结构逐年优化，注意发展生产一线的青年农民入党。

好路子。选准适合本村情况的经济发展路子，农业经济结构调整力度大，农经比例达到5：5，个体私营经济发展较快，村级集体积累逐年增加，农民人均纯收入高于本乡镇平均水平，村庄建设、文化、教育、卫生等公益事业发展较好，基本达到"四通一配套"，农民负担明显减轻。

好体制。集体的土地、坑塘、林场等资源进行了合理承包，由集体统一经营管理的工副业项目及公共事业项目产权明晰，权责分明，管理科学，资产保值增值得到保障；村级服务组织健全，功能完备，能够有效组织群众参与市场竞争。

好制度。村内各项制度健全完备，并认真坚持；党员议事会、村民代表会发挥作用好，坚持"两公开一监督"制度，民主政治建设较好；党内选举实行"两推一选"，村"两委"工作程序规范、职责明确，运作高效；村规民约家喻户晓，发挥作用较好。村风正，民风好，社会治安、计划生育达标，无刑事案件和集体上访，各项工作均处于本乡镇先进行列。

（二）"五个好"乡镇党委标准

1. 领导班子好

领导班子能坚决贯彻执行党的基本路线和各项方针政策，廉洁勤政、团结协作、战斗力强。

班子成员思想解放，驾驭市场经济的能力较强，能引导农民根据市场需求调整和优化产业结构、发展多种形式的农村专业合作经济组织，为农村富余劳动力转移创造条件。

党委书记党性强，作风正派，坚持原则；组织领导和决策能力强；能认真履行农村基层组织建设"直接责任人"的职责，每月主持召开一次农村基层组织建设工作例会。无不齐、不力和软弱涣散的村党组织，农村基层组织建设整体水平居全县前列。

在年终组织进行民主评议和测评中。参会人员对党委班子和书记的满意、基本满意率，称职、基本称职率分别达80%以上。

2. 工作机制好

建立了"三级联创"活动实施规划，各项措施有力，自身建设不断得到加强，各项工作处在全县前列。

建立了基层党建工作责任制，党委书记抓基层党建的职责明确，措施具体，工作到位，并督促村党组织书记落实了"具体责任人"的职责。

建立了村党组织领导的村级组织协调运行机制、以"两推一选"为主要内容的村干部选拔任用机制。所属村两委会关系协调，村级班子整体效能明显增强。

建立了对村级干部的民主测评制度，指导所属村建立了村务公开等民主管理制度，对所属村党建工作情况定期督查、考评和奖惩。

3. 小康建设业绩好

制定符合当地实际的经济发展思路，有经济发展的长远规划和年度计划，并积极付诸实施；特色产业形成规模；"两示范、一带动"活动成效显著；乡镇年农村社会总产值、农民人均纯收入位居全县前列；全乡镇贫困人口低于全县平均水平。扶贫工作成效明显。

经济社会事业协调发展。以"村村文明一条街"创建活动为龙头，推动农村精神文明建设不断深入开展；社会治安平稳，连续两年无群体性上访和闹事事件；符合政策生育率达95％以上，计划生育合格村达85％以上。新村规划实施50％以上，通电话的村、五保户供养率分别达到100％。

4. 农民群众反映好

党委班子能坚持密切联系群众的各项制度，干群关系融洽。

乡镇班子成员全年有1个月以上时间深入基层，深入群众，驻村蹲点，解决问题，扶贫帮困。

乡镇机关干部熟悉业务工作和市场经济基本知识，掌握1－2门致富技能，能指导帮助群众脱贫致富，在产业结构调整、结对帮扶贫困户中成效显著。

二、当前党的农村基层组织建设存在的问题

经过多年的探索和不懈的努力，我们党在农村基层组织建设中取得了可喜的成绩。但是，也要清醒地看到，随着建设社会主义新农村这一重大战略的全面推进，农村社会主义市场经济体制进一步完善，农业和农村经济结构调整在更宽领域、更高层次展开，农村经济增长方式发生重大变革，农村综合改革向纵深推进，农村民主政治建设稳步发展，农村社会事业发展步伐明显加快，农村社会发生着历史性变化。面对这些历史性变化和建设社会主义新农村的艰巨任务，农村基层党建工作还存在一些与新形势新任务不相适应的深层次问题。

（一）农村基层党组织在领导农村经济发展方面还有待加强

长期以来，农村基层党组织通过直接掌握经济和政治资源，直接动员和组织生产、主持分配，直接负责具体经济发展和社会事务。这种利益连接方式，支持着党组织的核心领导作用，形成了农村基层党组织与农民群众的密切联系，随着市场经济发展和农村改革的不断深化，农村基层党组

织与农村群众的利益关系发生了深刻变化，利益链条出现了断裂，党组织原有功能的实现空间逐渐缩小，而一些农村基层党组织仍沿用计划经济时代带有浓重行政色彩的领导方式、思维方式和工作方式，因此难以适应新形势下农村经济发展的需要。特别是随着农村税费改革及其综合配套改革的不断深化，农村党组织和党员干部普遍存在认识不足、准备不足、应对乏力的问题。职能转变没有及时到位，服务群众、联系群众、组织群众、动员群众的手段减少、功能弱化，导致帮助农民研究市场、熟悉市场、进入市场、开拓市场的办法不多，组织农民进行规模化、产业化经营的能力不强，作用发挥不够。这些都与农民群众加快发展、增收致富的愿望和要求产生了很大差距。

（二）农村基层党组织在发挥领导核心作用、推进基层民主政治制度建设方面还有待提高

随着民主监督、民主管理、民主决策、民主选举制度的不断推进和乡镇政务公开、村务公开、民主管理制度的全面推行，广大农民群众的民主意识、法治意识、主体意识、参与意识明显增强，这给农村基层组织建设注入了活力，但同时也出现了一些新情况、新问题。这些问题突出表现在"两委"班子不协调、村干部执政能力不强、个别村干部法律意识淡薄、工作方式方法简单粗暴、不公不廉、台上台下争权夺势、家族派性严重等方面，个别地方在村支部和村委会选举中，个别人靠贿赂选民、靠家族势力、靠夸口许愿当选，影响很坏。这些基层干部"非正常"当选后，引发了各种矛盾纠纷，在一定程度上影响了基层稳定和民主政治建设健康发展。

（三）农村基层组织的设置形式与活动方式还有待改进

改革开放以来，特别是 20 世纪 90 年代以来，农民的经济社会身份出现了重大变化，农户由原来计划经济体制下单纯的生产者变成了相对独立的具有法人地位的市场主体，由人民公社体制下的社员变成了村民自治体制下的村民，农村社会出现了不同的职业群体，农村中既有掌握一定生产资料、雇用一定人员的个体、私营企业主，也有受雇于企业或在乡镇企业工作的人员，既有离土离乡、完全脱离农业生产的外出务工人员和个体工商

业者，也有半农半商、半农半工和完全传统意义上的农民。在一、二、三产业和遍布城乡众多行业里，都活跃着广大农民的身影。随着小生产与大市场的对接，农村出现了生产大户、农业协会、经济联合体、股份制、股份合作制企业，各种新经济组织、新社会组织不断产生，特别是近年来的城中村开发，新的农村社区不断涌现，传统的农村基层党组织设置形式已难以适应农村经济开放性和多元化的发展要求，"空间覆盖不到位、职能定位不科学、作用发挥不充分"的问题日益突出。需要我们在农村基层组织设置形式和活动方式上加以深入研究和探索。

创新基层党组织建设促进农村经济社会大发展

十八大以来，习近平总书记高度重视党的建设，认为治党成效关系到中国梦的实现，中国梦的实现需要党来履责完成，因此，构建一个强有力的党员队伍是根本。"打铁必须自身硬"，党的基层党组织作为带领广大人民群众全面实现中国梦的基础性力量，围绕同步全面建成小康社会的大局发挥基层党组织的战斗堡垒作用是当前党建工作的重点。关岭县作为国家级贫困县，创新基层党组织设建设，同党建带动各项事业的发展，是实现后发赶超、关系地方经济社会发展的关键，作为基层党组织，应进一步提振精气神，凝心聚力，为加快关岭的后发赶超提供强大动力保障。

一、加强基层党组织建设的重要性和必要性

（一）当前全国党建工作的大背景

在党的十八大召开期间，习近平总书记就指出："坚定理想信念，坚守共产党人精神追求，始终是共产党人安身立命的根本。对马克思主义的信仰，对社会主义和共产主义的信念，是共产党人的政治灵魂，是共产党人经受住任何考验的精神支柱。"并在很多场合反复强调当前党建工作的重要性和形式的紧迫性。当前社会背景下，部分党员领导因理想信念动摇，难以抵御诱惑，出现违纪违法现象，凸显了加强党建与党性锤炼的紧迫性。基层作为政策落实与民生服务的末梢，若党建薄弱，党员干部缺乏应有素养，易滋生贪腐，如侵占救济款、套取资金等，影响恶劣。基层贪腐案件频发，包括村干部在内，警示我们务必重视并强化基层党建工作，以维护公平正义与社会和谐。

（二）基层党建工作的现状

基层党组织作党的组织基础，是党在基层的战斗堡垒，担负着直接联系群众、宣传群众、组织群众、把党的路线方针政策落实到户的重要责任。基层党组织就是群众了解党的"窗口"，是上级领导了解群众呼声的主要渠道。十八大和十八届三中全会以来，尽管我县各村按照上级的有关要求开展了第九届村级党组织换届工作，选强配齐了村级党组织班子，为党建工作注入了新的活力，但仍然存在很多问题。

以新铺为例，全镇农村现有党员823名，在年龄结构上，35岁以下的98人，占11.91%；35—45岁的187人，占22.72%；45—55岁的231人，占28.07%；55岁以上的307人，占37.3%；在文化结构上，本科及以上学历3人，专科学历6人，高中或中专学历29人，初中及以下学历789人，占绝大多数；女党员85人，占10.33%；其中学历较高，年龄较轻的党员有86%以上长期流出。从以上情况来看，在我们这种边少穷的地区，基层党员队伍仍然呈现年龄结构偏高，文化程度偏低，女性党员过少，能力强的党员长期流出的现状。

（三）基层党建工作与农村经济社会发展的关系

随着改革开放的深入和社会主义市场经济的发展，我国经济社会生活发生了深刻的变化，城镇化进程加快，农村地区大量优秀的人员外出务工，其中不乏许多优秀的党员，致使党组织无法吸纳优秀的个人进入党员队伍以强化队伍建设，也导致农村经济社会发展缺乏领头人，经济发展受制约。

全面建成小康社会，关键在农村，难点也在农村。当前，在我县正为深入贯彻落实党的十八大、十八届三中全会和省委十一届四次、市委三届五次全会精神，落实市委、市政府"一二四"攻坚战决策部署，努力推进全县经济社会提速发展、后发赶超，确保与全市、全省、全国同步全面建成小康社会而努力的关键时期。要做好这些关键工作，重点是党的领导和党的建设，一切的工作应该是在党的领导下完成的。抓好基层党建工作，是更好开展经济社会建设的前提和基础，是强有力的组织保障。

二、创新工作方法，做好基层党建工作

（一）加强党员教育培训工作

1. 做好党员教育培训工作

一是健全机制，形成党性教育长效机制。从党员自学和组织培训两方面着手，提高基层党组织和基层党员对党性教育的重视程度，督促党员和基层党组织积极参与党性教育培训。

二是探索形式多样的党性教育教学形式。丰富党员教育培训形式，从单纯的讲授式教学延伸到讨论式、模拟式等学习模式，教学内容可以从单纯的书本文件延伸到影视作品、实地参观考察等。让党性教育真正能触及灵魂，起到实效。

三是加大对党员党性修养的考核。制定切实可行的考核办法和细则，采取多种形式，定期对党员的党性修养进行考核，并将考核结果作为评定党员是否合格的标准，以考核促进党员自觉提升自身党性修养，营造积极向上、风清气正，担当有为的基层党员队伍。

2. 党员自身素质提升

自觉养成主动学习的习惯。党的十七届四中全会提出了建设马克思主义学习型党组织，作为基层党员干部，所面临的工作的复杂性和具体性，决定了基层党员应抓好学习的必要性和必然性。作为基层党员，要处理好工作与学习的矛盾，做到工学两不误。积极通过学习提升自身的思想政治素质和党性修养。

坚持理论联系实际。学习的最终归宿是化为实际行动，作为基层党员干部，要真正做到理论联系实际，用实践来检验和体现学到的理论知识，在工作中多思考，将所学的理论知识贯穿到自己的言行中，让学习转化为基层党员自觉维护党员形象，维护党的利益的实际行动。

（二）创新党建工作载体

1. 创新组织载体

党组织的班子在党建工作中发挥着核心作用，搭建一个好的班子，才

能开展好党建工作。作为基层党组织，要把班子建设工作作为一切工作的出发点，创新开展工作，丰富组织形式，除了开展党组织班子成员议事的常规工作形式而外，可尝试定期邀请隶属于本组织的优秀党员作为班子临时成员，参与讨论党建工作的一切事宜，为深入全面开展好党建工作建言献策。

2. 创新制度载体

除原有的制度而外，要创新党建工作管理制度，一方面，可与党员签订计划责任书和党性修养提升计划书。用约定代替制度，使党员自觉遵守，自愿完成。另一方面，制定年初党建工作计划，年终考核，促进党务工作者尤其是村级支部书记自觉学习业务知识，自觉开展党建工作，促进党组织成员整体素质的提升，营造人人遵守制度，人人争先提升的良好氛围。

3. 创新队伍载体

充分发挥基层党员干的"双带"作用。一方面，加大宣传力度，积极发展退伍军人，农村知识青年、返乡创业农民工、创业能手等有一定社会影响力，思想进步的人作为党员。另一方面，通过资金和项目倾斜，扶持有创业心的党员发展产业，帮助他们成为致富带头人，带动辐射周围的群众发展经济，实现连片致富的目标。

4. 创新活动载体

第一，丰富活动形式，通过以会代课、文化活动、开展革命基地实地教育等多种方式，拓展党员活动空间，提升党员活动的品位和质量。

第二，做好典型塑造工作，通过"五好基层党组织"、先进共产党员、先进党务工作者等先进典型的评选，发起学习先进、追赶先进、争做先进活动，促进广大党员干部和基层党组织创先争优。

第三，做好党员帮扶工作，建立每个党员对口帮扶一户困难户，一个优秀党员帮助一名后进党员制度，通过一帮一，一带一的方式，带动农村地区群众致富，促进后进党员进步。

（三）抓好基层组织班子自身建设

班子的工作如同一栋建筑的基础，基础不牢，地动山摇。班子建设搞不好，开展工作就无从谈起。俗话说"打铁还需自身硬"，因此，要牢固树立抓党建要先抓班子，抓班子才能促发展的思想，以工作成效检验班子建设的实效。

1. 班子团结一致，共谋发展

常言道："心齐一盆火，心散一盘沙。"班子成员要做到心往一处想，劲往一处使，坚定树立共同的愿望和目标；要做到大事讲原则，小时讲风格，相互学习，相互促进，补台不拆台；要做到不搞一言堂，不做代言人，遇重大事务多谈论，充分发扬民主。只有团结，才能凝心聚力；只有团结，才能谋事成功；只有团结，才能开拓创新，实现后发赶超。

2. 牢固树立自身形象，增强凝聚力

一个班子要有凝聚力和感召力，前提条件是要看班子自身形象好不好。班子形象不好，作风自然就会出问题，群众就会不信任。因此，要坚决把树立自身形象作为班子建设的一项重要任务。

一要树立公道正派形象。自觉做到用权公正，办事公道，不以权谋私，不假公济私。对重要事情和敏感问题，要广泛听取意见，坚持民主集中制，严格按照政策规定和工作程序办事，做到公正透明。

二要树立廉洁自律形象。坚持"领导就是服务"的原则，正确处理好"权与利""名和位"的问题，自觉抵制各种腐朽思想和不良现象的影响，从思想深处坚决隔离外来侵蚀，干干净净做"官"。

三要树立求真务实的形象。克服形式主义和官僚主义思想，坚持实事求是原则，深入群众、工作扎实、决策到位，确保各项工作的开展取得实效。

三、多角度全方位创新，找准党建工作与经济社会工作的切入点

经济社会极度发达才能实现中华民族伟大复兴的中国梦，在中国，经济社会的发展一定离不开党的领导。在我们这些贫困落后的地区，更应该发挥基层党组织的领导作用，通过党建工作的创新开展，找准党建与经济社会发展的切入点，做到围绕经济抓党建，抓好党建促发展，做到相互促进、相互提高。

（一）部门联动，构建工作网络

在市县提出的万名党员帮扶计划的基础上，从全县的层面建立完善的干部档案、信息库和基础台账。横向建立党建工作领导小组、党建工作联席会议制度和党建工作协调委员会，组织部门与扶贫、民宗、农业、民政等部门联动，形成组织部门与各职能单位形成党建服务网络。纵向形成县、乡、村的"三级联动"机制，一级抓一级，层层抓落实，形成全县党组织齐抓共管的体系。最终形成纵横交错，全面系统的党建工作网络。

（二）典型带动，引领群众创业

当前，我县正大力抓"一二四"战略的落实。作为农村党组织，要围绕市委提出的紧紧盯住"做大总量、做强实力、做出特色、后发赶超、同步小康"一个目标。始终抓住"固定资产投资和招商引资"两个关键，全力以赴推进"新型工业化、山地特色城镇化、山地现代高效农业和旅游产业升级版"四个重点，全面推动全县经济社会科学发展、后发赶超、同步小康。结合当地实际，着从四个重点中寻求适合自身发展方面做文章，客观实际的寻求适合自身发展的道路。注重典型带动工作，实现以点带面目标，要在各村寻找适合的专家里手、大户专家、特别着重在党员中寻找典型示范户，用示范户的带动引领，吸引广大群众积极投身"一二四"战略的实施，实现产业规模化。

（三）政策吸引，构建宽松环境

一方面，加强政策引导，增加资金扶持，吸引外出务工党员回乡创业，将发达地方的新理念新思维新技术引到农村，结合当地实际创新应用，实现新知识新理念向经济效益的转化。

另一方面，宽松投资环境，吸引外来投资和本土创业，加强对非公经济组织党建工作力度，以党建带动企业文化建设，推动企业全面发展。另外，加大宣传力度，全面发动群众参与"一二四"战略，利用手中的土地资源，发展山地现代高效农业，依托有利资源，做大做强乡村文化旅游业，实现旅游产业升级版。

关岭的发展任重道远，站在加速发展的新起点上，基层党组织作为引导地方经济社会发展的基层核心，需要创造性的思维和扎实苦干的精神，一定要求真务实，开拓创新，"抓党建，促发展"，将党建工作的创新开展与地方经济社会大发展有机结合。作为基层党员干部，要有决心、有信心、有责任、有干劲，抢抓机遇乘势而上，人人争当先进，人人争做引领，打造一支能干事、肯干事、能带头，肯钻研的党员队伍，营造法制、和谐、向上社会氛围，努力开创关岭经济社会科学发展、后发赶超新局面，为与全国、全省、全市同步全面建成小康社会而贡献基层党组织和广大党员的力量。

加强党的基层组织建设，引领乡村振兴伟业

实施乡村振兴战略，是党的十九大做出的重大决策部署，确定"产业兴旺、生态宜居、乡风文明、治理有效、生活富裕"目标任务，决定实现乡村在"产业、人才、文化、生态、组织"全面振兴。加强农村基层党组织建设，是乡村振兴的重要内容和主要任务，是推动乡村振兴的固本之举。党的十九大报告，对加强党的基层组织建设做出了明确安排，指出："党的基层组织是确保党的路线方针政策和决策部署贯彻落实的基础，要以提升组织力为重点，突出政治功能，把农村等基层党组织建设成为宣传党的主张、贯彻党的决定、领导基层治理、团结动员群众、推动改革发展的坚强战斗堡垒。"农村是乡村振兴的主战场，乡村振兴的落脚点和着力点在农村，参与主体的是农民，推动实施是农村基层党组织，农村基层党组织强不强，基层党组织书记行不行，直接关系乡村振兴战略实施的效果好不好，因此，必须把农村基层党组织建设摆在更加突出的位置来抓，充分发挥基层党组织战斗堡垒作用和党员先锋模范作用。

一、关岭自治县基层组织情况

全县共有村（居、社区）152 个，其中村 139 个、居委会 3 个、社区 10 个（含安置点社区 5 个）；139 个村中，贫困村 85 个（含深度贫困村 32 个）、非贫困村 54 个；按大中小村分，大村 52 个、中村 54 个、小村 33 个。村"两委"干部基本配备齐全，党组织书记 143 人（其中大专及以上学历 25 人，高中阶段学历 56 人，初中及以下学历 62 人），已实现村党组书记、村民委员会主任"一肩挑"24 个，有"兵支书"的村 70 个。村干部年龄在 60 岁以上的 69 人、50 岁至 60 岁的 202 人、40 岁至 50 岁的 233 人、40 岁

以下的有 380 人，平均年龄 43 岁，学历在大专以上的有 210 人、高中学历的有 250 人、初中及以下的有 390 人。

二、关岭自治县基层组织建设做法

（一）推动标准化建设，筑牢乡村振兴桥头堡

一是全县统筹部署、协调推进农村党支部达标建设工作。目前，全县农村党支部达标 217 个，达标率 76.95％。

二是充分发挥各级党员领导干部在支部标准化规范化建设中的示范带动作用，推动全县副科级以上党员领导干部与基层党支部建立联系点 370 个。目前，各级党员领导干部共深入联系点开展指导工作 850 次。

三是精准整顿软弱涣散党组织。严格按照"五级联审""一村一方案""五级包保"办法举措扎实开展软弱涣散农村党支部排查整顿及"回头看"，培养多个抓党建促脱贫攻坚、乡村振兴先进村党支部，排查软弱涣散农村党支部 11 个，全部实现整顿提升。

（二）选优配强带头人，打造永不走的工作队

一是大力选拔对党忠诚、信念坚定、为民服务的优秀人员，定期开展村"两委"班子履职情况分析研判，把优秀后备干部推选为村党组织书记和"两委"成员。抓实支书、主任一肩挑，兵支书选任工作。目前 83 个村实现"一肩挑""兵支书"的达到 78 人，储备入党积极分子 524 人，引导和动员到村优秀大学毕业生 52 名。

二是充实后备干部库。注重从优秀返乡人员、退伍军人、致富能人、知识青年等群体中进行选拔，引导后备干部到村跟岗实训，并由村第一书记、村党组织书记、村民委员会主任一对一跟踪培养，重点将后备干部纳入各类学习培训、学历提升的重要范围，促进后备干部快速适应村级发展需要。目前，全县共储备村级后备干部 409 人。

三是能力素质再提升。为实现巩固脱贫攻坚成果同乡村振兴有效衔接，按照分期分批的"小班制"原则，有序组织全县村（社区）党组织书记、村（社区）委员会主任参加乡村振兴专题培训，有效促进参训人员更新知

识结构、创新工作思路、拓展工作领域。目前，共开展培训 2 期 132 人。

（三）充实驻村主力军，强化驻村帮扶督查

一是人员持续优化。为保证县级及以上部门（单位）帮村和驻村工作队实现全覆盖，按照原非贫困村不低于 2 人建制、原贫困村和 5000 人以上易地扶贫搬迁安置点社区不低于 5 人建制的工作要求，今年年初组织全县 13 个乡镇（街道）对各村（社区）驻村帮扶力量进行摸底排查，按照"五派五不派""人岗相适、精准匹配"的原则，从编制在 3 人以上的县级部门（含垂管部门、县属国有企业）中挑选政治素质好、责任心强、组织协调能力强、热心于农村工作、有发展潜力的优秀年轻干部到基层一线开展帮扶。今年累计优化充实 62 名第一书记、75 名驻村干部，驻村工作组由原来的 141 个增加到 147 个，驻村干部由原来的 539 人增加到 563 人。

二是职责持续完善。全面完善驻村帮扶工作职能职责，明确第一书记和驻村干部职责任务清单，紧盯村级换届、森林防火、春耕复耕等各时期重点工作以及支部标准化规范化建设等基层党建常规工作，按月下发工作要点提示单，细化阶段性工作目标任务，确保各驻村工作队及时掌握上级要求和规定动作，认真履行好主体责任。

三是监督持续加强。为确保各驻村工作队严格按照帮扶工作要求真蹲实住、真抓实干、真帮实扶，定期采取明察暗访、夜间督查、调研督导等方式对全县驻村干部吃住在村、工作履职情况进行实地监督检查，强化驻村帮扶责任。

三、基层组织建设存在的主要问题及原因分析

（一）党的建设弱化，党组织活动应付式开展

现以顶云街道麻龙村为例，主要表现为：

一是作为基层党组织，在抓党的建设是按部就班，上级党组织安排什么就做什么，缺乏思考和创新，基层党员参与村级党组织活动不多，"三会一课""四议两公开"，组织生活会开展不及时。

二是党员发展难度较大，大多数年轻青年外出务工较多，以赚钱养家

糊口为主，在家的村民入党积极性不高，年轻同志、困难致富带头人，退伍军人等优秀人才的入党培养存在一定困难。农村青年外出读书后在外工作居多，不愿回村发展，后备干部储备不足。顶云街道麻龙村 2016 年至今发展党员不足 10 人。

（二）农村党员整体素质不高，党组织作用发挥不明显

现以上关镇乐安村为例，主要表现为：

一是受教育水平有限。上关镇乐安村党员群体中，高等教育背景者占少数，多数党员学历较低，以初中及以下为主。这导致部分党员思维相对传统，对新事物的接受与创新能力不足，尽管产业扶贫有所成效，但农民在科技应用与管理上的不足仍显著，影响了乡村振兴的全面推进。

二是年龄结构失衡。乐安村党员队伍老龄化问题凸显，青壮年党员多外出，村内以老年党员为主。这限制了党组织活动的多样性与活力，削弱了党员在村中的引领与示范作用，政策传达与执行效率亦受影响。

三是组织功能待强化。乐安村党组织架构内存在职责交叉，党员参与度不高，支部及总支间协作不够紧密，导致党组织在推动村务、引领发展上的作用未能充分发挥，影响了党组织战斗堡垒作用的体现。

（三）党员干部工作积极性不高，干事创业能力不强

现以顶云街道麻龙村为例，主要表现为：

一是村干部受外部变动影响，观望情绪重，协作不佳，缺乏发展蓝图，仅应付日常任务，工作进展缓慢。

二是村级产业发展动力不足，缺技术、资金，指导缺失，现有产业如养猪、养鸡规模小且规划不清，蜂糖李种植未见效益。

三是党员发展意识薄弱，缺乏市场敏锐度与主动学习精神，产业经营依赖外力，抗风险能力低。

四是面对乡村振兴挑战，部分干部缺乏责任感与创新思维，未能有效解决农民增收等关键问题，阻碍了战略实施。

（四）政策学习不到位，信息化办公能力不强

一是村党组织在乡村振兴工作中思想上准备不足、学习不足，没有认真组织学习中央省市县乡村振兴相关文件精神,没有关注关于乡村振兴一些专题解读,不知道乡村振兴工作中自己要做什么,导致村级在乡村振兴工作缺乏思路缺乏打算,对本村如何开展乡村振兴工作思考不深,缺乏长远规划。

二是上级安排学习培训人员过于集中,大部分是安排村民委员会主任、支书等村中主要同志参与培训学习。因本年为换届年,部分村干部存在"今天在明天不在都是一回事"的心理状态,认为学习与自己关系不大,学不深,悟不透,政策执行缺乏连续性。

三是村级经费和待遇保障。目前,我县村级干部待明显得到提升,只是局限于工资待遇,还不能解决村干部的后顾之忧,加之现在村中事务繁重,部分村干部的工资仅够用于工作开支,无法照顾家庭,存在没有家庭经济实力的村民还不能当干部的现象,影响村党组织干部的稳定性。

四是无法适应办公信息化。近年来,村委会均配备了电脑、打印机、复印机等办公设备,基本满足了村委会的办公需求,但由于文化程度偏低、年龄较大等原因,很多村委会干部都不会使用这些办公设备,以至于凡是涉及各种材料上报、统计报表、打证明等情况时,只能由下派干部、大学生村官等年轻的同志来完成,其他的村干部只能当"旁观者",所以很多村委会的文书、大学生村官的工作往往是"眉毛胡子一把抓",忙得不可开交,但工作还是推进缓慢。

(五)部分党员作风不扎实,服务群众意识差

一是村级管理中,部分党员干部存在管理动力不足或能力欠缺情况,村规民约执行力度不够,矛盾调解时策略不足,需加强培训与引导。

二是党员干部中存在纪律意识不强、工作积极性不高的问题,需强化纪律教育,激发工作热情,提升工作效率与成效。

三是部分下派村支书因对村情了解不足,管理时略显保守,需深入调研,增强信心,更好发挥引领作用,同时全体党员干部应明确职责,积极践行服务型党组织理念。

四、加强基层组织建设的对策及建议

乡村振兴从"人"开始，我们要认真学习贯彻落实党的十九大、十九届五中全会和习近平总书记到贵州视察重要讲话精神，认真学习会及省委、市委、县委全会精神，提高政治站位，深化思想认识，坚持把加强农村基层党组织建设作为乡村振兴的根本保证，进一步增强党在农村的政治领导力、思想引领力、群众组织力、社会号召力，把懂农业、爱农村、爱农民的干部选出来用起来，特别是选优配强村"两委"班子成员特别是村党组织书记，确保思想不乱、工作不断、队伍不散、干劲不减，进一步巩固拓展脱贫攻坚成果，让产业"强"起来，让环境"美"起来，让乡风"淳"起来，让管理"活"起来，逐步实现乡村产业、人才、文化、生态、组织等全面振兴。

（一）全面强化农村基层党组织领导地位

一是进一步健全以村党组织为核心力量，村民委员会、村务监督委员会、集体经济组织、社会组织广泛参与的村级治理架构。紧盯"两委一队三个人"，加大对党组织人力资源的盘活，适当增加技能型人才的引进工作，采取县、镇新进人才到村工作的方式，建立人才多元化的党组织。

二是及时调整优化合并村组、村改社区、跨村经济联合体党组织设置和隶属关系，切实加强党组织对农村各类组织的领导，将村中党员干部进行合理分工，确保组织人员稳定，实现村内规划有人制定、事务有人落实、经济有人发展、成效有人督促的工作格局。

三是着力发挥基层党组织推进乡村振兴中总揽全局、协调各方作用，把实现乡村振兴作为全体党员干部群众的共同意志，做到思想认真高度统一、工作思路无比清晰，允分聚集社会参与乡村振兴的磅礴力量，谋划推动农村"产业、人才、文化、生态、组织"全面振兴，实现农村乡村振兴沿着正确的方向行驶。

（二）全面提升农村基层党组织战斗堡垒作用

一是基层党组织要自我体检。结合党史学习教育，坚持问题导向、责任导向、奖惩导向，着力解决基层党组织弱化、虚化、边缘化等问题，营造全面进步、全面过硬、风清气正的基层党建生态，充分发挥党组织在乡村振兴中关键作用。

二是继续实施基层党建标准化建设工作，让基层党组织学有标杆、行有示范、赶有目标、超越自我，不断促进村级党组织建设提档升级；紧扣加快推动乡村产业振兴，创新基层党组织设置和活动方式，实现强村带弱村，共同推动产业发展和党组织建设，不断提升农村党的组织和工作覆盖的广度和深度。

三是继续着力开展"软弱涣散党组织"整顿工作。持续对软弱涣散党组织进行整顿，对下派第一书记、驻村工作组工作进行全面考核，开展专项整治，整治不到位不撤退，升级不达标不脱钩，不断提升农村党建整体水平。

（三）全面开展基层党组织政治组织生活

一是严格执行"三会一课"、主题党日、谈心谈话、民主评议党员、党员联系农户等制度，从严党内政治生活，充分利用党员远程教育平台，深入学习习近平新时代中国特色社会主义思想，教育引领党员干部旗帜鲜明讲政治，牢固树立"四个意识"，坚定理想信念，坚定"四个自信"，强化的党性修养，引领全体党员更加坚定地执行乡村振兴战略各项目标任务。

二是健全"四议两公开一监督"，进一步规范工作程序，村务联席会、村民委员会定期向村党组织汇报工作情况，凝聚全村党员力量，不断探索村规民约的实施，全面营造全体村民爱党爱国、感恩奋进、尊老爱幼、相互帮扶的良好社会风尚。

（四）全面加强基层党组织党员队伍建设

一是选优党组织带头人。俗话说："兵雄雄一个，将雄雄一窝。"在换届选举中，要坚持选人标准，要把政治标准放在首位，进一步树立重实干、重实绩、重担当的用人导向，真正把那些愿干事、真干事、干成事的优秀人才选出来、用起来，坚持把致富能手、专业合作组织负责人、外出务工经商返乡人员、复员退伍军人等群体中的优秀分子培养选拔到农村党组织带头人岗位，以书记强带领班子强、队伍强，引领发展强、治理强，实现农村在乡村振兴中的强力推进。

二是建强农村党员队伍。大力推广设岗定责，为党员作用发挥提供有效平台，深入开展农村党员实用技能培训，邀请专家学者、种植养殖大户等传授农业生产技术，解决实际问题，积极培育党员致富带头人和党员致富产业示范基地，特别是在村上班的党员同志，要求抓好个人产业项目实施，保证在村工作同志的经济收入。引导农村党员争做乡村振兴的带头人、遵纪守法的老实人、新风正气的引路人，共同引领良好的社会风气。引导外出流动党员回乡创业，共助乡村振兴。不断探索外出回乡党员产业发展和就业引导的合作发展模式，促进党员带头人发挥作用，带领村民实现走进田间做产业、走进工厂稳就业。

三是进一步开展村党组织运行分析研判，加强组织培训，扩大培训内容和培训人员，实现村党组织全体干部分期分批进行全员和专项培训，做到培训经常化、制度化、全员化，坚决避免培训一个人，落实另一人的现象，特别要加大基本办公技能培训工作。

四是加强村"两委"干部培养和发展农村党员力度，加大农村干部人才储备和回引，持续指导推动村党组织加大对复员退伍军人、农村致富带头人、优秀返乡青年、大学毕业生等重点群体的动员引导力度，及时将优秀人员培养成党员，将优秀党员纳入村两委后备干部进行跟踪培养，村级至少储备2名以上35岁左右、高中及以上文化程度的村级后备干部，村级党组织队伍能及时更迭，确保党组织队伍稳定。

（五）全面加大基层党组织建设保障力度

一是推动驻村第一书记履职情况分析研判常态化，严格按照尽锐出战的工作要求，对履职不到位、作用发挥不好、群众不认可的第一书记、驻村干部及时按照相关程序进行调整更换，确保留下来的都是想干事、能干事、干成事的。

二是坚持把乡村振兴一线作为干部成长成才、磨砺锻炼的平台，整合资源，坚决把能力突出、有服务群众意愿的优秀年轻干部选派到一线服务，树立一线选拔任用干部的选人用人导向，表彰激励一批在乡村振兴中有作为、善作为、敢作为的优秀驻村干部，激发驻村干部队伍干事创业的积极性和责任感。

三是压紧压实责任。持续加强对驻村干部履职情况的分析研判，对驻村干部吃住在村情况、履职情况进行定期督查，对在工作中作风漂浮、履职不到位、作用发挥不好的干部及时提醒、约谈，情节严重的及时追责问责，深入督促各村第一书记、驻村干部切实提高思想认识、责任意识，主动担当作为，推动乡村振兴各项工作快速发展。

四是加大本土人才培养。探索县级人才引进优惠政策，加大对本土人才的培养，利用招考锻炼、支农服务等多种方式，培养出一批留得下、稳得住、用得上、干得好的乡村实用技术人才队伍。用好各级农业专家资源，搭建好农技人员与具有一定专业特长乡村人员的联系服务平台，按照"一带一""一带多"等的工作模式，带动一批土专家、田秀才，严格跟踪管理、确保在产业发展中发挥作用。五是探索采用劳务派遣等方式从本地知识青年、乡土人才、返乡人员、退役军人等群体中选拔一批在某一方面具有专业特长的有志人才投身于各重点产业项目中去，探索合理的薪酬待遇和社会保险缴纳水平，提高岗位吸引力，让本土人才在当地找到人才发挥的空间。

乡村振兴，干部队伍是关键。有一支政治过硬、本领过硬、作风过硬的基层干部队伍，有一个坚强有力的农村基层党组织，经济社会发展就有方向，群众干事创业就有力量，乡村振兴就有希望。

强化基层组织建设　提升社会治理能力

　　基层治理是国家治理的基石，统筹推进乡镇（街道）和城乡社区治理，是实现国家治理体系和治理能力现代化的基础工程，党的基层组织是党的全部工作和战斗力的基础，是党在社会各基层组织中的领导核心和政治核心。新形势下，村级党组织能否充分发挥作用，是我们基层社会治理的关键。习近平总书记指出"基层党组织要在贯彻落实中发挥领导作用，强化政治引领，发挥党的群众工作优势和党员先锋模范作用，引领基层各类组织自觉贯彻党的主张，确保基层治理正确方向"。

　　关岭自治县位于贵州省中部，隶属安顺市，全县总面积 1468 平方千米，辖 4 个街道办事处、9 个镇（含白水）、1 个乡，户籍总人口 41.03 万人，县内居住着布依族、苗族、仡佬族、彝族等 35 个民族。为"全国乡村振兴重点帮扶县"和"省级乡村振兴基础夯实县"。在这里，加强党的农村基层组织建设是推进社会治理、乡村振兴重要保障。

一、关岭自治县基层组织建设引领基层社会治理情况

　　近年来，关岭自治县不断强化顶层设计，下移治理层级，持续推进党建引领基层社会治理实践探索，创建了新铺镇卧龙村"议事小组"乡村治理新模式、上关镇宜所村移风易俗"1224"机制及百合街道"互联网＋"智慧社区治理模式。

（一）夯实政治根基，全县基层党组织凝聚力更加牢固

　　一是突出堡垒建设，基层组织取得新发展。依托"基层党建巩固年"工作，紧扣基层党建质量提升三年行动，围绕"带病入党"问题、弄虚作假问题、徇私舞弊问题、严重违反入党程序问题四个方面，开展排查农村

党员发展违规违纪整顿工作，全面推进基层党组织标准化规范化建设。2021年期间，全县累计发展党员288名，完成率达112.9%，储备入党积极分子584名；610个党支（总）部全部达标建设完成，成功打造1个省级示范点、12个市级示范点、31个县级示范点。县乡村三级换届工作圆满完成，破历届纪录一次性成功选举154个村（社区）"两委"班子。换届结束后，完成支书、主任"一肩挑"的村140个，占比97.9%，社区11个，占比100%。其中，村（社区）党组织书记中高中及以上学历村139人，占比97.2%，社区11人，占比100%；大专及以上学历村70人，占比48.9%，社区9人，占比81.8%。换届后，"两委"成员中高中及以上学历占比村74.2%、社区95.7%，"两委"成员中大专及以上学历占比村32.3%、社区44.2%，"两委"成员中平均年龄39.7岁、社区38.6岁，"两委"成员中35岁以下占比村37.9%、社区42.2%。同时，以第十一届村（社区）"两委"换届为契机，针对本村（社区）返乡大学生、外出务工人员、致富能手、退役军人"四类人员"，建立动态跟踪培养和联系服务机制，适时引导优秀人才到村工作，为村级党组织储备后备力量。积极推进"村干部育苗工程"，鼓励31名村干部参加学历提升，其中专升本16名，高升专2名，初升高13人。扎实推进基层组织队伍能力建设，通过专题讲座、交流研讨、视频教学、实地观摩等培训形式，举办乡村振兴驻村第一书记和驻村干部示范培训班，全县驻村干部队伍培训全覆盖。同安顺职业技术学院合作办学，举办村（社区）"两委"乡村振兴培训班，对全县村（社区）党组织书记、主任进行全覆盖培训。

二是强化政策保障，干部激励担当再上新台阶。探索推行村干部报酬改革，将学历、年终考核、高质量发展等与薪级挂钩，进一步加强村级组织运转经费保障建立正常增长机制，制定印发《关岭自治县村（社区）干部制度化规范化管理实施方案（试行）》《关岭自治县关于落实将村（社区）干部纳入城镇企业职工基本养老保险范围的实施方案》《关岭自治县城市社区干部职业化管理实施方案（试行）》。目前，全县村（社区）党组织书记、主任年报酬"一肩挑"的不低于5万元，其他党组织书记、主任基本报酬按照不低于所在县（区）上年度农村居民人均可支配收入3倍，且年收入不低于 4 万元，村支两委收入得到大幅提升。积极开展党内表彰工作，加大政治激励，提升干部干事创业激情。2021 年获省级"两优一先"表彰 7 个，获得市级"两优一先"表彰 38 个，表彰全县"两优一先"表彰 200 个。七一前夕共颁发"光荣在党 50 年"纪念章 416 枚，基层党员组织归属感更加强烈。

三是坚持涵养政治生态，基层组织凝聚力得到新提升。党内政治生活更加规范，为确保各级党组织扎实抓好党内政治生活，每年县委组织部会同县纪委县监委组建督导组，全程指导全县 13 个乡镇（街道）、75 家部门（单位）民主生活会，督促指导全县 18 个党委（党工委）扎实开展党支部专题组织生活会和民主评议党员工作。2021 年开展干部作风问题集中监督检查发现问题 93 个，追责问责党组织 4 个、93 人。持续保持高压态势纠治"四风"，坚定不移地正风肃纪反腐，立案审查调查 136 件 138 人，党纪政务处分 125 人，查处形式主义、官僚主义 15 件 15 人。

（二）注重实践探索，基层治理模式创新成果更加纷呈

近年来，我县大力推进社会治理能力现代化建设，各基层组织开展大量实践探索，探索成果可圈可点，彰显了基层党组织在基层治理中的引领作用。

一是强化组织引导推动治理层级下移，在扩能赋权中激活基层党组织神经末梢。持续强化基层党组织的引领作用，通过组织"搭台"，群众"唱戏"的方式，深入推进民主议事机制，广泛推动人民群众依法参与社会治理，实现政府治理和社会调节、村民自治良性互动发展，有效激发基层群众参与治理的内生动力。

比如：新铺镇卧龙村在乡村治理工作中，围绕"谁来议""议什么""怎么议"及"如何管"的问题，积极探索推行村党支部引领＋党员带领＋群众参与的"议事小组"乡村治理新模式，有效形成"共建共治共享"的基层治理新格局，为提升乡村治理效能、助推乡村振兴凝聚强大合力。

又如：上关镇宜所村在推进乡村移风易俗工作，创新"1223"机制，即"一个村规民约"，村民村委的引导下，协商制定村规民约；"两个红白事办事天数规定原则"，红事不超过 2 天、白事不超过 5 天的原则；"两个报

备机制"，红事提前 7 天到村委报备，白事 24 小时内到村委报备的机制；"三步办理流程"，由办理酒席的村民进行申报（备案表），村委包保干部进行打招呼（打招呼卡），最后村民承诺遵守酒席办理有关要求（承诺书）。通过"1223"机制的运行，推动宜所村乡风文明逐步形成。

再如：坡贡镇凡化村，村情较为复杂，2011 年以来村支两换届均未选出村干部人选，村党支部书记一直是坡贡镇党委下派，党群干群关系一度较为紧张。2020 年年初，坡贡镇党委通过多方了解，在外打拼多年的陈新同志进入组织视野，陈新同志果断放弃几十万元年薪和在外打拼多年的基础，以一名共产党员的高尚品格，挑起凡化村重任。陈新同志担任凡化村支部书记后，首先，因地制宜，确定了凡化村"党建引领、文化传承、农旅一体、乡村振兴"的十六字发展思路；其次，反复组织党员学习党章党规，统一全村党员的思想认识，以每一名党员为一个战斗单元，向群众宣传政策、收集群众意见和建议，密切联系和服务群众，进一步改进作风；最后，通过召开群众会议，进一步统一群众思想认识，群众的事支部来牵头，引导群众自己定规矩、守规矩。2021 年村级换届凡化村不仅成功选出村干部，还实现了支书主任"一肩挑"，这个乡土文化浓厚的古老村庄再一次焕发出蓬勃生机与活力。

再如：百合街道科技赋能开启城市社区治理新篇章，百合街道同康、同心作为全市最大易地扶贫搬迁社区，两个社区均采用"党支部＋管委会＋网格（党小组）＋联户长"管理模式进行治理。为进一步提升社区治理综合效能，百合街道探索推进"智慧社区"建设工作，搭建"智慧社区"App 平台，深化平台功能构建及场景应用，"智慧社区"App 主要应用于党政管理、社区治理、民生服务三个方面。其中党政管理含党建引领、综合治理、重点人群管控、就业招聘等。社区治理含数据采集、日常巡检、民事调解、社区公益、积分超市（鼓励居民参与自治）、智慧安防等。民生服务含政务服务、就业服务、网格服务、生活服务等。同时依托"智慧社区"建设及运用，以"互联网＋云党建"模式，实现党组织和党员之间的双向互动，加强党组织与党员，尤其是与流动党员的沟通联系，创新党员教育管理模式，更好地服务辖区群众。抓好"双报到"党员管理，为党员建档立卡，鼓励报到党员参与社区志愿服务活动，以"居民下单、社区派单、党员接单、组织晒单"的"四单制"模式，引导党员积极参加宜居乡村创建、关心关爱特殊群众等活动，吸纳更多优秀青年积极向党组织靠拢，激活基层组织神经末梢，增强社区党支部凝聚力和战斗力，提高社区服务水平，实现社区高效治理。

二是强化资源整合推进法治建设，在基层治理中完善多元化矛盾纠纷化解机制。积极推动"县域信访管理新模式"创建，严格按照《关岭自治县关于创建信访工作管理新模式的实施方案》，继续推进创建县域信访新模式工作，积极落实"阳光信访""责任信访""法治信访"三大制度和九项机制，进一步完善联合接访功能，规范和完善县群工作中心接访功能，按"属地管理、分级负责"和"谁引发、谁负责"的原则，对来访事项由入驻窗口直接受理办理，提升信访事项办理效率。深化县级领导公开挂牌接待群众来访工作制度，从矛盾纠纷排查、化解，领导接访、包案化解、稳控、劝返等方面完成好信访工作，并将信访工作实绩纳入领导干部提拔、评先、争优重要依据之一。

推进公共法律服务平台建设，积极打造1中心、13站、154室三级实体平台，建立公共法律服务工作室，培养"法律明白人"。建立"县法律援助中心－法律援助工作站－法律援助联络点"三级法律援助服务网络。推进法治乡村建设，配合乡镇对村（社区）村规民约合法性、合理性进行审查并提出修改建议，协助指导各村（社区）依法按程序对村（社区）规民约进行修订，建立健全调解网络体系，全面提升乡村依法治理水平，为进一步巩固脱贫攻坚工作及乡村振兴工作奠定了良好的法治基础。

三是强化道德培育推进乡村移风易俗，在基层治理中深化正向引导。关岭在"十三五"期间，全县上下艰苦奋斗、战天斗地，全力向千百年来的贫困发起总攻，聚焦"一达标两不愁三保障"，尽锐出战、精准扶贫、精准攻坚，全面解决"三保障"问题，农村危房改造得到国务院的激励表扬，教育、医疗保障实现全覆盖，人均纯收入大幅度增长，人民群众的安全感、满意度、认可度逐年提升，实现建档立卡贫困人口全部脱贫，贫困村全部出列，奋力攻坚彻底撕掉千百年来的绝对贫困标签。"十四五"期间我县作为"全国乡村振兴重点帮扶县"和"省级乡村振兴基础夯实县"，做到巩固脱贫攻坚成果同乡村振兴有效衔接，做到物质、精神双脱贫。如：脱贫攻坚期间，我县创新"道德超市"在基层社会治理中的探索运用，充分找准"道德超市"与基层党建的结合点，有效发挥基层党组织的战斗堡垒作用明显，村党支部发动全村党员率先垂范，积极主动参与到村级产业、脱贫攻坚和乡村振兴发展中来，引领群众脱贫致富，成果显著。

又如：坡贡镇坡头村属于典型边远村寨，土地破碎，矛盾纠纷突显，村民唯一的出路是通过读书走出大山。2014年春节，坡头村在外工作的几个同志聚在一起，提议建立助学基金，坡头村支委积极引导，于2014年8月，成立了关岭自治县坡贡镇坡头村圆梦助学基金协会，本着量力而行的原则，第一年筹集资金281904元，资助学生71人次，发放助学金44200元。2014年至2020年共接受个人、团体、单位1104人次捐赠，合计1456768元，资助学生577人次，发放助学金947260元。通过教育转变群众思想观念，树立正能量，引导群众共建共治共享。

二、基层组织引领基层社会治理的困境

（一）基层党组织引领作用发挥不足

一是基层党组织发展不均，队伍老龄化，学历偏低，后备力量不足。

二是基层党组织规划能力不足，创新欠缺，会议多聚焦于形式，少议发展大事，集体经济发展乏力，削弱群众信任。

三是基层任务繁重，党员干部忙于应付上级检查，偏离为民服务宗旨，需加强以人民为中心的工作导向，促进群众参与基层治理。

（二）基层内生动力激发不足，群众参与基层治理热情不高

一是村级基层组织行政化倾向严重。村支两委作为村级群众性自治组织的载体，在日常工作中承接大量硬性政治任务，基层组织工作者每天疲于应对，很难集中精力在基层治上有所作为。同时，关岭大量年轻人员外出务工，参与基层治理的主力军主要集中于年老人员，中青年群众参与得普遍不多，对村级规划发展、事务决策等更是参与少，没有充分激发群众

的内生动力。

二是基层治理开拓创新不足，缺乏敢争敢拼敢闯的精气神。

如：很多村合作社形同虚设，在产业发展方面出现有规划没有落实或者推进乏力的现象。

又如：在村规民约制定工作上，大部分村支两委出台后才以传单形式发放给群众，甚至有的村规民约只作为检查的"挡箭牌"，仅极少数村如新铺镇卧龙村、坡贡镇凡化村等村是经过在人民群众中认真讨论后形成群体的自觉行为规范。

三是基层组织在群众中的信任度提升乏力。前些年有些村在产业发展上出现"猴子掰苞谷"现象，"行政主导式"轮番上阵，缺乏可持续性及经济效益，政府承诺兑现不及时，一定程度上影响干群关系。

如：普利乡奋当组因光伏项目占地集体上访问题，就因在产业发展过程中公信力逐步缺少增加化解难度。

又如：在农村党员发展中，前些年部分基层组织党员发展被人为把持，出现发展自身家族的党员及发展年龄大无能力党员的现象，导致基层组织公信力下降。

（三）基层法治思维培育不足制约法治化程度提升

一是基层行政执法人员欠缺，执法水平不高。目前大多数乡镇（街道）尚无行政执法人员，行政执法能力较弱，对下放的行政处罚权和行政检查权不能有效承接。行政执法水平不高，执法人员对法律法规理解适用能力有待提升，行政执法中存在超越职权、违反法定程序、不注意证据收集保存造成取证举证困难等情况，导致行政复议行政诉讼面临被纠错或败诉风险。部分基层干部运用政策、法律法规管理和服务基层能力弱化。在调研中，仅新铺镇卧龙村基层干部在开展组规民约制定时会运用《中国共产党支部工作条例》《中华人民共和国村民委员会组织法》等相关党规和法律。

二是"一中心一张网十联户"功能发挥不够。由于县级财政存在困难，"一中心一张网十联户"各项工作保障还不到位，相关激励机制不完善，联户长缺乏报酬，工作积极性不高，履职尽责不到位。同时，宣传发动社会力量和群众参与的力度还不足，"依法维权"的思维未得到有效培育，部分群众在遇到矛盾纠纷时还存在"大闹大解决，小闹小解决，不闹不解决"的错误思想。

三是法律顾问作用发挥不充分。目前全县各部门虽实现法律顾问全覆盖，但法律顾问尚未全面参与到各单位重大行政决策、重大执法决定和行政规范性文件合法性审核等工作中，更多的还停留在聘用法律顾问办理应诉案件方面，法律顾问作用发挥得还不够显著。

三、加强基层组织建设、引领基层社会治理的几点建议

基层党组织是我们党的执政根基，党员是我们党的肌体细胞，只有基层党组织坚强有力，党员细胞活力充分发挥，党和人民的事业才能兴旺发达。越往基层，就离实际越近，离群众越近。推动全面从严治党向基层延伸，必须把"以人民为中心"作为基层党建工作鲜明的主题，统领整个基层党组织和党员队伍建设，使基层党组织领导方式、工作方式、活动方式更加符合服务群众的需要，并在深入群众、联系群众、服务群众中持续提升群众满意度，进而不断增强基层党组织的凝聚力战斗力。

（一）强化基层党建，以党建引领凝聚治理力量

一是持续推进规范化建设工作，建强基层党组织堡垒阵地。扎实推动党支部标准化规范化建设、切实提高各领域党建树标杆、做表率作用，深化领导干部联系党支部工作，统筹抓好农村、社区和社会组织等各领域党的建设，推动党组织全面过硬、全面提高。继续加大对原建档立卡贫困村、易地扶贫搬迁安置村（社区）、党组织软弱涣散村、乡村振兴示范村和红色试点村"五类村"选派驻村工作队，保持帮扶力量基本稳定的前提下选出优秀合适的驻村队伍，充实基层治理力量。大力发展农村党员，持续推进"村干部育苗工程"，建立完善动态跟踪培养和联系服务"四类人员"机制，明确专人定期通过电话、微信、走访等方式与意向人员保持联系，做好思想跟踪和政治素质考察，适时引导优秀人才到村工作，破解农村党组织"人才荒"问题，为村级党组织储备后备力量。

二是持续推进党建品牌创建，打造示范推广运用。从敢为人先的"顶云经验"到战天斗地的"板贵精神"，再到脱贫攻坚期间的"道德超市"，

关岭在党建引领基层治理方面不断创新发展，为安顺高质量发展贡献了关岭智慧、提供了关岭战法。要坚持问题导向，积极延伸党组织触角，大力补齐短板，做优长板，持续推进基层治理实践探索，着力打造关岭基层治理品牌。要持续推进村民自治议事机制，最大限度地调动群众参与基层治理工作，深入开展以村民会议、议事协商、民主听证等为主要形式的民主决策实践，持续推进以"四议两公开"为主要内容的民主监督实践，全面推进基层群众自治制度化、规范化、程序化。持续完善村规民约，坚持依法而治、依约而行的原则，强化激励奖惩，使村规民约真正发挥引导、教育、警示以及约束的作用。

三是持续推进全面从严治党，增强基层党组织凝聚力。基层党组织是开展基层社会治理的一线领导者，是完成上级各项决策部署的具体执行者，是联系群众的无缝衔接者，必须领得到、信得过。在调研中，很多基层党员干部反映基层存在村看村、户看户、群众看党员干部的普遍心态，党员的一言一行关乎群众对党组织的看法及信任度。要持续深入推进全面从严治党工作，要始终保持"严"的氛围、"惩"的力度，纵深推进不敢腐、不能腐、不想腐一体化建设，深入推进廉政教育，引导党员守好廉政从业底线。加大村级民生监督员队伍培育，支持依法行使监督职能，聚焦项目资金聚集点、基础设施建设、村级资金使用等领域开展监督，防止权钱交易。强化对基层干部微权力运行的监督，切实提升基层组织的公信力，增强基层治理效能。

（二）加强党的领导，下移治理层级激发群众活力

一是加大基层减负力度，矫正基层组织职能定位。为了切实提升基层组织的运行效率与服务质量，必须加大基层减负力度，并从根本上矫正基层组织的职能定位。这一举措旨在让基层组织能够摆脱不必要的行政负担，回归其服务群众、推动地方发展的核心使命。加大基层减负力度意味着要精简会议、文件等形式主义负担。通过优化会议流程、减少不必要的会议数量，以及推行电子化办公等方式，可以显著降低基层干部的时间成本，使他们有更多精力投入实际工作中去。同时，对于上级部门下发的文件，应进行严格筛选和整合，避免重复、冗长的内容，确保基层收到的每一份

文件都能切实指导工作。基层组织应当明确自身的服务职能，将工作重心放在解决群众实际问题、推动地方经济社会发展上。这意味着要减少对基层组织的过度干预和不合理考核，让基层组织能够根据自身实际情况和群众需求，自主安排工作重点。同时，要加强基层组织的自治能力，鼓励其创新工作方法，提高服务效率和质量。

二是持续推进治理层级下移，激发群众参与治理活力。构建以党组织为核心，多元主体共同参与的一核多元治理体系。持续推进"议事小组"基层治理模式，尊重群众在基层自治中的主体地位，积极鼓励动员本组是党员身份的村民加入议事小组，借助"一中心一张网十联户"治理机制、村民小组长联系管理制度、乡村振兴顾问团工作机制，健全党组织引导下的小组议事机制，做到村民事村民议，村民事村民管，实现小事不出组、大事不出村。

三是完善激励机制，激发基层治理内生动力。持续强化基层保障，推动人财物向基层倾斜，着力解决有钱办事、有场所议事等问题。健全以财政投入为主的稳定的经费保障制度，完善村级组织运转经费保障及村干部报酬正常增长机制，注重村级干部实绩考核，并与薪级挂钩，适当提高村干部报酬待遇，确保精力完全投入工作中。大力推行矛盾化解经费补助工作，适当给予基层调解员一定报酬。健全基层组织干部进出机制，综合运用"选拔、管理、培训、激励"举措，选优配强村党组织书记，培育党性强、能担当、素质好、威信高的基层治理"领头雁"，积极稳妥推进村党支部书记、村委会主任"一肩挑"工作。探索对农村无职党员实行积分制管理，建立积分管理制度，推动农村党员规范化管理。认真落实最高任期、末位淘汰、未履行承诺辞职、到龄离任退出等机制，畅通基层党组织书记"退"的渠道。畅通村级组织干部晋升渠道，适当提高村级组织干部选拔进入体制内比例，强化政治激励。

（三）强化依法治理，健全基层治理体系

一是着力强化基层信访矛盾排查化解。完善群众来访接访工作制度，加大源头化解、包案化解力度；进一步压实信访事项首接首办责任，依法、及时、就地解决问题与疏导教育相结合。积极推进依法分类处理信访诉求工作进程，确保涉法涉诉信访事项通过法律渠道得到及时处理，真正实现"诉访分离"。严格落实公安部《关于公安机关处置信访活动中违法犯罪行为适用法律的指导意见》和《关岭自治县打击非正常上访的指导意见》及相关打击非访文件的执行力度，建立健全打击处理非访、缠访、闹访的工作制度。加大信访积案化解力度，继续做好引入第三方参与积案化解的模式，采取律师团队评估、听证等方式评审、评查信访积案，建立和完善多元化矛盾纠纷化解机制，集中力量解决信访疑难问题。

二是着力推进法治教育和法治文化建设。持续加强基层治理法治化建设，推进多层次多领域依法治理。继续开展民主法治示范村创建，深化法治乡村建设，培育打造基层治理示范典型，多种形式培育城乡"法治带头人""法律明白人"。加快推进和完善社会信用体系建设，健全守法信用记录制度，逐步健全覆盖社会征信体系。加强普法宣传的深度和广度，持续推进法治宣传教育，切实做好《宪法》《民法典》和习近平法治思想宣传教育活动。

三是着力提升基层治理法治能力。继续深化行政审批制度改革，不断完善和落实行政权力清单、责任清单和市场准入负面清单，着力推动行政机关机构、职能、权限、程序、责任规范化和法定化。强化依法决策，坚持把合法性审查和集体决策作为重大行政决策的必经法定程序，确保行政权力在法定职责范围内规范运行。加大行政执法监督力度，强化执法人员的责任意识，杜绝出现行政不作为，慢作为、乱作为。

后　记

　　乡村振兴是社会主义现代化建设、中华民族伟大复兴的基础。在推进乡村振兴伟大事业进程中，会遇到许许多多的机遇，同时也会遇到许许多多的挑战，这就需要审时度势、运筹帷幄。

　　面对机遇，乘势而上，踔厉奋发。2022年1月18日，党中央、国务院再次为贵州发展量身定制《国务院关于支持贵州在新时代西部大开发上闯新路的意见》（国发〔2022〕2号，简称"新国发2号"），让贵州发展迎来又一次大好机遇，关岭紧紧抓住新国发2号带来的政策机遇，向着贵州"四区一高地"的定位挺进，朝着关岭"三县一中心"目标奋斗。

　　面对挑战，关岭拿出敢闯敢干的勇气，努力在实践创新中探索解决问题的路径和办法。自20世纪70年代末以来，关岭就一直在小康路上摸爬滚打，积累了"顶云经验""板贵精神""关岭模式"等诸多经验，成功解决了前进道路上的困难和问题，变关岭这个"不适宜人类居住的地方"为"生命绿地"，让人民群众不但填饱肚子，还装满钱袋子。

　　这些经验在实现乡村振兴、全面建成社会主义现代化强国的新征程中依然有其新的时代价值，也会为我们带来全新的启示。

　　本书经过反复修改与打磨，从动笔到定稿，耗时两年多，相信其中尚有诸多不足，敬请批评指正！同时，衷心感谢编辑同志认真细致的工作！

郑荣筹

2023年12月于关岭